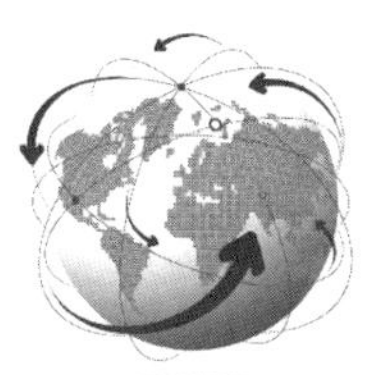

新媒体
支持下的家校合作研究

董艳　黄月　著

中原出版传媒集团
中原传媒股份公司
大象出版社
·郑州·

图书在版编目(CIP)数据

新媒体支持下的家校合作研究 / 董艳, 黄月著.— 郑州 : 大象出版社, 2019. 10
(教育理论与教学实践丛书)
ISBN 978-7-5711-0126-8

Ⅰ. ①新… Ⅱ. ①董… ②黄… Ⅲ. ①学校教育—合作—家庭教育—研究 Ⅳ. ①G459

中国版本图书馆 CIP 数据核字(2019)第 019812 号

新媒体支持下的家校合作研究

XINMEITI ZHICHI XIA DE JIAXIAO HEZUO YANJIU

董 艳 黄 月 著

出 版 人　王刘纯
责任编辑　孙志莉　孙震华
责任校对　牛志远　毛　路
装帧设计　张　帆

出版发行　大象出版社(郑州市郑东新区祥盛街 27 号　邮政编码 450016)
发行科　0371-63863551　总编室　0371-65597936
网　　址　www.daxiang.cn
印　　刷　洛阳和众印刷有限公司
经　　销　各地新华书店经销
开　　本　787mm×1092mm　1/16
印　　张　17.75
字　　数　239 千字
版　　次　2019 年 10 月第 1 版　2019 年 10 月第 1 次印刷
定　　价　45.00 元

若发现印、装质量问题,影响阅读,请与承印厂联系调换。
印厂地址　洛阳市高新区丰华路三号
邮政编码　471003　　　电话　0379-64606268

本书属北京市教育科学规划“十二五”课题“新媒体在中小学家校合作中的模式及效果研究”的研究成果

课题编号,AJA13144;课题年度,2013 年;
课题类别,重点课题(优先关注);课题负责人,董艳

前　言

当前,随着信息技术的普及,家校合作进入到了一个新阶段。《国家中长期教育改革和发展规划纲要(2010—2020 年)》指出:“全社会必须共同努力,特别是要充分发挥家庭教育在儿童少年成长过程中的重要作用。家长要树立正确的教育观念,掌握科学的教育方法,……加强与学校的沟通配合,共同减轻学生课业负担。”《教育信息化十年发展规划(2011—2020 年)》指出,2020 年基础教育信息化发展水平框架要从提升学校信息化建设基本配置与应用水平、学校教育教学方式变革取得突破、信息化环境下的学生自主学习能力全面提升这三个方面取得工作实效。其中指标之一就是提升师生、家长对信息化应用的满意度,这反映了家校合作的短期目标。尽管许多家长、老师和孩子都赞同使用信息通信技术(information communications technology,简称 ICT)开展家庭和学校之间的交流,希望通过及时的沟通来避免学生发生在学校的问题,但家庭、学校、社区三方之间有机联合、和谐合作是一个具有极大挑战的议题。经验告诉我们,只有通过构建对家庭和学校都有价值的学习环境,才能使这两者联系起来,而新媒体则可以充当两者的桥梁。专用网络教育信息管理平台(如学校门户网站)的快速发展,为家校合作育人提供了虚拟的网络学习空间,移动通信工具(如微信、QQ)的发展使得人们可以在任何时间、任何地点与任何人进行交流和沟通,这些都为解决传统家校合作中的工作负担重、沟通方式单一、合作时间和地点受限以及沟通次数少、交流不深入等问题提供了便捷渠道。新媒体支持的环境下,中小学家校合作有了新的概念与内涵。已有关于新媒体支持下家校合作的定义很多,本书将新媒体支持下的中小学家校合作定义为:充分利用新媒体优势所开展的,融合家、校、社、企等多种力量参与,以促进中小学学生发展和成长为目的的教育合作活动。

本研究的主要目标在于分析国内外家校合作的历史发展,总结经验;分析新媒体支持下的家校合作研究现状与影响新媒体支持下家校合作的因素,展现当前北京市家校合作开展现状,为我国家校合作活动提供借鉴和启示。研究主要基于以下假设:(1)与传统媒体相比,新媒体特征更有助于体现中小学家校合作的广泛性与时效性。忽视了新媒体的作用,家校即使进行合作,其效果也是短期的、难以推广的。(2)新媒体应用效果受到多种因素影响,这些因素主要包括家庭、学校、教师、学生及政策等。通过对这些要素进行科学分析,将有助于获得更大的效果,也便于在更大范围进行推广和应用。(3)家长和教师对于家校合作的态度与观念可能会影响合作的开展。如果通过新媒体的优势吸引家长关注、转变教师态度,家校合作将会取得更大突破。

本研究的价值主要如下:一方面,梳理已有资料,丰富新时代家校合作的内涵和理论框架。另一方面,分析与呈现当前新媒体介入后家校合作的有效策略和成果,形成资源库,引导“中国特色的家长”愿意并敢于在学校和教师面前说话,并组建不同层次的家长网络积极参与到学生的学校教育中。研究主要采取实证研究辅以质性研究的方法。实证研究包括问卷调查及数据分析、问卷电子化系统设计研发、实验研究等。质性研究主要包括文献研究、实地考察、教师座谈和家长访谈、活动设计、案例研究等。实证研究通过结构方程模型的方法,采取验证性因素分析法对影响因素进行模型拟合。

本书关注传统家校合作方面的研究与新媒体支持下家校合作方面的研究成果,主要分为传统篇、现代篇、展望篇三个部分。

传统篇:包括第1—2章,阐述传统家校合作的内容。涵盖国外家校合作的历史发展与经验总结、国内不同教育层次(小学、初中、高中)家校合作的研究内容与特点。

现代篇:包括第3—4章,阐述新媒体支持下家校合作的内容。涵盖新媒体支持下家校合作内涵、影响因素、已有研究以及北京地区中小学应用新媒体进行家校合作的实际情况。

展望篇:包括第5—6章,阐述新时代下家校合作的新样态。涉及教育技术发展的新方向对家校合作的影响和新媒体支持环境下特殊教育领域中家校合作的新形式。同时,本研究构建了在新媒体支持下的家校合作的四维时空模型,并对当前新媒体时代家校合作存在的问题展开分析,最后提出相关建议对策。

本书内容对研修家校合作内容的研究生、本科生和大专生,教育学、社会学领域的研究者,中小学管理者、教师,中小学政策制定者和教育行政机关工作人员,中小学家长组织成员和有需求的家长,以及关注此领域的读者均具有借鉴意义。

本书参与写作的人员还包括焦玉坤、宋雨璇、杜国、姜蔺、鲁丽娟、陈丽竹、庞孝瑾、刘璐、李萌、董旭、王宏丽等。在此对他们的参与表示衷心的感谢!

本书在写作过程中,难免会存在一些不足、问题或瑕疵,敬请读者朋友们理解与支持!

目录

绪 论

合作是一种社会互动的形式,是指两个或两个以上的人或群体为达到共同目的自觉或不自觉地在行动上相互配合的一种互助方式。现代学校制度强调以学生发展为核心,将学校视为一个开放的组织。一个开放的组织需要各相关方参与其运作。家长作为学生教育的重要参与者,不仅在家庭场所发挥作用,而且应当加入到学校教育的运作中。在这一研究领域,国外研究者通常用"home-school cooperation""education intervention""parent-teacher collaboration""parent involvement"等概念来探讨家庭与学校之间的合作关系与交互过程,我国从先前的"家校联系或沟通"到近些年更加关注"家校合作""家长参与"等概念,以凸显家校双方的互动在学生成长中的角色与作用。本书用"家校合作"作为核心概念,以描述家校之间尝试构建的和谐互动关系。

不同学者对家校合作有不同的认识。马忠虎认为家校合作就是指对学生最具影响的两个社会结构——家庭和学校形成教育合力对学生进行教育,使学校在教育学生时能得到来自家庭方面的支持,而家长在教育子女时也能得到来自学校方面的指导[1]。黄河清认为家校合作就是家庭与学校以促进青少年全面发展为目标,家长参与学校教育,学校指导家庭教育,相互配合、互相支持的双向活动。这两个定义将家校合作看作家长与学校合作的双方行为[2]。张丽竞将家校合作定义为:以完善学校教育工作、促进学生全面发展为目标,以学校为主体,有家庭和社会各方面参与的一种双向互动活动[3]。这个定义虽然依旧将家校合作指向双向互动活动,但是提到了“社会各方面参与”,拓展了参与这种互动活动的角色范围。在美国,社区对学生的影响很大,贫穷阶层——主要是有色种族学生所处社区整体文化氛围直接影响到学生是否坚持辍学,因此美国学者爱普斯坦(Epstein)认为应当将家校合作定义的范围扩展到社区。他指出,家校合作是学校、家庭和社区的合作,三者对学生的成长和发展产生叠加影响的过程。其中,学生在家校关系中占主体地位,家庭和学校在家校合作中处于平等关系,社区对学生成长和发展产生重要影响。在我国,城市中“学区”的划分直接关系到学生的择校、入学、升学,农村地区中人们对学校教育价值与作用的集体认识也直接影响该地区儿童在接受学校教育方面的选择。

改革开放以来,中国经过短短40余年的发展,经济社会发生了巨大而深刻的变化,取得了举世瞩目的伟大成就,产业不断更新换代,事业得到深度优化。与此同时,教育事业发展获得巨大活力,学校、家庭、社会积极性被充分调动起来,家校合作受到我国教育界广泛重视,并取得了诸多成果,尤其是在技术快速发展的信息时代,家校合作呈现出崭新的面貌,但也因为历史、经济因素等造成的区域教育发展不平衡原因(不平衡表现在教师师资队伍素质水平和建设程度,学校设置、数量、层次和竞争能力,教育管理水平和体制,教育投资或者教育投入经费等方面),家校合作在不同区域发展水平差距明显。例如:东部省会城市南京早在2007年就开始在全市范围内推行家校深度合作。山东省自2009年起,由教育厅牵头制定一系列关于推进家校合作的文件。江西省教育科学研究所从2011年开始,已深度介入40多项省级家庭教育相关政策和文件的制定。

作为代表中国教育发展水平较高的地区,如上海、北京等地,在家校合作方面的政策研究、制定与实践起步都较早。由上海市教委主导成立的专门的家校合作机制创新项目组曾对本地区的学校家校合作机制开展了深入研究[4]。上海市各区积极探索家校合作的机制创新,嘉定区教育局率先成立区级家委会,并逐步建设形成了"区—镇—学校—年级—班级"层面家委会,引导广大家长和社会人士进入学校,了解教育、理解教育、支持教育,加强家校联系[5]。北京市各区积极探索家校合作模式,以推进本地区学校家校合作工作的开展。其中,石景山区重视通过构建学校、家庭、社区三方合作关系促进区域教育发展,逐渐形成了三位一体教育网络、整体推进家校合力的区域教育格局、强化学校与社区合作的保障制度,并初步形成以评促建的协调发展机制,实践成果丰富[6]。海淀区万泉小学通过组建班级家委会、开展参与互动型家长会、进行创新型家访等形式开展家校合作,推动了家校合作活动健康发展。此外,该校聚焦转变学校管理人员、教师的工作思路,鼓励他们主动探究家校工作中存在的问题,充分调动广大家长参与学校工作的积极性,形成了合力育人的良好态势[7]。北京光明小学通过家长沙龙提升学校和家长在教育合作方面的意识,并以点带面建立新型的家校合作关系[8]。总的来说,在教育水平相对较高的区域,地区教育管理单位、学校、家庭各方均对家校合作表现出了较强的重视态度;地区教育管理单位积极从区域整体发展角度探索家校合作的模式;学校层面重视通过加强家校沟通与互动促进家校合作,各校立足校本发展需求,以学生健康成长中的诸多因素为关注点,从不同的角度切入,积极搭建家校沟通平台,探索家校互动策略。

在教育发展水平相对较低的地区,家校合作呈现了多元化的特色,但也存在一些问题。例如,河北地区部分中小学在家校合作实践过程中形成了如家长到校开展的"课堂观察员""妈妈讲故事""午间伴读""家长会"等多种合作形式,但仍有学校只进行"问题型"沟通、家长会这样的普通合作活动。家长认识欠缺、家校合作积极性不高等问题在许多区域还明显存在。另外,还存在地区教育管理部门的指导有待加强、资金支持缺乏等问题[9]。顾玉飞等调查了山西省偏关县的家校合作现状,结果表明仅少数家长和教师保持固定交流,其余家长与教师的联系均是“问题型”交流;交流形式方面,教师与家长多在放学时做简单交流或通过电话的方式做简单沟通;家校合作的频率普遍较低[10]。薛静研究调查了保定市唐县仁厚镇农村小学的家校合作现状,结果发现,该村中小学家校合作存在着家长和教育工作者对家校合作观念欠缺、合作内容偏狭浅显、沟通渠道单一、家长主体地位缺失等问题[11]。而在云南、贵州、宁夏等农村地区,家校合作普遍存在形式单一、内容单薄流于形式、家校交流频率低、家长与学校对家校合作的作用与价值认识普遍较低、家校合作缺乏学校组织与管理等问题[12][13]。另外,教师对家校合作的认识不足、对家校合作内容比较陌生,多数教师认为家校合作是指教师与家长之间的交流、沟通而非真正意义上的合作[14]。

即便是在北京、上海等教育发展水平较高区域,家校合作也存在一定的问题。基于对北京地区家长委员会发展现状的分析发现,北京市中小学家长委员会在遴选方式、参与程度及培训等方面仍有待完善,家长委员会在建设方面表现出各自为政、学校之间发展不平衡、随意性大、参与流于表面化等问题,导致其功能得不到有效发挥。位于城区和郊区的学校大多数具备三级家长委员会,而农村一些学校只具有校级家长委员会。校级家长委员会通常由学校德育副校长或德育主任负责,班级家长委员会一般由班主任负责,他们都需要借助家长委员会来组织学校或班级活动。相比之下,年级家长委员会的管理相对薄弱,由年级家长委员会协助组织的活动也相对较少[15]。针对上海市的调查分析发现本地区家校合作存在以校为本、缺乏家庭关怀、家校合作办法缺乏普适的集体观照、合作内容单一缺乏个性化特色、家长主观能动性较低等问题[16]。此外,从地区教育管理单位的研究中发现,很多校长对推进家校合作工作还缺乏兴趣,对家校合作价值与意义认识不到位,并因此造成了部分学校家校合作不深入、效果流于形式的问题[17]。(在此,需要说明的是,由于历史、地缘等因素,我国香港、澳门、台湾地区的家校合作与国外很多发达国家的家校合作表现出一些相似性的地方,可以说香港、澳门、台湾地区是我国家校合作开展较为乐观、成熟的地区。但考虑到课题研究目的、调研范围、成果推广的适用性及教育系统间的差异性,本书主要介绍内地家校合作开展情况,不再详细呈现香港、澳门、台湾的开展情况。)

总的来说,家校合作工作在初始家校合作状态下有一定的进展,但是从实际的调研结果上看,学校及家长对家校合作的认识还有待进一步加强。主要表现在重视的程度不够、合作的形式与方式单一、合作的目标大多仍以解决问题为主、合作的机构组织随意等。随着社会经济与人员素质的提升,家校合作逐渐变成一种跨界行动,其超出原有教育的传统立场和行动边界,家校干着“分外的事”。建立现代学校制度需要建立大教育格局,走“家、校、社合作之路”[18]。除此之外,我们更需要考虑的是教育活动中新媒体、新技术辅助作用,发挥技术的生产力,改善教育活动效果,提高教育质量。

当前信息化时代,新媒体作为新环境、新技术的典型代表,迅速走入寻常百姓家,特别是与万千家庭息息相关的教育领域。一般而言,新媒体的“新”是相对于“旧”而言的概念,新旧更替具备时效,也具备进化的特征。保罗·莱文森认为,媒介进化是一种系统内的自调节和自组织,它的机制是补救媒介,即后生媒介对先生媒介有补救作用。新媒体在这种意义上总是弥补着传统媒体所触及不到的位置。而“新媒体”(New media)作为一个独立概念,最早由美国哥伦比亚广播电视网(CBS)技术研究所所长P.戈尔德马克(P.Goldmark)在1967年于一份关于电子录像商品的计划中提出。随后,美国传播政策总统特委会主席E.罗斯托(E.Rostow)在给总统尼克松提交的报告中也多次使用了这一概念。进入20世纪80年代后,伴随着信息技术的发展,“新媒体”一词开始广泛普及。清华大学熊澄宇教授认为,新媒体指在计算机信息处理技术基础之上出现和影响的媒体形态[19]。郁琴芳认为新媒体指依托于互联网、移动通信、数字技术等新电子信息技术而兴起的媒介形式,既包括网络媒体,又包括传统媒体运用新技术以及和新媒体融合而产生或发展出来的新媒体形式,例如电子书、电子纸、数字报和 IPTV(网络电视)等[20]。宇杰等认为新媒体是指利用数字技术、网络技术、移动技术,通过互联网、无线通信网、有线网络等渠道以及电脑、手机、数字电视机等终端,向用户提供信息和娱乐的传播形态和媒体形态[21]。彭兰提出,新媒体主要指基于数字技术、网络技术及其他现代信息技术或通信技术的,具有互动性、融合性的媒介形态和平台[22]。

新媒体具有广义与狭义定义。在广义上,新媒体是指以数字网络技术为基础,具备点对点多向网络传播模式,形成一种广泛联系、相互依存的网状社会结构的媒体形态。狭义的新媒体则指被称为第四媒体的传统互联网媒体和第五媒体的移动互联网媒体,以及其他具有互动性的数字媒体形式。本书进行的新媒体支持下的家校合作研究中,我们主要应用新媒体的狭义定义,将研究对象主要指向网络媒体与移动互联网媒体。而常见新媒体工具包括学校门户网站、博客、QQ、微信等。学校门户网站指的是由学校建立,提供该校教育教学情况、师生生活信息资源与相关信息服务的应用系统。家长可以通过学校门户网站了解学校情况,并获取更多的反馈信息。其特征是信息全面,但交互速度相对缓慢。博客是一种 Web 2.0 工具,允许用户对网上信息进行反馈,也可形成互动的社会网络和学习社区。博客允许教与学超越课堂,给家庭提供课下和网上交流的机会。基于博客,家长参与不仅通过网络交流形成新知识,也在因指导学生之前个人需要做准备而获得教育。QQ 与微信都是腾讯公司旗下的中国特色网络即时沟通工具,均具有一对一、一对多、多对多进行实时与延时交流信息、传输文件的功能。因此,在我国拥有广大的使用人群,早在 2012 年,腾讯公司就发布微信用户过亿的信息。而 2016 年,腾讯公司的数据显示,QQ 月活跃账户数达到8.99亿[23]。相对于打电话与面谈,家长与教师逐渐习惯通过微信和 QQ 这些工具进行实时的信息交流。

同时,新媒体具有高度互动传播和非线性传播等特性,即相对于传统媒体,新媒体信息传递的速度更快、范围更广、内容更加丰富、交互手段更多样化。这些都为当前的中小学家校合作提供了交流与互动方面更丰富的可能性。本书先选择介绍国外几个发达国家家校合作的发展情况,并结合国情详细分析我国中小学家校合作现状，用以对照、比较、分析我国家校合作的特点。然后结合新媒体支持下的家校合作调研数据和案例分析，探讨如何利用新媒体开展家校合作。这种研究凸显以学生为中心，以学校为主体，以促进学生全面发展为目标，家庭参与学校教育，学校指导家庭教育的特点；但在新媒体介入下，家校合作出现了新的特征与情况。

参考文献：

[1]马忠虎.对家校合作中几个问题的认识[J].教育理论与实践,1999(03):26-32.

[2]黄河清,马恒懿.家校合作价值论新探[J].华东师范大学学报(教育科学版),2011(04):23-29.

[3]张丽竞.国内外中小学家校合作研究综述[J].教育探索,2010(03):158.

[4]吕星宇.上海市家校合作推进学校发展的成功之道[J].教育科学研究,2015(01):43-47.

[5]盛天和.家校合作:教育和谐的必然状态[J].思想理论教育,2012(22):25-28.

[6]吴霓,叶向红.学校、家庭、社区三方联动促进教育协调发展的现状及对策:基于北京市石景山区教育实践的思考[J].教育研究,2012(12):134-139.

[7]孙金鑫.北京海淀:探索特色家校工作模式[J].中小学管理,2012(07):39.

[8]廖文胜.家长沙龙:推动教师和家长共生共长的研究现场[J].中小学管理,2016(02):48-49.

[9]石亚亚.小学家校合作现状的调查与研究:以石家庄孤山小学为例[D].石家庄:河北师范大学,2015.

[10]顾玉飞.山西省偏关县小学家校合作问题研究[D].太原:山西大

学,2016.

[11]薛静.农村小学家校合作问题研究:以唐县仁厚镇农村小学为例[D].保定:河北大学,2016.

[12]杨建忠.民族地区农村留守儿童家校合作现状及对策思考:基于贵州省黔东南州的调查研究[J].教育理论与实践,2014(17):15-17.

[13]浦绍锦.贫困山区寄宿制初中家校合作现状调查研究:以云南省宣威市乐丰乡初级中学为例[D].昆明:云南师范大学,2014.

[14]耿华娟.宁夏农村地区小学家校合作研究:以中宁县6所小学为例[D].银川:宁夏大学,2016.

[15]赵玉如.中小学家长委员会现状及改善策略:基于北京市的实地调查[J].中国教育学刊,2012(08):26-29.

[16]郁琴芳.家校合作中校长与家长的认知差异:基于上海市146所公办学校的调查[J].上海教育科研,2014(05):44-45.

[17]吕星宇.上海市的"深度家校合作"及其推进[J].教学与管理,2012(16):19.

[18]吴重涵,王梅雾,张俊.家校合作中形成大教育格局[N].中国教育报,2017-07-06(007).

[19]人民网.清华大学熊澄宇:新媒体与文化产业[EB/OL].(2005-02-01)[2017-12-10].http://media.people.com.cn/GB/35928/36353/3160/68.html.

[20]郁琴芳.家校合作视角下教师新媒体素养:内涵、结构与价值[J].教育发展研究,2015(24):79.

[21]宇杰,骆一.新媒体视域下的高校家校合作管理模式探索[J].时代教育,2017(1):129.

[22]彭兰."新媒体"概念界定的三条线索[J].新闻与传播研究,2016(03):120-125.

[23]吴晓波.腾讯传(1998—2016)[M].杭州:浙江大学出版社,2017:296.

传统篇

惟借过去乃可以认识现在，亦惟对现在有真实之认识，乃能对现在有真实之改进。

——钱穆《国史大纲》

第1章　国外家校合作概况

在西方发达国家，教育界普遍认为能够吸引家长的参与和支持是学校获取成功的关键[1]。在美、英、日等国和教育水平较高的地区，家校合作已经是教育研究和学校改革中的重要研究议题。当前，中国在家校合作的研究与实践水平上与发达国家尚存一段距离，需要学习和借鉴国外的先进经验。

本章详细阐述了美、英、日等国家校合作研究的历史沿革与文化体制、家校合作政策、实践模式，并对法国、意大利等国家校合作的历史发展、实践模式进行了简单介绍，尽可能覆盖并展现现有国外家校合作研究所涉及的主要领域与问题。

第1节　美国的家校合作

美国是当今世界上最发达的国家之一，经济、技术发展水平名列世界前茅，而在其不断发展进步的过程中，教育起到了至关重要的作用。在美国的教育体系中，家校合作也受到了相当的重视。一方面，政府利用政策法规推动家长参与到学校教育当中；另一方面，学校、家长及社会组织方面也通过不同的具体措施积极推动着合作的进程。美国的家校合作发展在世界范围内处于领先地位，能够为我们提供大量的经验，对我国家校合作发展有重要的借鉴作用。

一、历史沿革与文化体制

美国自建国以来，一直把教育放在十分重要的地位，重视教育质量和教育公平。这也造就了美国规模庞大、结构性强、分权化明显的教育体系，并使其多样化程度不断增强。

美国的教育并非从无到有的。在独立革命前的殖民地时期，美国的教育思想和教育模式都是直接从欧洲移植而来的，而殖民者对教育的忽视、低投入，使州县只能各自出台政策法规支持儿童教育，这也是美国教育制度抗拒中央监管的历史原因。18 世纪独立运动后，美国进入立国初期，急需一套全国性的教育制度，学校教材开始逐步出现。然而这个过程是十分缓慢的，直至 19 世纪初期，美国仍然没有形成一套完整的教育制度。1825 年至 1850 年，公立学校运动逐步展开，公立教育在全美确立[2]，美国学校开始逐步制度化，公立学校和私立学校并存的机制使美国教育公平进一步提升，但这仅发生在小学和大学阶段。直至 20 世纪中期，美国的中学制度才发展完备——这也是美国教育大发展和大改革的时期。在这一时期中（二战后至今），美国通过立法对教育进行了全面改革，形成了地方自主办学、联邦协调发展的总体格局，教育主张也从以社会为重转向为个人服务，由学校提供各种资料及资金，引导学习者发挥潜能、建立自我[3]。

对美国近代教育影响最深的是杜威的实用主义教育理论。区别于传统教育“课堂中心”“教材中心”“教师中心”的“旧三中心论”，他提出“儿童中心（学生中心）”“活动中心”“经验中心”的“新三中心论”，而“教育即生活，生活即发展”“教育即生长”“教育即改造”是杜威教育理论的三个核心命题。杜威认为教育是生活、生长和经验改造的历程，它是辅助受教者生长、发展、改造经验的活动。而教育本身是没有目的的，其目的存在于这一改造的历程之中。杜威的教育思想虽然在当前存在着褒贬不一的观点，但它对美国教育的作用是深刻的，影响了美国教育对人的培养的认识，也为美国学校教育与家庭、社会的合作打下了基础。

现行美国教育体制主要分为三个阶段：

1.初级教育阶段

美国初级教育包含幼儿园(4—5岁)教育和小学(6—11岁)教育两个部分,幼儿园教育包含在小学教育内,一般的小学提供学前一年至小学五年级共六年的教育。在初级教育阶段,大部分学校采取班级制度,由班主任负责上大部分的课程。除了体、音、美等需要特殊教育环境的课程,学生全天留在班级教室内,没有固定的下课时间,但班主任拥有给予学生自由时间的权力。

在学前教育阶段,教育的内容主要是对学校的认识、交际的方法、如何在群体中生活以及握笔、识数等基本功,还有对自己的认识。幼儿园会为父母提供一份学习报告,让父母了解孩子的学习进展和需要加强的方面。而在小学教育阶段,授课时间较少,学习的内容较为基础,难度低,教师教学以发展学生个性、培养其演说和社交能力,使学生广泛接触自然和社会为主。

在初级教育阶段,学校分为公立和私立两种,但进入私立学校的学生需要支付高额的学费,政府不会予以补贴。

2.中级教育阶段

美国的中级教育普及度极高,处于义务教育阶段。学制各个州不同,有的州执行“初中两年+高中四年”的标准,而有的州则“三三分配”。顺利完成学业可以获得高中文凭。而未获得高中文凭的学生可以参加一般教育发展测试(GED),获得证明其高中学业水平能力的证书。

在这一阶段,学校依然分为公立和私立两种,同样,公立学校的学生由政府拨款,免交学费;而私立学校的学生一切费用均须自理。

3.高等教育阶段

美国的大学教育通常分为四年制大学和社区大学。四年制大学学生可以拿到学士学位,而社区大学学制两年,学生可以拿到副学士学位。其中,四年制大学又包括学院(college)和专业学院(special schools),前者是美国最普遍的大学形式,会提供学士学位,主要培养综合型人才;而后者是规模比较小的学校,大部分提供学士学位,部分包含硕士班,学院更注重对学生的辅导,在师资方面也比较精良，主要培养专业性强的人才。而两年制社区学院则除基础课程外，还可以提供技能训练，使毕业生具有一技之长，能够立即进入就业市场。实际上，在美国比较受欢迎的是两年制的社区大学，许多美国高中毕业生会选择先进入两年制学院完成大学基础课程，再转到四年制大学完成学业。

美国的教育投入主要是由各州县进行投资分配，地区差距较大，且仅针对公立学校进行资金投入，而私立学校往往需要学生自理费用。此外，教育也不仅仅依靠政府出资，美国的社会团体（宗教、工业、企业）和教育团体（基金会、研究会）也会对教育进行投资[4]。

总的来说，美国的教育强调公平、重视质量，且办学类型多种多样，具有多元文化主义的特色。其基本理念是保证所有人都接受小学和初中阶段的基础教育，并具有进一步接受更高层次教育的机会和权利（这也是受美国社会一直强调的平等观念的影响）。但是，尽管美国在教育方面的投入力度极大，但由于地区发展不平衡、资源分配不均等，公立、私立学校分明，使得其教育体系中仍然存在一系列的问题。因此，在美国社会中，学生和家长往往面临着择校的问题，这也进一步推动了美国家校合作的发展。

二、家校合作政策

美国的家校合作产生于 19 世纪中后期，而真正从政策上得到体现则是从 20 世纪 60 年代开始的，到现在为止经历了萌芽、发展、成熟三个阶段。20 世纪 60 年代，美国颁布了三项重要教育政策法规，这意味着美国家校合作政策开始萌芽。1965 年，美国联邦政府开始实行“开端计划”（Head Start Project），该法规强调要帮助幼儿和他们的家长得到发展，并提出家长应当配合学校，积极提高自己的文化水平，与学校一同为幼儿发展做出努力等要求，强调了家长在幼儿教育的发展过程中的作用和必要性。1965 年，联邦政府颁布了《初等和中等教育法》（*Elementary and Secondary Education Act*，简称 ESEA），虽然在该法案中没有直接涉及“家长参与”内容，但法案执行过程中，有关“家长参与”的提议和规定多次出现，因而它也被认定为美国“家长参与”政策的源头[5]38-39。1967

年，联邦政府颁布的“跟踪计划”(Follow Through Project)是早期“开端计划”的继续，其主要目的是比较研究教学方法，改进学困生的学习表现；同时，该计划的一部分资金也为小学早期阶段的儿童及家庭服务，要求学校与社区合作，发挥家长和社区成员在学校中的积极作用。

在这一阶段，家长在学校教育中的作用开始被重视和关注，然而家长仍然处于学校决策体系外，他们往往在学校权力主导下配合学校进行辅助教育的工作，并未真正参与到学校的管理工作中。因此，在这一阶段的美国家校合作中，家长仍然处于被动地位。

20 世纪 70 年代后随着一系列政策法案的出台，美国家校合作政策进入快速发展阶段。在这一阶段中，美国家长的地位开始逐渐由被动走向主动，并于 20 世纪 80 年代后，家长开始真正参与到学校管理的过程中[6]。

1970 年，美国颁布了《初等和中等教育法修正案》，并在其中提出了成立“家长咨询委员会”，以协助学校对处于不利条件的家庭幼儿制订发展计划和实施方案。

1974 年，美国国会颁布了《1974 年教育修正案》(*Education Amendments of 1974*)，其对成立家长咨询委员会进行了正式规定，要求接受项目资金的地方教育部门必须为整个学区内的每一所受项目支持的学校建立家长咨询委员会，其主体成员必须是享受项目服务的儿童家长，由家长选举产生，负责在项目规划、执行和评估方面提供建议。同年美国颁布的《家庭教育权和隐私法》(*Family Educational Rights and Privacy Act*)及随后于 1975 年颁布的《残疾儿童教育法》(*The Education for All Handicapped Children Act*)，使得家长参与学校教育的权利被正式纳入联邦教育法规，并赋予了特殊家庭家长在参与学校教育方面更大的权利，也对家长提出了更高的要求。

1978 年，美国国会颁布了《1978 年教育修正案》(*Education Amendments of 1978*)，其中“家长参与”以独立章节的内容被强调和说明。该法案强调了家长咨询委员会的重要性，并对其权利和职责进行了细致、具体的规定，同时提出各州应委派专员开办进修会，为家长咨询委员会提供培训，帮助地方教育部门与家长咨询委员会更好地沟通合作[5]41-42。

1983 年,美国发表了《国家处于危机中:教育改革势在必行》的报告。该报告引起了社会各界的强烈关注,其中对家庭和学校提出了明确的要求,指出家长在有权利要求学校为子女提供最良好的教育的同时,也有义务积极参与孩子的教育。此后,在 1986 年美国教育部颁布的《第一课:美国初等教育报告》及 1988 年联邦政府出台的《哈金—史达佛改善中小学修正案》中,也多次强调了家长参与的重要性,保障了家长参与学校管理的权利。

1988 年的《1988 年霍金斯—斯坦福修正案》(*Augustus F. Hawkins-Robert T. Stafford Amendments of 1988*)中规定家长参与包括但不限于家长参与到项目的规划和执行过程中,家长自愿或被聘用参与到学校活动中,以及通过一些项目、培训和材料供应等方式提升家长在改善孩子在家和在校学习表现方面的能力[5]44-45。

20 世纪 90 年代后,美国出台的一系列政策使得美国家校合作逐步走向成熟。

1991 年,美国政府颁布了《美国 2000 年:教育战略》(*America 2000: Education Strategy*),其中提出了家长参与学校教育的 15 条具体措施,包括学校必须为家长提供成绩报告单,家长具有自由择校的权利,学校管理权责应交给教师、校长及家长等规定。随后,美国又于 1994 年出台了《美国 2000 年教育目标法》(*Goals 2000:Educate America Act*,1994),该法案规定了国家教育研究政策理事会成员中应包含家长,并成立父母协助中心,教导为人父母的知识等。

同年(1994),美国国会通过了《改善美国学校法案》(*Improving America's Schools Act of 1994*,简称 IASA),其中进一步规定了家长参与学校决策的相关政策,提到学校应让家长参与到决策中来,包括召开年会、提供次数灵活的会议,或以一种组织化、持续且及时的方式来保证家长能够随时了解学校的相关信息,并对家长的建议作出反馈。

2002 年联邦政府出台了《不让一个孩子掉队法案》(*No Child Left Behind*),其中对家长参与进行了八个方面的规定,包括规定学校有权让家长知道他们孩子的教师是否胜任工作、家长参与学校政策的方式、为学生高水平学业成绩共担责任等。此外,2006 年布什提到该法案时指出,要赋予家长更多自由选择的权利。这一法案进一步提高了家长参与学校教育和管理活动的程度,从而提高了家长在学校中的地位,也使得美国家校合作组织机构服务逐步成熟完善。

总之,美国的家校合作中家长的地位从“参与学校教育”转变为“参与学校管理”,从消极被动参与到主动积极参与,美国教育管理体制也从一元管理主体转变为多元管理主体,由封闭走向开放。美国家校合作相关的政策法规使得家庭与学校的关系被清楚地认识,并得到重视。虽然法律法规并没有强行规定各州教育部门、各学校需要为家长提供管理岗位,但其赋予家长的权利和要求学校履行的义务无疑为美国家校合作实践发展打下了坚实的基础。

三、实践模式

在践行家校合作的基本理念的过程中,根据各国国情,不同的国家会通过不同的组织形式、方法手段干预家校合作的具体环节,从而推进家校合作实践快速开展。

(一)家校合作组织机构

在美国,从事推动家校合作进程的组织有很多,它们一直呼吁家长参与更多的学区工作和学校管理事务,共同研究解决学校面临的一些问题。其中包括家长教师联合会(Parents and teachers association,简称 PTA)、家长参与教育联合会(National coalition for parent involvement in education,简称 NCPIE)、伙伴行动小组(Action team for partnership,简称 ATP)、地方学区教育委员会等[7]29-32。

1.家长教师联合会

在众多的家长组织中,影响最大的是家长教师联合会。美国家长教师联合会成立于 1897 年,属于非营利性组织,其总体目标是“通过增强家庭和社区的参与,使每一个孩子的潜能得到充分发挥”。家长教师联合会通过促进家长、家庭及社区的强有力的参与,致力于提升孩子们的健康、福利及教育水平。

美国家长教师联合会分为三个层级(如图 1-1):全国家长教师联合会

(National PTA)、州家长教师联合会(State PTA)和地方家长教师联合会(Local Unit)。不同层级下的联合会数量不同,职责也有所区别。全国家长教师联合会统领州、地方家长教师联合会,每年都会召开一次全国大会,制定有利于保护青少年合法权益的规章制度,探索家校合作的教育整合方式,并发行自己的杂志——《我们的孩子》;州家长教师联合会服从全国家长教师联合会决定的同时,会对地方家长教师联合会工作做出指导,它们主要负责帮助公立学校筹集社会资金以支持、确立社会对青少年的法律保护体系,并建立儿童服务机构、家长培训机构,帮助引导学校和家长之间的合作交流;地方家长教师联合会则是最基层的组织,主要是学校与学校之间的联合,由家长、教师、社区人员及在校学生组成,主要从事最具体、与学生生活最紧密的工作,如学校建设资金筹集、家长指导、协助教师教学、开展基础家校合作活动等等[8]63-64。

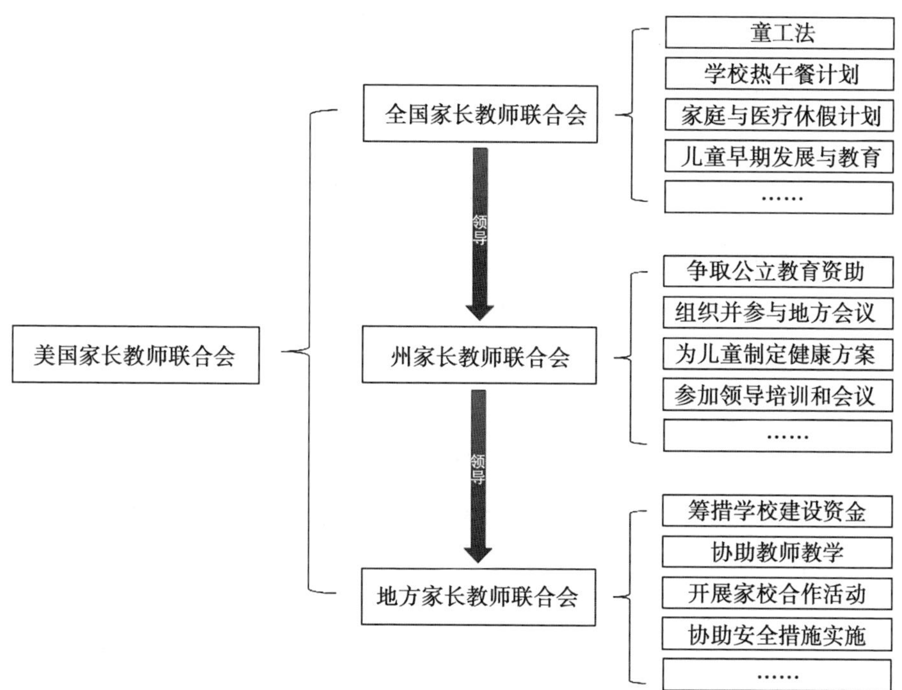

图 1-1　美国家长教师联合会框架图

尽管三个层次的家长教师联合会各有分工,但他们的最终目的和任务是相同的:①在学校、社区以及任何政府机构和其他组织作出影响儿童的决定之前,支持并为儿童代言;②帮助家长掌握养育和保护儿童的技能;③鼓励家长与公众参与美国公立学校的教育[9]。在美国,学校都设立该组织,并且所有学生家长都是该组织的一员。家长教师联合会对美国政府教育决策的影响力很大,推动了美国家校合作的发展[10]20。

2.家长参与教育联合会

家长参与教育联合会成立于1980年,由福德基金会和美国联合碳化公司负责提供资金,人员包括家长组织、咨询机构、教师及行政人员等。家长参与教育联合会的职责主要是倡导与推动家长和家庭成员参与到孩子教育中来,加强学校、家庭和社区之间的联系以强化全国所有青年人的教育成效[7]31。其主要工作方向有三点:①为国家水平的优秀家长和家庭参与计划提供服务,并作为这些计划的代表机构;②举办活动,邀请委员会各成员组织以及各附属单位共同推进家庭参与;③提供资源和法律信息,帮助成员组织促进家长和家庭参与教育。在具体操作上,家长参与教育联合会的成员每月定期开会,监督立法,创设新项目以及分享与研究、项目和政策有关的信息和观点。除此之外,家长参与教育联合会也赞助午餐研讨会、国家会议及年度评论等活动。

3.伙伴行动小组

伙伴行动小组是在家长教师联合会基础上提出的,组成人员包括家长、教师、学校管理人员、社区人员及学生,一般由6—12名成员组成,实际上是学校内部的一个小型组织。伙伴行动小组的主要职责是推动不同形式的家校合作,帮助家长、社区在学校教育中更好地发挥作用,给予其参与机会。比起其他大型组织,伙伴行动小组更能够贴近实际需要,帮助家长、学校、社区、学生更好地进行工作。

4.地方学区教育委员会

美国各地方学区教育委员会主要负责本学区公立学校教育的管理决策事务,包括制定教育发展目标、相关政策规章等。地方学区教育委员会的成员主要由各学区公民选举产生,代表了家长和学生的意愿。地方学区教育委员会会定期召开会议讨论教育中的相关问题,并通过公决投票的形式参与地方教育决策工作[10]19-20。

美国家校合作方面的组织机构在家长教师联合会的主导下,以不同的方式发挥着自己的作用,但其根本目的都是促进学校、家庭和社区之间的良好合作,从而帮助学生更好地学习和发展。

（二）基本合作形式

除设置家校合作的一些相关组织机构外,美国在学校与家庭的交流、家庭教育等方面也同样展现了其家校合作形式的多样性,如家长志愿者、在家学习服务、社区合作团体等。这些方式涉及的学习过程细致且全面,能够更好地促进学生的学习和发展。

1.家校间交流

在美国,家长会仍然是家校间沟通、合作的一种最常见、最基本的方式。学校和家长都有权利要求召开家长会,学校应在家长会上如实公布孩子在学校的表现、成绩以及告知家长所关心的相关问题等。家长会的形式包括全班性质的家长会、家长小组交流会、家长教师一对一交流。此外,学校还会不定时对学生进行家访,以了解学生的习惯、个性、在家的表现,并与家长交流学生在校的综合表现;或时常举办学校开放日活动,以便家长进校参观、听讲及参与课外活动。

除家长会和家访这类面对面的交流方式外,美国学校也会通过定期向家长寄送学生成绩单、邮寄学校相关资料,通过报告卡与家长双向沟通汇报等方式进行书面交流。同时,美国的学校会与家长签订学校公约,规定家长和学校的职责、任务,以保证合作工作更好地展开。

2.家长志愿者

在美国,家长可以利用业余时间自愿参加孩子所在学校的各项服务性活动,充分利用自己的兴趣特长或工作优势来辅助学校教育,促进学生发展。其形式十分多样,从为学生做报告、进行课外指导,到帮助管理图书室、到食堂做义工,或是帮助学校筹集资金、带领学生进行校外职业实习指导,等等。部分学校还会为表现突出的家长颁发奖项。

3.在家学习

在美国,学生在家学习的时间是十分被重视的,学校一般会和家长合作,通过多种形式帮助孩子在家学习。如美国纽约的一家家庭作业热线教育服务公司,为教师提供了分机号码,家长可以通过拨打电话查询孩子的学习情况或是核对作业信息[11]40–50。

美国学校通常鼓励教师设计促进学生与其他家庭成员分享和讨论的有趣任务,如爱泼斯坦与"学校、家庭与社区合作中心"的同事及小学、初中与高中教育者协同参与设计开发出"教师邀请家长参与到作业中"的互动式家庭作业。此项目帮助所有家庭参与到孩子的家庭作业中来,教师可以设计作业要求学生同所有家庭成员进行探讨、交流,而不仅仅是找擅长某一学科的家长帮忙补习;同时此项目也通过家庭作业为教师和家长之间进行沟通提供了路径[12]。

4.与社区合作

美国学校、家庭和社区之间的合作是比较多样化的。首先,美国学校一般会与社区团体合作,为学生提供拓展学习和实践的平台,这些团体一般包括各种公司和公共机构等。其次,美国学生在课外有大量时间,他们将被安排到社区团体提供的活动场所进行服务,这也为教师和家长节省了时间和精力。

(三)家长参与学校管理

为了真正体现家校合作的作用,美国在家校合作的过程中会让家长参与到学校管理的各个环节中来。学校董事会在进行重要决策的时候,需要听取包括家长在内的各界人士的意见,很多学区把学校的部分管理权委托给家长委员会。这些权利表现在:参与研讨小组,讨论学校系统的政策和实践;制订课程计划,并在课程评价、课程修订等方面提出建设性意见供学校参考;帮助课堂教学,协助课外活动;建立学校中的社团;等等[13]。此外,家长还会对学校的日常教学工作提供帮助,如辅导学习有困难的学生、辅助教师教学、及时向教师反馈学生的情况等。

（四）家长教育

家长教育是促进和保障家长有效参与孩子教育的重要途径和方式，也是一种间接且重要的家长参与方式。在美国，家长教育受到了极大的重视，有绝大多数开办了培养“父母辅导者”的培训班，培训家长教育方面的相关知识，并对本州的家庭进行家访，帮助父母解决育儿过程中的各类问题，包括与孩子交际的技巧、帮助孩子形成良好学习习惯的方法、培养孩子接受家庭教育的耐心等等。

在美国，许多教育工作者、心理学家设计并提出了各式各样的培训计划，目的是向家长提供作为孩子合格的“家庭教师”和学校教育的合作者所应具备的知识和技能。美国的家长教育一般采用工作坊或者研讨班的形式，利用培训、讨论、共同参与的方式进行教育。其中，优秀的家长还会参加其他类型的家长组织，将自己学习到的知识技能及与孩子相处的经验传递给其他家长。

除普通的培训计划外，在家长教育方面美国还有其他的平台。如美国教育部、教育考试服务中心等单位联合制订了“家长—儿童写作介入计划”，通过发展家长的写作技能来辅助孩子的写作学习，类似的还有“家庭数学计划”“计算机培训计划”等。家长可以免费参与这些活动，甚至会有专人照顾参加培训家长的孩子。此外，美国还开设了一些家长大学，免费为有需求的家长提供平台和资源，帮助他们了解学校管理教学的运作方式，以及孩子的学习内容、辅助孩子学习的方法等。

四、小结

美国作为一个历史短暂、各州相对独立、民主氛围浓厚的国家，在家校合作方面也受到了来自政治、历史和文化方面的影响。

一方面，美国的家校合作立体化、多样化，既有全国性的家校合作组织，又有各州、各学区甚至学校内的组织群体，家长不仅能够参与学校的决策与管理，也能够对国家相关法律法规的制定提出自己的意见。同时，国家能够通过对家长进行教育，来推动家校合作的良好开展，保证儿童学习得以正常进行，这也是美国家校合作的一大特色。

另一方面，美国家校合作的发展时间较短，其结构和模式仍未达到稳定成熟的状态。当前情况下美国的家校合作主导权仍然在学校和地方教育局手中，家长大部分时候仍然是一个参与者、建议者的身份，没有真正触及教育决策的核心。而美国如今正在进行家校合作重心的转变，包括将学校的部分管理权出让给家长董事会等做法，都使家庭（作为教育的重心）逐渐深入教育的全过程，而这个转变仍需进一步的稳定和发展。

总而言之，美国的家校合作虽然还不够稳定，但其成效是显而易见的，其多样化的方式也是值得我国借鉴和学习的。

第2节　英国的家校合作

一、历史沿革与文化体制

英国是一个拥有悠久教育传统的国家。在历经几百年的延续和发展后，英国的教育体系逐渐变得完善而复杂，且具有极大的灵活性。

在16世纪前的封建时代，英国的教育是贵族及僧侣的一种特权，教育的领导与管理主要被罗马教廷下属的英国天主教教会所控制。16世纪宗教改革以后，英国的学校教育转归英国国教掌管，一直到资产阶级革命后的17—18世纪，教育仍被视为宗教教派活动或民间事务，英国政府仍然不予过问。随着资本主义工业的发展，19世纪30年代起，英国政府开始干预教育，并在20世纪初形成了从中央到地方的教育管理系统，确定了由国家统一领导与地方分权并存的教育领导体制。

近现代英国教育主要受洛克的绅士教育理论和斯宾塞的科学教育思想影响。绅士教育理论的基础是大资产阶级的教育经验，富有现实性和实际意义。洛克反对“天赋”观念，重视教育的作用，尤其重视教育在形成人的过程中的作用。同时，他认为教育的目的就是培养“绅士”，但是这不能通过学校教育完成,而是通过家庭教育完成的。此外,洛克强调教师的工作并非把世界上可以知道的东西都教给学生,而是使学生对知识产生兴趣,尊重知识,并用正确的方法去求知。斯宾塞的科学教育思想是科学应在学校课程中处于一个重要地位,课程内容不应脱离生活实际。斯宾塞提出,要反对旧式教育的机械诵读、压制儿童心智发展的做法,要培养学生学习主动性,鼓励学生适当表现个人意志。可以看出,英国教育重视学生的个人意志、重视家庭教育,这也为现代英国教育向开放、合作的方向发展奠定了基础。

现行英国教育体制主要分为三个阶段:

1.义务教育阶段

英国的义务教育是从 5 岁到 16 岁,其间学生享受包括午餐在内的全免费的国家福利。在义务教育阶段共有四次国家统一考试(与教学分隔开来),分别安排在 7 岁、11 岁、14 岁和 16 岁四个年龄段,除 7 岁外,其他所有考试结果都将公之于众,以便公众了解和评判学校与地方教育当局的工作。

在义务教育阶段,学生需要学习的内容包含各类基础学科及宗教学。此外,英国的课程还强调在学习的过程中发展学生的基本技能,如交流技能、数的运用技能、信息技术技能(亦被称为“重要技能”)、与人合作的技能、改进学习的技能和解决问题的技能(亦被称为“扩展的重要技能”)。同时,会对有特殊需要的学生(包括身体残疾、心理障碍、学习障碍等)给予特别的关照,帮助他们学习[14]。

2.延续教育阶段

延续教育是英国教育体系中最有特色的部分,它是继小学和中学教育(义务教育)之后的第三级教育,通常在延续教育学院学习而不是在大学修读。在延续教育阶段,学生需要为进入高等教育或就业做出选择并打下基础,制度提供两种体系:学业路线(academic route)和职业路线(vocational route)。学业路线着重于培养学术研究方面的人才,职业路线则结合社会各层面职业的需要,培养各行各业中具有专门知识技能的人才。这两种体系受到同等的重视。

在英国,人们一般选择延续教育学院修读学术性专业,发掘兴趣,并发展、提高工作技能,进而投身工商界。延续教育包含所有学术和技术性的科目,甚至包含为不同行业管理人员、技术员及工匠开办的专修课程。由于这类课程具有多元化及灵活性强等特点,学生没有正式学历资格,亦可以通过修读延续教育学院最初的课程再逐步考取更高资格[15]。

3.高等教育阶段

高等教育是英国教育体系中的高级阶段,包括学士学位、硕士学位、博士学位和国家高级文凭。目前有学位授予权的高等教育机构168家,无学位授予权的高等教育机构200余家,另外600余家是提供高等教育课程的私立教育机构。英国的大学直接由政府管辖,地方教育部门不予干涉,全国大学有统一的升学和毕业标准,有严格的管理制度。此外,对于学校学生和教师有严格的检查系统,一切公开化、透明化,为教育的公正性提供了保障。

在各阶段的教育中,英国政府投入的教育经费都比较充足,不仅能保证教学的需要,还保证了义务教育的全免费施行。同时,各级教育部门会拨款参与学校硬件设施建设、教师培训等,保证教育工作达到优质、高效。此外,英国政府以立法的形式规定了教育教学及教育管理等多方面内容,现有与教育相关的法律100多部,以支持教育公平有序地开展。

总的来看,英国教育具有历史悠久、法律完备、体系健全、管理有序、经费充足、优质高效、教考分离、互融立交、开放办学等九大特征[16]。也正是由于英国对教育的重视和在教育上的高关注、高投入,英国家校合作的发展进程十分迅速,并取得了较为优异的成果。

二、家校合作政策

英国教育体系中,家长和学校之间的合作一直受到高度的重视,这可以从英国所颁布的相关法律政策中清晰地体现出来。

1977年发表的《泰勒报告》明确要求家长应该参与学校管理工作,提出学生家长和社区人员的人数应占学校管理委员会总人数的1/2以上。

1980年,英国政府颁布的《教育法案》首先赋予了家长在公立学校体系内进行选择的权利，并规定家长有权获得关于备选学校情况的资料。该法案规定，除非这些学校已经人满为患或者有其他充足的拒绝理由，否则家长的选择应该得到满足。此外，该法案规定家长有权对地方教育当局的决定进行上诉[17]。

1984 年，英国教育部门发表了教育文件（以绿皮书的形式），规定了学区委员会中家长的诸多权利，包括家长有权参与制定学校发展相关管理决策、学校培养目标、课程标准及学校相关人事工作，这对英国家长参与学校教育的发展工作起到了极大的促进作用。

1988 年颁布的《教育改革法案》进一步扩大了家长的择校权利。法案规定，任何由地方教育当局管理的郡立学校或民办学校，经家长投票同意并提出申请，再由国务大臣批准，即可脱离地方教育当局的控制，成为“中央直接拨款学校”。由此，英国政府减少了学校在财政上对地方教育当局的依赖，进而摆脱了地方教育当局对学校的控制，使得学校拥有了更多的自主权，也使家长和社区得以通过校董会形式更加直接地参与到学校管理中来。此外，该法案还通过实行“开放入学”政策，将招生权力由地方教育当局转移到了学校，从而将竞争机制引入教育领域。学生成了教育系统中地位极高的存在主体。然而这部法律对学生的学业成绩进行了严格的规定，导致学校与学生双方的压力与日俱增，很多学生开始逐渐失去学习兴趣、抵制学校教育，学生逃学率和辍学率逐年上升，使英国教育事业一度陷入低谷。

1993 年的《教育法案》使家长获得了更多的选择权，该法案要求地方教育当局向公众发布更多关于学校的信息，并向家长提供区内学校考试的结果及其他行为指标。该法案还规定要建立一个教育标准办公室，以监督和检查各级学校，并将检查结果公之于众，为家长提供更多择校方面的帮助[18]。

1997 年，英国公布了《追求卓越的学校教育》白皮书，其中对学校与家庭、企业、社区如何进行合作进行了规划，从而为学生的学习提供良好支持。为协助学生提升学习效果，白皮书制订了家庭学习计划、家校合同制度，增加家长在校董事会和教育机构中的代表人数，并提出要积极处理问题行为、增强校企联系等。该白皮书的内容经修改后，在 1998 年正式形成法律文本——《学校标准和框架法》。

2005年,英国教育与技能部公布了《为了全体学生:更高的标准,更好的学校》(*Higher Standards,Better Schools for All*)白皮书。该白皮书指出,要把家长和学生置于学校的中心地位,给学校更大的自由,给家长更多的权利;改善教育体制,为每个孩子提供优质教育。该白皮书标志着英国政府对教育标准的进一步提升,以确保每个孩子都能接受优质教育[19]。

2006年,苏格兰通过了《家长参与学校教育法》。该法案确立了家长作为其子女教育的参与者的原则,并赋予政府部长、地方官员及学校提倡和支持家长参与学校教育的职责。为支持正在进行的法律实施工作,有关方面发布了两份文件。其中一份是指南,包括法律文本本身,并提出了要实现法律中所要求做的事情;另外一份是一个工具包,用以帮助家长和学校共同支持子女的学习。该法包括家长参与(为什么需要家长参与、家长的定义、参与的含义)、对教育官员的指导(家长参与策略、制定策略、策略指向的有关问题、平等机会、家长参与的障碍、照顾儿童、暂居家长和其他看护人、学前服务、综合性儿童服务、学校标准与绩效、学校在家长参与孩子教育方面的目标、投诉程序)、对家长委员会的指导(家长委员会的作用、建立、成员资格和职能——对学校的支持、代表家长、促进联系、责任、职责履行、经费安排、联合家长委员会)和对他人的指导(校长的角色、教育督导的角色)等内容[20]25-26。

2017年12月,英国儿童、学校和家庭部(Department for children, schools and families,简称DCSF)出台了基础教育改革的十年规划,即《儿童计划——创造更美好的未来》,其中就对家庭的参与进行了进一步规划:一方面,通过政府加强对家庭的支持力度,促进家长对家庭教育的关注,尤其是儿童的早期教育;另一方面,加强家长与学校之间的动态联系,通过在学校为儿童配备导师的方式,不仅促进教师关注儿童的学业进展与个体行为情况,而且家校通过信息共享共同关注儿童的成长[21]。

可见,在英国教育中,家长作为参与教育的一分子,拥有诸多的权利。除拥有可以选取任意一所公立学校、非公立学校、特殊学校或教会学校的择校权外,英国政府规定地方教育当局必须将所需的教育费用支付给接受孩子的学校，这也保证了家长择校权的有效实施。英国在教育相关的各项法案中，将家长与学校的关系紧密结合在一起，两者相互促进、相互监督，形成了一个良好的教育循环；教育行政部门将家长参与学校教育与管理活动视作提升学校教育质量的一个重要举措，通过法律法规的权利赋予与支持，为家长参与学校教育创造了良好的环境，并提升了学校的吸引力，从而全面提高了学校教育质量。

三、实践模式

（一）家长组织

早在 1967 年，英国的教育中心咨询委员会提交的《普劳登报告》(*the Plowden Report*)就指出，家长拜访学校的次数与学生的成绩是有关系的，并建议增进学校与家长的联系。从那以后，英国学校开始注意建立家长—学校组织[22]。

从传统意义上讲，家长组织主要从事一些外围性工作，比如开展社会活动来帮助学校筹集一些额外的教学经费（可以用于学生出游、购买设备、学生课外活动和家长组织的日常运转）。然而在英国，家长组织的作用被不断扩大和增强：一方面，家长需要借助家长组织来帮助孩子学习和成长，并对学校当下存在的问题提出意见或要求召开学校会议；另一方面，学校通过家长组织使家长了解学校的规章制度、教师的教学策略并获取反馈意见。此外，家长和其他社会成员也会借助家长组织来积极参与学校改革，甚至参与到学校决策工作或被选作代表参加地方教育当局委员会等。这也使得家长组织在学校事务的咨询功能和决策功能日益凸显。

英国的家长组织主要有两种类型：一种是非正规的家长组织，另一种是正规的家长组织。这两种组织的结构和功能有所不同，因而在促进家长参与学校决策、促进学校和学生的发展方面发挥着不同的作用。

1.非正规的家长组织

非正规的家长组织没有定期的会议和明确的目标，与学校没有系统性的联系，二者是平行关系。学校只有在需要家长时，才把家长集合起来帮帮忙。因为这种组织形式比较松散，所以容易被大多数家长所接受。而对于学校来说，一方面可以组织家长为学校服务，且同时能使家长与学校保持一定距离，另一方面能够节省教师的时间和精力，是一举两得的举措。因此，这种形式往往被大多数学校和家长所喜欢。

然而，非正规的家长组织由于干预学校决策的能力较弱、家长接收信息被动且受局限，因此对学校的发展和学生的进步并没有多大作用。随着英国教育改革的不断深入，家长在学校教育中的重要性已被越来越多的学校认可，因此家长组织也日趋正规化。

2.正规的家长组织

正规的家长组织往往具有以下两个特点：一是较大的规模。通常来讲，有效的家长组织往往是那些看上去规模较大的家长组织。规模较大的家长组织可以使家长在学校事务中发挥更大的作用，有助于推动学校的教学改革，促进学校的良好运转，而且只有较大的规模才能吸引更多的家长参与学校的事务。二是非义务的专职人员。这些工作人员是被正式任命的并承担某种职责的教师或组织者。一方面，一所学校至少要有一名双语教师，负责增进少数民族家长与学校的关系；另一方面，还要有一名组织者，他要投入比其他家长更多的时间和精力管理家长组织，从而使之得到发展，不至于出现由于某一位重要的家长离去而使得家长组织解散的情况。这些工作人员可以从家长组织的基金中得到薪水。

事实证明，只有正规的家长组织才能在学校事务中真正地发挥作用。家长组织要发挥作用，需要满足以下要求：

- 有一个比较正规的管理委员会来负责家长组织的日常事务；
- 定期出版学校大事记，以保证每位家长能够及时了解学校的最新动态；
- 各个班级要选举出本班的家长代表，然后再从中产生年级家长代表参加学校的校务委员会；
- 安排具有议程的正式会议，在校历出版前确定会议日程；
- 家长组织要有候补人员，一旦某一重要成员离去，他们可以迅速补充进去。

此外,家长组织通过合同的方式来建立家长与学校之间的联系。家长和学校有必要签订协议或合同,来明确彼此在学生学习上的能力标准和责任要求,如家庭要为儿童留出足够的时间做家庭作业。

(二)家长参与层次[23]

在以择校为手段的教育改革过程中,英国家长的角色发生了巨大的变化:从垄断体制下的消极、被动的角色,转变成为教育服务市场中消费者、购买者。同时,他们也参与到教育这种特殊"商品"的生产过程中来,积极参与学校教育管理和教学改革与决策。其中普遍包括以下几种参与形式:

1.家长加入学校正式组织,参与学校教育

在英国,学生家长有权加入学校管理职能部门的工作中,并能够对创办新学校、在校委员会的供职、学校的预算、人事等做出决策。

首先,学生家长可以加入学校董事会。学校董事会成员中学生家长往往占大多数,而学校董事会在学校管理的过程中也承担着重要的责任。学校董事会会为全体学生家长提供专门的论坛,以便学生家长对学校管理工作和教学工作提供意见和建议。

其次,英国学校专门设立了一个学校评估组织——学校督察官。学校督察官有权对学校实施独立评估,而家长则可以介入这个评估过程中来。例如:如果评估过程中督察官向家长发放了问卷,家长可以要求查看完成的全部问卷;家长可以要求和学校检查组人员进行面对面交流;检查组的报告会充分考虑和采纳学生家长的建议,且学校的年度总结报告也要经由学生家长组成的学校董事会审阅。

除家长直接加入管理职能部门工作外,学生家长与教师同时参加的正式家校合作组织也有很多,其中影响力比较大的如苏格兰家长与教师理事会、家长与教师协会及家长协会等。这些组织负责日常家校合作活动的展开。

2.家长主动参与学生教育中的非正式组织活动

在英国城市的一些学区中,学校在家长心目中就是社区的中心,因此家长也会成为学校中学生的一员，特别是一些初高中的家长。在这种情况下，学校会为学生家长参与学校教育提供一些条件，如组织家长参与家长培训课程，提供家长培训场所。家长接受的培训内容主要有第二外语的学习、家长技能培训、社区组织发展、学校毒品教育等。这也为家庭教育的有效开展提供了知识基础。

另外，英国明文规定了有特殊教育需求的在校学生家长的权利：家长可以了解学生的学习成绩并参与学校对学生的思想品德评估；家长可以清楚了解孩子待选学校的所需生源人数以及学校的整体情况，以便选择最适合孩子的学校。此外，学校还会发起帮助家长密切介入契合学生需要的活动，如帮助孩子起草个别化教育项目，通过使用家校日记促进项目联系，经常会见教育心理学家、社会工作者、政府和事业官员等，为家长提供所需学校方面的信息与择校建议，鼓励家长表达对学校、学生的关心，并对一些为学校提出良好建议的家长给予鼓励和表扬。

3.其他无组织的家长参与

无组织的家长参与是指少部分的家长和学校之间的日常沟通的表现形式，主要有家长和学校教师的电话沟通、学校针对个别学生召开的小规模的家长会议、学校教师为使家长了解子女在校情况而办的家长小报、学校教师为学生在校出现问题而进行的家庭教育咨询、根据学生具体情况进行的家长约见等。

为了避免耽误家长工作，英国的家长会通常都在晚上召开，因此也被称作“家长之夜”。家长会的内容主要有以下几个方面：首先，校长会对家长积极地参与到学校教育中来表示感谢；其次，通过家长会向家长宣布学校目前的发展状况、学校各项教育教学工作的运转情况、学校下一步教育教学计划及学校会为提高教学质量做出何种努力；最后，请家长对学校目前的工作进展情况发表看法。如果家长认为在一个学期内，学校没有达到既定的教学目标，致使学校教学质量下降，或是学校隐瞒了学生的真实成绩和在校表现等，那么他们可以将了解到的情况反映给学校董事会，或是通过法律途径来维护自己的权益。

有些学校还会举办收获节(harvest festival)来向家长汇报和展示教育成果。学校会提前向家长发出邀请,并展出学生的作业、作品、演出等。

这些无组织的参与方式在英国家校合作的大背景下依旧默默发挥着自己的作用,但这种简单的参与方式往往对学校教育的整体效果所起的作用并不明显。因为这些沟通方式多是家长单向接收学校传递出来的信息,而并不是一种积极主动的参与形式。

(三)基本合作形式

在英国,所有学校必须为家长提供如下服务:第一,一份关于学生学业进展与达成情况的书面年度报告;第二,每年度安排家长与教师进行一次会面;第三,一份学生在全国统考中的表现报告(考试成绩报告);第四,学生学习和品德发展的总结报告。为了使家长更好地了解学生的在校表现,除这些法律规定的必需条目外,英国学校往往会将每一位学生的学习成绩,迟到、早退、逃课现象,学校所需费用等通过学校内部出版物的方式来告知家长。另外,家长和学校之间的沟通与学生成长目标的制定也是英国家校合作中的重要一环。

英国家校合作主要通过书面形式和活动形式两种渠道来进行。书面形式的合作方式主要包含以下几种:

1.书面形式的家校合作

(1)学校手册

学校手册主要包含对学校理念、学校设施、学生守则、家长职责等多方面的介绍,是所有学校必须发给家长的一本综合手册,以便家长了解学校信息,从而更好地配合学校教育工作。

(2)家校合同及家校年度协议书

家校合同是家长与校方签订的具有法律效力的合同,主要包括两部分内容:第一部分是学校对家长和学生应尽的义务及做出的承诺,第二部分是家长和学生应该如何遵守学校的规定和完成学业的任务。

而家校年度协议书主要包含校风、学校使命、教育标准、目标与任务、家庭作业条例、申诉程序、纪律与行为规范、家长在学校教育过程中的角色等八大部分。该协议书同样具有法律效力。实际上,家校合同与家校年度协议书均是规定学校、学生、家长三方权利和义务的合法文案,只是在不同地区根据条目的内容区别往往被称作不同的名字。

以贝尔蒙特学校(Belmont school)家校合同为例,具体内容如下[20]27-28:

第一部分:(校方)

为了实现把我校办成充满关爱的成功学校的目标,我们将做到:对全体学生提供具有挑战性的教育;提供一个充满关怀和安全的环境;按照家庭作业安排表来管理和评价家庭作业(注:英国学校各科家庭作业有固定的时间安排,如周一为英语家庭作业日、周二为数学家庭作业日,以避免造成学生过重的课业负担)。定期给家长有关学生的评价意见和学年报告。

在需要讨论学生成长和进步问题时,举办"家长之夜"(在晚上召开的家长会);

学校为您的到来敞开大门,欢迎您和学校保持联系,以讨论孩子成长中的任何问题;

和家长保持伙伴关系,对有关孩子的问题及时和家长保持联系;

奖励和庆祝学生取得的成就;

提供支持和引导,以便每个学生作为独立的个体得到应有的重视。

校长:(亲笔签名)____________职务:____________日期:____________

第二部分:

(一)(由学生和家长/监护人签署的部分)

学生和家长/监护人将完成以下各项要求。

学习:

学生将尽最大努力完成学校和家庭作业任务;

家长应尽最大努力参加家长会;

学生应携带必要的学习用品,并在上课时尽最大的努力来学习。

行为:

学生行为永远不能伤及他人;

学生必须听从任何一位员工合理的指导；

留堂(包括课后留堂)在学生行为不被允许和接受的情况下可以使用；

学生要按《学校指南》中的要求穿校服；

学生可以按要求佩戴首饰(一耳一个)。

活动：

学生应按时参加学校组织的各项活动(特殊情况除外)；

家长/监护人要为学生的缺席提供书面说明；

伤害学生要对因此造成的非意外损失进行赔偿；

学生丢失课本要赔偿(英国学校的课本属于学校，上课发给学生，下课收回)。

午餐：

学生应在中午放学后马上回家吃午餐，或在指定的位置吃自带的午餐，或在学校餐厅就餐，学生只能在学校允许时离校。

以上条款我们已经阅读并了解，并同意在学生就读该校期间接受上述条件。

学生：(签名)____________日期：____________

家长：(签名)____________日期：____________

请保留该文件复印件以备不时之需。

以罗塞塔小学(Rosetta primary school) 家校协议书为例，内容如下[24]：

一、学生

作为学生，我将努力做到：

1.刻苦学习，认真听讲。

2.每天准时到校。

3.遵守学校守则。

4.对同学和成人有礼貌。

5.完成每天的家庭作业并带回学校。

6.整齐穿戴校服。

7.带齐学校所用的学习用品。

8.爱护学校环境。

签名:____________(学生)

二、家长或学生监护人

作为家长或学生监护人,为了帮助孩子在学校愉快地学习,我们将努力做到:

1.确保孩子准时到校。

2.确保孩子每天正常上学,需要缺席一定告诉学校缺席原因。

3.协助学校,遵守学校纪律,帮助孩子养成良好的行为。

4.参加为父母准备的开放式晚会。

5.确保孩子穿戴整齐。

6.告诉学校任何有关子女学习方面的问题。

签名:____________(家长或学生监护人)

三、学校

学校将努力做到:

1.随时激励学生尽力表现。

2.希望学生在行为和学习上做到最好。

3.按时告知家长或监护人有关学生学习进步的情况。

4.告知家长或监护人学校每学期教师教学的要求、目标。

5.采取合理的措施确保所有学生安全、快乐和充满自信。

6.随时欢迎并在合理的时间内为家长或监护人提供参与学校日常事务的机会。

7.当学生有行为或学习方面的问题时,将尽快与家长或监护人联系。

8.当学生有连续几次不能按时到校或缺席教学活动,将与家长或监护人联系。

9.提供满足学生需求的广泛性与均衡性的课程。

签名:____________(教师)____________(校长)____________(家校调停人)

（3）董事会年度报告

董事会会在每年发布反映该校教育质量的报告，主要公布学生的各项成绩情况及出勤率等。报告中还会包含学生未来的成绩目标，以便家长明晰学校教育质量状况，并在董事会扩大会议上提出建议。

（4）家长评价问卷

部分学校会向家长发放评价问卷，主要包含对子女的成绩评估、对子女的日常表现的评价、对学校质量的评价等。这也是家长向学校反馈的一个良好途径。

（5）学生手册

学生手册与学校手册有所不同，前者是发给学生的，而后者是发给家长的。在学生手册中，除学校的时间安排表和布局分布外，还包含学生及家长的申诉程序、校规、家长职责及签名等部分，而其主体部分是一个“记录簿”，供学生记录每日作业、学习收获及期望等，并且包含若干页面供教师粘贴给予学生的奖励。此外，该手册还包含学生自己制定的学习目标，家长需要每周为手册签名，以了解孩子的在校情况。

（6）家校联系本

家校联系本主要用于记录学生的日常行为，包括时间安排、品行记录、成就记录、活动记录等，学校和教师借此与家长保持密切联系。

2.活动形式的家校合作

（1）家长开放日

英国的部分学校会在每年开学不久举行一次家长开放日活动，邀请在校生家长及即将选择学校的家长来参观，从而为学校树立良好的形象，招揽更多的生源。

（2）年度董事会扩大会议

年度董事会扩大会议由董事会及家长委员会、地方教育当局一同参加。会上就下一年工作计划及学校本年度各项数据指标展开讨论，从而使家长参与到教育决策中来。

（3）选举家长董事会成员

正如前文所述，英国的学校每四年会选举一次家长董事会成员，来代表所有家长的观点并参与学校的决策。成员通常由家长自荐、校方确认候选人、学生家长投票的方式来产生。

（4）家长之夜/家长访谈日

英国的家长会被称作“家长之夜”，而部分学校会以访谈的形式开展家长会活动，故也称“家长访谈日”。这种活动每学期至少举办一次，目的是使教师和家长能够面对面沟通学生情况，确定如何进一步发展，从而促进学生进步。

（5）圣诞节义演

部分学校会在圣诞节期间组织学生和家长到街头参加义演。义演所得将作为学校教育经费的补充。

总体而言，英国在家校合作方面形式丰富多样且涉及范围广泛，家长与学校间的交流沟通也比较深入。这也是值得我们借鉴和学习的地方。

（四）教学助手

近年来，英国在家校合作方面的不断探索中，发现了一种新的合作渠道——教学助手。部分学校专门从家长中招聘课堂教学的协助人员，而这些人员就是所谓的教学助手（也称学习支持助手，learning supporting assistant）。教学助手需要辅助学校教师的教学工作，同时要了解每个学生的学习风格，便于因材施教；教学助手需要经过专门的教育培训，学习教育学和教育心理学等课程，从而帮助学校提高教学质量。

关于家长担任教学助手的案例，以赫里福郡最为典型。由于师资短缺，教师负担过重，该地区学校学生一直学业成绩不佳；同时，调查反映家长参与教育的愿望迫切，他们极其希望能够帮助孩子提高学业成绩。因此，该地区实施了教学助手的措施，从家长中招聘了部分工作人员来提供个别化教学，并辅助学校和教师的工作（具体工作如表 1-1 所示）。三年后，该地区的各学段学生学业成绩均有极大的提高（如表 1-2 所示）。

表 1-1　教学助手的工作内容

支持学生	支持教师	支持学校
提供个别或小组教学 • 帮助和督促学生做好课程学习的准备 • 培养学生独立学习的能力 • 促进学生主动学习 • 保证学生理解学习内容 • 鼓励学生良好的行为 • 促进学生的社会发展	与教师结成伙伴关系 ①作为个别学生或小组学习助手 • 了解学生的学习需求 • 检查学生是否做好上课准备(知识、技能方面) • 为教师制订下一步的教学计划提供反馈信息 • 帮助传达学习任务,使学习目标变得清晰 • 帮助教师监督学生的学习进度,记录和评价学生的进步情况 ②在学生管理方面提供支持 • 帮助教师组织教学 • 帮助教师准备教学材料 • 维护教师的形象 • 监督学生遵守学校规定 • 保证学生参与教师组织的活动 • 为制订下一步的计划提供反馈	为学校的发展献策 • 作为学校的教职工参与到学校的各项工作中 • 遵守学校的规章制度 • 为实现学校的目标而努力

(资料来源:http://www.standards.dfes.gov.uk.2002-9/2003-06-02)

表 1-2　赫里福郡 1998/2001 年各学段学生达标率对比表

	第一学段			第二学段			第三学段		
科目	阅读	拼写	数学	英语	数学	科学	英语	数学	科学
1998 年	75%	77%	78%	67%	62%	73%	53%	53%	51%
2001 年	80%	85%	87%	74%	67%	85%	55%	63%	68%

(资料来源:http://www.standards.dfes.gov.uk.2002-9/2003-06-02)

教学助手的成功案例,表明家长是极具潜力的教育资源。吸纳家长进入教学环节中,一方面能够极大加强学校与家长的交流;另一方面增加了教育资源,使学校工作更加高效、有序地进行。

四、小结

总体而言,英国在家校合作方面已经取得了比较丰厚的成果。英国的家校合作主要由政府主导,其强大的组织、协调能力使家校合作不是停留于沟通交流方面,而是通过使家长从多方面、多层次参与到学校日常组织和管理工作中去,从而达到深度了解、影响决策的作用。

虽然英国的教育制度与我国教育制度的差别使得我们无法将其模式照搬过来,但英国在家校合作方面的良好发展和一些确实有效的举措,能够给我国家校合作的发展提供更多的思路,为我国家校合作实践的进一步发展起到良好的借鉴作用。

第 3 节　日本的家校合作

一、历史沿革与文化体制

在日本社会中,教育是一个极为重要的课题。纵观日本发展史,对其迅速发展起到决定性作用的莫过于教育,可以说日本的发展史更像是一部教育发展史。而日本的教育体制能够达到这种效果,主要也是归功于其经历的四次教育变革。

日本古代有一定组织形式的教学,是从儒学传入日本后,在宫廷设立私学开始的宫廷教育。646 年,日本天皇颁布了“大化改新”诏书,向中国派遣留学生并仿照唐朝的教育制度建立日本贵族的教育制度,随后设立了大学及国学,并对其制度作了种种规定。在随后的一段时间直至江户时代,东西方文化的流入使得日本不断丰富和完善已有的教育制度,形成了幕府直辖的学校、藩学和民众教育所三种教育机构，培养内容主要为汉学书籍、武学、医学、算术等。

19世纪后半期，日本“倒幕运动”中封建制度衰落，资产阶级建立政权，使得日本亟须改进教育体制。因而在明治维新运动中，日本政府加强了对教育事业的领导与管理工作，设立了统一监管全国教育和宗教的文部省，大力普及小学教育、改进中高等教育、创立实业教育及创办重点大学以培养高水平人才，并于1872年颁布了《学制令》，确立了日本的教育领导体制——中央集权式的大学区制，这种体制一直延续到二战结束。

明治时代，指导明治维新的日本主流教育思想是福泽谕吉的教育思想。福泽谕吉被誉为“日本近代教育之父”“明治时期教育的伟大功臣”，其富有启蒙意义的教育思想对传播西方资本主义文明、推动日本资本主义的发展起到了巨大的作用。福泽谕吉的教育思想主要包含四个方面：第一，教育的作用是“知识富人，教育立国”。福泽谕吉认为众生一律平等，唯有勤于学习、知识丰富的人才能富贵，教育则是民族独立、国家富强的保证。第二，强调智育——“修习学问，唯尚实学”。福泽谕吉认为做学问应当实事求是、追求真理，学问能够扩大知识见闻，使人明辨是非，懂得做人的本分。第三，强调德育，培养国家观念与独立意识。福泽谕吉认为道德教育是十分重要的，而这首先体现在个人所拥有的国家观念和天赋民权意识，要培养国民的爱国之心和独立意识。第四，强调体育。福泽谕吉认为健康的体魄是任何智慧和道德观念培养和形成的基础，教育应当注重体育，使人健康强壮，从而克服社会各种艰难，以实现独立生活。福泽谕吉的启蒙教育思想不仅论证了教育的几个方面，还揭示了发展教育的必要性，推动了日本教育的快速发展[25]。

20世纪20年代后期，在经济危机的冲击下，日本军国主义法西斯势力开始加强，同时该组织也加强了对外军事扩张和对人民的思想控制。1926年后，日本教育开始军国主义化、法西斯化。军事训练的内容进入了学校和社会，并形成了对社会青年进行军事教育的青年训练所；1943年修改的《师范学校令》更是要求师范学校必须彻底灌输军国主义思想，信奉天皇，培养合格的公民。日本军国主义教育具有很大的欺骗性和迷惑性，也使得日本教育的发展速度减缓。

二战后，日本放弃了军国主义政策，开始实施和平建设的基本国策。1946年颁布的《日本国宪法》更是明确了要优先发展教育的目标。随后，日本开始陆续普及小学6年、中学3年的九年义务教育；20世纪70年代，日本又普及了高中教育；20世纪末，日本开始逐步普及大学教育。21世纪，日本国民终身教育成为日本教育的新亮点，公民馆、图书馆、博物馆等公共教育文化场所开始遍布日本全国各地。

在日本战后的教育改革中，日本建立了“六三三四制”的学校教育体制，并沿用至今，其具体学龄阶段划分与我国现行教育体制相同。而从教育的级别和类型上来讲，日本现行教育体制中最重要的部分为学前教育、初等教育、中等教育、高等教育、职业技术教育和师范教育六大类别。

1.学前教育

日本的学前教育机构有两种：一种是幼儿园，属于学校教育制度的组成部分，招收3—6岁的幼儿，由文部科学省领导；另一种是保育所，属于福利机构，招收从出生到6岁的幼儿，由厚生劳动省领导。二者虽然性质、所属机构不同，但对幼儿的培养目标相同，即培养儿童良好的日常习惯，体验集体生活，并引导其正确理解和对待周围的社会生活现象，以及通过音乐、游戏、绘画等方式培养儿童创造、表现的兴趣。

2.初等教育

日本初等教育的机构是六年制小学，儿童满6周岁入学，12周岁毕业，属于义务教育阶段。新学年从4月份开学，多数小学采用三学期体制，三学期之间分别为暑假、寒假和春假。在学期内，学生主要课程由学科、道德和特别活动三部分组成，每一部分都有具体的规定（由文部科学省制定）。小学教育的主要目标是培养儿童的基本能力、培养基本价值观发展、学习各项生活技能等。

3.中等教育

日本的中等教育分初级中学和高级中学两个阶段，其中初级中学属于义务教育阶段。

初级中学是在小学教育的基础上，适应学生的身心发展，实施中等普通教育。教育内容由各学科课程、道德和特别活动构成。教学内容包括必修课和选修课，其中具有日本特色的为保健体育、技术与家庭两门课程。初中阶段的主要目标是培养学生作为国家与社会的一员所必须具备的素质，教授社会所需职业的基础知识与技能，培养劳动的态度以及根据个性选择出路的能力，促进校内外的社会活动，从而正确引导学生的情感。

高级中学是在初级中学教育的基础上，以实施高级普通教育和专门教育为目的的学段。高中学制三年，种类较多，通常按学科划分为普通、职业和综合三类，按授课方式分为全日制、定时制和函授制三种形式。高中教育内容同样由各学科课程、道德和特别活动构成，设必修课和选修课，实行学分制。为广泛适应社会发展的变化，各科开设了与之有关的课题研究课，以提高学生解决实际问题的能力。

4.高等教育

日本的高等教育可分为国立、公立和私立三大类，包含高等专门学校、短期大学、四年制大学和研究生院四个部分。日本大学的教学采取科目制和讲座制两种形式。所谓科目制就是按照必要的科目设置课程和安排教师上课；讲座制则是根据专业设置在同专业中开设一定的专业讲座，并根据讲座安排教师。

5.职业技术教育

职业技术教育在日本的学校教育中占有很重要的地位，除幼儿园和小学以外，各级各类学校都开设职业技术课程，对学生进行职业技术方面的教育。日本已经形成多层次、多类型的比较完整的职业技术教育网，有学校、企业和社会办的几大类职业技术教育，涉及职前教育、在职教育、转业教育，水平高低不同、时间长短不一，灵活多样、互为补充、互相促进[26]。

6.师范教育

日本对师范教育一向十分重视。在二战后，日本政府将封闭式的师范教育改为了开放性的教师养成教育，即一般大学毕业生如果修得所规定的课程学分，就可以获得教师资格证。《教育职员许可法》规定，教师养成教育课程要设有一般教育科目、专门科目和教育专业科目。此外,成为中小学教师一般要通过三次审查与考试,而公立学校的教师更要经过各都道府县举行的教师任用选拔考试才能够上任。可以说日本的师范教育、教师审查制度都是比较严格的。

从教育投入方面也可以清晰地看出日本对教育的重视,日本不仅投资建立了数以万计的公共教育文化场所,而且日本大学的实验仪器设备质量、科研经费、教师素质也远高于世界上大部分国家。日本每人每年的教育经费更是高达1200 美元左右。此外,从 2001 年到 2010 年,日本政府财政吃紧,但对教育和科学研究的资金投入却一直在上升。正是日本这种"教育优先"的思想,使得其教育发展水平远超世界其他国家。

总体而言,日本政府高度重视教育,并拥有完备的法律保障体系和政策支持体系,主要权利集中在文部省,地方教委和学校办学的自主权和灵活性不强。这也使得其家校合作的模式在全国范围内较为统一,是一种在政策主导下开展的制度化的活动。

二、家校合作政策

二战后,日本政府对教育进行重整的过程中,愈发重视学校、家庭和社会的合作,为了给儿童创造良好的教育环境,政府出台了一系列相关政策及法律法规,以推动全社会参与到教育中来。

1986 年,日本临时教育审议会通过了《关于教育改革的第二次咨询报告》。该报告指出,学校教育的作用在膨胀,家庭和社区的教育影响力在下降,本来属于家庭和社区承担的职能应当归还于家庭和社区。这项政策使得日本对教育中家庭、学校和社会的关系与地位进行了再审视,使得家庭和社会在教育中的作用开始被关注和强调。

1987 年,日本临时教育审议会通过的《关于教育改革的第三次咨询报告》提出了关于开放学校的构想。该报告指出:要改变以往偏重于学校教育的情况,促进向开放学校的转换,有必要建立家庭、学校、地方相互合作的关系。同年 8 月,日本临时教育审议会通过的《关于教育改革的第四次咨询报告》中明确提出了“开放学校”的概念，知名学校应当与家庭和社区建立联合关系，思考如何在学校设施、管理等方面将资源开放到家庭和社区。开放学校的提出进一步推动了“学校—家庭—社区”的教育联合，为家校合作的发展打下了基础。

日本家校合作快速发展的开端是终身教育理念的传播。1990年，日本政府颁布了推进终身教育的专项法律《日本关于健全振兴终身学习推进体制的法律》，日本各都道府县以该法律为依据展开了推广终身学习的活动，设立终身学习审议会。终身教育理论使得日本人民认识到了打破传统学校封闭办学模式的重要性，认识到了学校、家庭和社会三者间的联系和沟通的重要性，使得日本学校、家庭及社会的关系不断重新受到重视，并由此开始进入了全方位的合作阶段。

20世纪90年代中期，日本开展了一系列关于家校合作的调研。1995年枥木县教育委员会向文部省提交了《关于改善国立青年之家、少年之家的报告》，强调了学校和社区结合的重要性；1996年，日本终身学习审议会发表了《关于充实社区终身学习机会的对策》的报告，其中提出地方学校应当与家庭、社会合作，促成教育形式实现多样化。随后，文部科学省正式推出了“学校社区结合推进计划”，将“学校—家庭—社区”的理念和措施迅速推广到全国各地[27]。

1998年，日本中央教育审议会在《今后的地方教育行政》报告中提到“学校为回应居民们的信任，与家庭和社区协力开展教育活动；创建开放学校的同时，有公开学校信息的责任”，并在此基础上提出了学校评议员制度，使家庭、社区居民参与到学校管理活动中来。2000年，文部科学省依据上述报告的建议，在《关于学校教育法施行规则等的部分修订》中正式导入了学校评议员制度，并详细说明了其目的、意义和具体实施方案。这是日本首次将家庭和社区居民参与学校管理的权利法制化。

2004年，日本国会修改了《关于地方教育行政的组织及运营法》，此法律导入了学校运营协议会制度，规定学生家长和社区居民可以成为学校管理运营协议会的委员，使得家长和社区居民具有了参与学校教育的权利和责任，可以直接参与学校管理[28]。

除上述直接影响家校合作发展的政策法规外，日本在《日本国宪法》《教育基本法》《学校教育法》《社会教育法》等多部法律中，都对促进学校教育对外开放、家庭参与学校教育、学校援助家庭教育及彼此的合作方式等进行了相应的规定和要求。这一系列的法律条文的颁布和实施，明确了社会教育团体的性质和义务，保障了家校合作的顺利开展。

三、实践模式

（一）基本合作形式

日本在家校合作方面的基本形式可以从两个方面展开：一是由学校主动实施的“学校—家庭—社会”合作形式，二是由家长作为个体或以小团体的方式参与到学校活动中的合作形式。

1.开放学校课堂及设施

在“开放学校”概念的影响下，日本始终保持着向社会开放学校设施及课堂的传统，注重学校与家庭和社会的合作。在不影响正常教学的情况下，日本学校时常会利用节假日积极地向社会开放，诸如体育馆、图书馆、音乐教室、家政教室等设施，作为社会人员开展学习及体育活动的场所。同时，日本学校充分利用学校所在地区不同职业居民这一宝贵的人力资源，将他们请到课堂为学生上课，并为此设立了“特别非正式讲师制度”，经常举办活动为学生提供更为丰富的知识和经验。

2.家长作为志愿者参与学校的各种活动

日本家长参与学校活动的方式十分多样化。首先，家长可以在课堂上作为教师或教师助手参与教学，或是作为小组学习的讲师来参与——这种参与并不是以往的教学参观形式，家长并非作为一个观察者，而是亲身参与到授课和学习活动中去。其次，家长可以志愿对学校的一些组织机构进行运营管理支援，比如帮助维护图书、赠书登记等。最后，由于日本很重视孩子的职业选择，因此家长活动在学生的职业生涯教育中成为重要的一部分。家长可以利用寒暑假的时间联系、协调自己的工作场所，并组织学生进行职业实习和劳动体验，以提高学生的职业意识。此外,开学后学校还会召开亲子恳谈会、职业体验交流会等,帮助孩子和家长相互沟通和理解,了解学生的职业诉求。实际上,组织这些活动也是家长教师协会工作中的一部分。

（二）家长教师协会

日本的家长教师协会(Parent-teacher association,简称 PTA)起源于 19 世纪末美国的家长教师联合会,于 1945 年美国占领军全面参与日本战后教育改革时引入日本[29]。日本 PTA 通过在中小学开展活动,以促进学校、家庭和社会的教育协作,培养身心健康成长的青少年,达到促进社会发展的目的而存在。为了使家长与学校合作得更为融洽,共同开展促进儿童健康成长的活动,日本 PTA 提出:作为合作的基础,学校需要理解家庭教育的思维方式和实际状态,并发挥组织的指导作用;而家长需要把自己的想法和要求传达给学校,理解学校的指导方针,并努力与学校合作。

PTA 的基本方针包括:第一,深入理解家庭教育和学校教育的意义,对中小学生在校外的生活加强指导,改善和充实社区生活,并提供相关信息和资料;第二,以谋求青少年身心的健康成长为根本,应社会变化的要求主动配合教育改革,与全国 1 000 万会员一起努力创建新时代的充满活力的 PTA;第三,在应对“校园欺凌”“逃学”“虐待儿童”等严重的教育问题时,与各相关机构协作以求杜绝此类现象,同时要特别强调人权平等;第四,重视少年犯罪低龄化和严重化的现状,进一步加强与各相关团体的协作,努力净化社会环境,提高家庭及社区的教育能力;第五,努力应对“社会少子化”的挑战,谋求 PTA 活动的新发展;第六,为顺利完成以上各项任务,要健全 PTA 财政制度,调整其组织体系,充实其组织力量。在 PTA 的组织下,家长能够参与到学校的管理、教学及日常活动当中,或以承担组织、服务等工作的形式参与到学校教育中去[30]。

日本的 PTA 体系由三部分构成,一是社会法人 PTA 全国协议会,二是 PTA 地方组织(包括都道府县、政令市 PTA 协议会等 61 个地方组织),三是学校 PTA(由年级 PTA 和班级 PTA 构成)。它是一个从中央到地方的覆盖全部中小学和地区的民间社会教育团体。

1.PTA 全国协议会

日本 PTA 全国协议会的会议一般分为总会、理事会、常任干事会、评议员会和各类委员会，形成了由决策机关、咨询审议机关、执行机关、调查研究机关、监察机关、辅助机关构成的完整行政体系，对日本 PTA 事业的稳定发展起组织、协调作用。

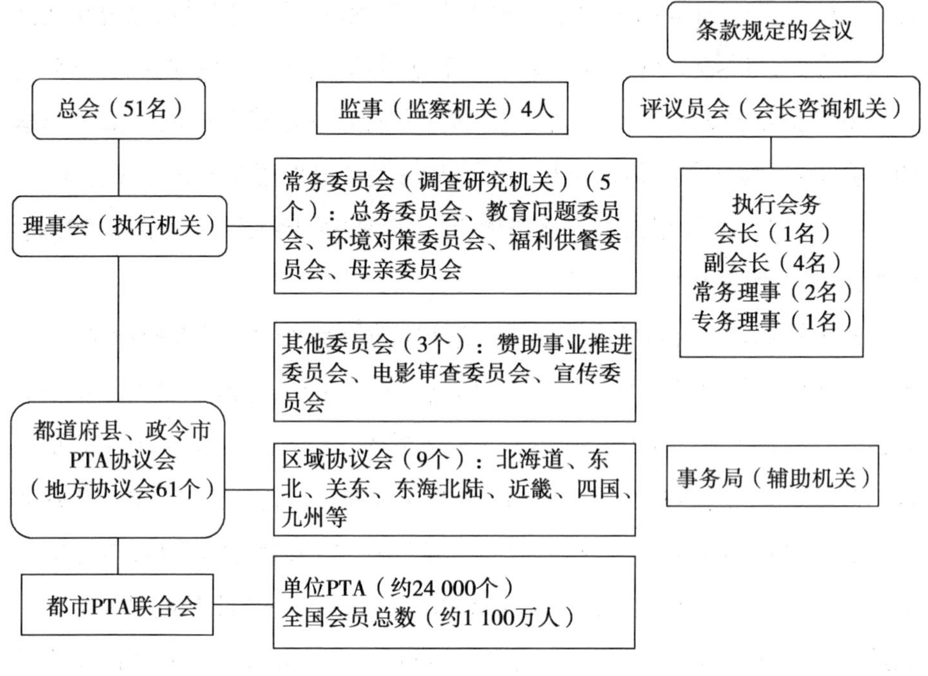

图 1-2　日本 PTA 全国协议会组织运营图

（资料来源：http://www.nippon-pta.or.jp/.2004-09-10）

2.PTA 地方组织

地方 PTA 协议会由 61 个都道府县、政令市的 PTA 地方组织构成，各地方 PTA 协议会与中小学 PTA 和地方的机关、团体联合，共同推进教育活动的顺利进行。此外，日本 PTA 全国协议会按照地缘关系将全国划分为 9 个大的区域，由这 9 个区域中相应的地方 PTA 协议会组织管理各都道府县、政令市的 PTA 协议会，其主要任务是召开全国及地区研究大会、选举理事候选人、推荐候补职员及委员会委员等。

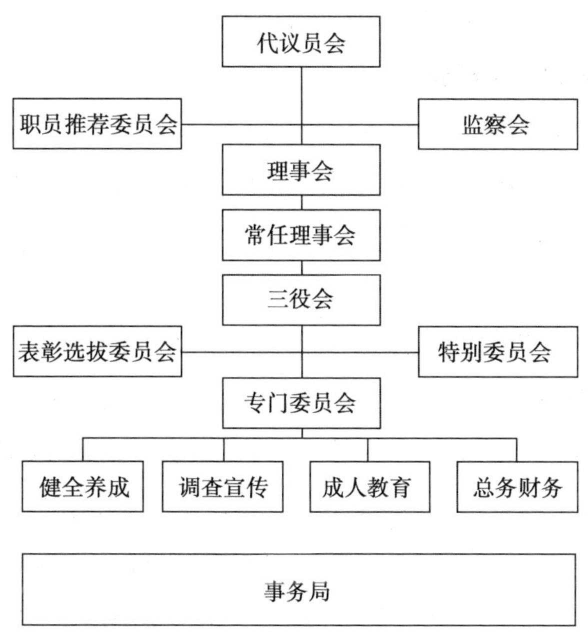

图 1-3　宫城县 PTA 协议会构成图

（资料来源：http://www.miyagi-pta.gr.jp/.2004-11-02）

3.学校 PTA

学校 PTA 是最基础、最有效的家长与教师直接沟通交流的场所，由会员、职员和专门委员会构成。其中，凡在册学生的家长和本校教职工都是 PTA 会员，具有最基本的教育权利与义务；而在会员中选举出的职员则肩负学校 PTA 的管理职责与决策职责，统辖事务处理；专门的委员会包含各班级活动委员会、校外指导委员会、教养委员会、卫生福利委员会、设施委员会、宣传委员会等，分别负责 PTA 中具体某一方面的工作。各学校 PTA 会费的一部分，会作为区域协议会及全国协议会的运营费用。

日本 PTA 使得家长与教师紧密联系起来，是学校、家庭和社会之间的纽带，其根本目的是谋求儿童的健康成长。PTA 组织使得家长拥有了多种参与学校教学活动和管理的途径：家长可以作为教师的助手在课堂上辅导学生，也可以为学生提供专业技能课程；同时，家长也可以辅助学校事务的运营，如对校舍、图书馆的运营及志愿服务等。日本 PTA 推动了日本家校一体化，调节了家长和学校的关系，使得学校把家校合作纳入日常工作。

（三）社会参与学校管理

在“家校合作政策”的部分，我们提到了日本家校合作相关法中规定的两个制度：学校评议员制度和学校运营协议会制度。这两个制度正是日本家庭及社会参与学校管理的基本方式。

1.学校评议员制度

学校评议员制度的宗旨是促进家庭、学校和社区联合协作，共同培养下一代，并使学校根据社区实际情况，在学校管理方面反映家长和社区居民的意见并得到他们的帮助。学校评议员由各学校校长从本地区各行业推荐，由当地教育委员会委派，一般每所学校包含3—7名评议员。学校评议员的主要职责是讨论学校的相关事宜，帮助学校开展各种教育活动，对学校教育目标、计划和教学活动等提出建议，并向家长说明学校的各种情况。此外，学校评议员还会组织学校师生参加社区举行的各种活动，邀请社区居民参加学校活动，为学校和社区之间的沟通架起桥梁。

2.学校运营协议会制度

学校运营协议会是教育委员会从家长和社区居民中任命部分成员构成的合议制组织，已经建立学校运营协议会的学校被称为“共同体学校”。学校运营协议会的委员主要包括学校校长及学校所在社区的居民、学校在校生的家长和其他有学识经验的人士。作为合议制机构，学校运营协议会的权利之一就是对校长所制定的学校运营基本方针表达认可或提出疑问，反映家长和社区居民关于学校运营的愿望和诉求；另一个就是其具有向教育委员会反映教职员任用的相关意见的权利，而教育委员会在进行聘任时则要尊重这些意见。总之，学校运营协议会能够深入学校运营的各个方面，提出自己的意见，促进三方合作的达成。

学校评议员制度和学校运营协议会制度的建立，使得家庭和社会在教育中的权利扩大，学校与家长、社区居民形成对等关系，共同处理和解决学校的问题。这两个制度不仅使家庭和社会参与学校运营管理评价等事务有了制度上的保障,而且也使家长和社区居民真正感到自己是学校的一分子,愿意为学校做贡献,为学校的改善起到了不可或缺的作用。

(四) 其他社会教育组织团体

除 PTA 外,日本还存在许多其他的社会教育团体组织,它们对促进学校、家庭和社会在儿童教育上开展合作也起到了重要的作用,为家庭教育与学校教育的协作提供着帮助。

1.文化活动团体

日本的小学依法与各地的儿童馆、地方儿童会组织、儿童剧场等文化活动团体、机构进行协作。这些团体和机构主要承担学生的校外教育,包括娱乐和社会体验,以培养学校课程所缺乏的社会生活经验和集体性。文化活动团体组织的活动,学生、家长和教师均可以自愿参加。大量案例表明,这也是一个能够观察到学生日常生活状态、建立信任关系的良好交流场所。

2.家庭教育支援体系

日本学校十分看重儿童福祉,因而学校会与儿童福祉团体、机构进行协作,帮助家长提高教育能力——这也被称为家庭教育支援体系。这个体系包括儿童中心、家庭教育咨询中心、育儿支援中心、儿童咨询所等组织,这些组织从各方面帮助家长解决在家庭教育中遇到的困难。目前,日本已经基本形成了一个以教育委员会为核心的家庭教育支援网络,通过这一网络,家长和教师可以进行密切的合作,沟通教育中存在的各种问题,并通过社会机构向家长提供相应的教育技巧指导。

3.学习交流会

学习交流会是由家长和教师们自发形成的民间组织,当同一年级、班级的孩子表现出某些相同问题时,家长可以通过社区内的学习交流会进行讨论,并向学校和教师反映意见、提出建议。如对孩子逃学问题的对策、不同性别孩子的差异、礼仪的培养等,都是他们讨论话题的一部分。它旨在改善学校、班级整体的教育环境,并预防和解决学生潜在的或已产生的某些共同问题。

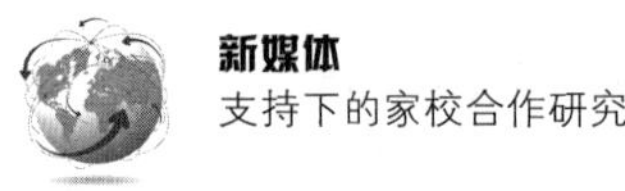

4.地方恳谈会

地方恳谈会是由社区的家长和居民自愿参加的,教师并不在成员范围内。地方恳谈会并不设置具体的谈话话题,而是采用自由讨论的形式进行,对教育中的现象深入、具体地讨论,最终形成共识意见并向学校和教师提出。其中,日本的退休教师也会作为社区居民的一分子,在活动中起到教育顾问的作用,使得群体意见更具建设性。

这些团体组织是日本学校与家庭、社会之间沟通合作的最直接手段,它不仅增强了学校、家庭和社区之间的合作,而且也使得家长间、家校间的人际关系更为密切;同时,它们往往能关注到学生在教育中最直接、最具体的问题,对学生的发展有重要的指导意义。

四、小结

日本的家校合作,实则是"家庭—学校—社会"的三方合作,无论是在政策法规还是实践模式中,三者都是并行的、合作的、相互联系的,这也从侧面表明了日本对教育的重视程度。此外,日本作为一个政府领导性极强的国家,在家校合作方面的自由度并不高,但其制度化的做法也确实使家庭和学校工作紧密结合在一起。这对我国家校合作相关法规的制定和实施也有一定的借鉴意义。

第4节　其他国家家校合作

一、法国的家校合作

(一)历史发展

作为传统的欧洲国家,法国重视家长在学校教育管理中的作用,鼓励学校与家长之间展开更开放、更深入的合作关系,并促进家长参与学校事务。然而,法国的家校合作却并非像美、日、英等国家一样自然形成并发展着,而是经历了一个从关系紧张的特殊时期到不断改革和探索的长期复杂过程。

20 世纪 80 年代以前，法国的家庭和学校之间的关系是疏远的：从学校的角度来说，教师认为他们的责任是充当“宪兵”或“讲演人”，从来没有把与学生的沟通当作自己的责任；从家长的角度来说，家长认为孩子进入学校，教育的责任就落在了教师的身上。因而法国的公共教育虽然已经有两个多世纪，但在相当长的一段时间里，学校与家庭的关系一直处于疏远和误会的状态。在这种情况下，家庭与学校之间几乎没有沟通、交流与合作，家长与学校之间的联系仅仅限于一本通讯录或一张成绩单[31]。

1975 年，法国出台了一部具有奠基性意义的教育法律文件——《哈比法》，在该法案中第一次写入了关于“学校职能的行政—法律标准规范”的内容，并使用了“学校社会”这一术语，把学校看作学校与其工作人员、学生、家长紧密联系、相互作用的统一体[32]。这也是法国家校合作的开端。随后，家校合作的重要性随着时代的发展和进步日益显现，法国政府也开始认识到家校合作的重要作用，着力于家校合作发展工作。1989 年，法国政府在《教育指导法》中明确了家长与学校的特殊关系，指出教育团体是由学生以及校内的、与学校有关系的、参与学生教育工作的校外人士组成的集体。此外，该法律还明确指出了家长的重要地位，认为“家长是教育团体中的特殊成员”，是“学校或教育机构的永久伙伴”。在 1992 年法国“提高公共服务质量”运动中，法国政府采纳新思维，把私立学校纳入公共服务范畴，并扩大了公立学校的自主权。1992 年，当时的教育部部长又在为国家与学校签订的“新合同”中提出了 155 条建议，这些建议最大限度地调和了国家与伙伴、公立与私立（有合约的）、教师工会与家长联盟之间的关系，使得法国的家校合作进一步发展。

可以看出，法国的家校合作经历了一个“由负转正”的过程——这与我们国家的情况有一定的相似之处。而在 20 世纪末的家校合作快速建设中，法国也开展了大量实践工作来改革传统的家校关系。

（二）实践模式

法国政府在家校合作方面的工作主要包含以下几个部分：

1.建立和谐的家校关系

家庭和学校合作的前提就是建立双方的和谐关系。20 世纪末到 21 世纪初,在政府的积极倡导下,家长对教育的态度和实际行动都有了很大的改变。1998—1999 年间,法国政府曾经专门进行了为期一周的全国性的学校家长培训计划。培训中,家长将参观和了解学校,而学校需要向家长准确解释他们应当如何帮助学生学习,并告知家长学校希望得到怎样的帮助,以此建立家校间的合作伙伴关系。

此外,在法国,公众认为教师、学生、家长互通情况是实现家庭教育、学校教育相互协调的最好手段。学生不应作为家校合作的第三者,而应是家校合作中的桥梁。因此,在每个学年开始的第二周或第三周,每班都要召开一次由全体教师、学生和家长共同参加的会议。教师要把本学年将要实现的教学计划、拟采用的教学方法和时间的大致分配、对学生的具体要求等全部通报给学生和家长,以便家校之间更好地配合接下来的教学工作。

在法国,不同阶层家长参与学校教育的比例受到了重视。调查显示中产阶级的家长在家长协会中往往占据着大多数的位置,因此法国一直致力于提高工人阶级家长参与的比例,为学生发展提供多方面的帮助。

2.鼓励家长参与学校教育

为了鼓励家长参与学校教育,法国的学校采取了多项积极措施。首先,鼓励家长加入有关团体,家长可以介入学校委员会、学校管理委员会和学生委员会;其次,安排教师与个别家长会面,在会面中,教师针对家长的具体情况给予帮助,并以坦诚的态度接受来自家长的建议;最后,让家长(特别是工人阶层的家长)明白学校为促进其孩子发展所做的努力,以及家长参与学校教育的重要作用,以激发家长参与学校教育的热情。

此外,法国的学校虽然实行集权化的管理,但也为家长参与学校教育提供了分权化的管理方式。比如,家长可以在国家高级教育理事会、治校董事会上作为代表进行发言,并拥有选举代表的权利;同时,他们也可以在当地教育委员会做代表,参与到初、中等教育的决策中去。

3.丰富的沟通交流方式

法国学校为改善和加强学校与家庭间的关系，利用多种活动方式来促进家校沟通交流。这些方式主要有四种：第一，教师与家长的集体见面会。法国学校教师会定期组织集体见面活动，活动中包含向家长介绍学校教学管理情况、各科教师发言、班主任总结、发放学生成绩单等环节。其间，家长可以随时提问，并向教师反映自己的家庭环境及孩子在家的表现，这是一个双向交流的过程。第二，教师与家长的个别见面会。对于有需要与教师见面的家长，学校会定期组织教师与他们会面，或是在集体见面会后单独留下与教师交谈。在个别见面中，家长与教师能够更深入地进行沟通，明确双方职责和孩子的培养方法。第三，俱乐部、沙龙和圆桌会议。教师可以组织不同形式的俱乐部、沙龙和圆桌会议等活动，邀请家长参加，以改善与家长之间的关系。第四，街道社区的文化中心和多媒体。为了让家长及时了解学校情况，法国学校会通过学校所在社区的一些协会，利用制作的光盘或录像带，将学校的有关校纪校规及生活信息告知家长。

从根本上来讲，虽然这些活动的作用都是帮助实现家长与教师、学校间的沟通交流，但正因为其丰富多样的特点，使得法国家校间的关系得到很好的提升，也使得家校间信息传递效率得到提高。

4.建立家校间协调人制度

1982 年，法国在“教育优先区域”计划中提出了发挥协调人在建立和谐家校关系中的重要作用的意见。法国家校间的协调人主要由对当地情况了解、在宗教团体中有一定威望、有很好的交际能力并能够熟悉学校工作的人担任，主要负责解决家校间的冲突问题，帮助弥补家庭和学校间的交流不足，对从未到过学校的家长进行访问。此外，他们还需熟悉一定的教育学知识和心理学知识，需要告知家长孩子产生逃课、暴力、攻击等不良问题的成因，给家长择校提供建议，帮助孩子解决学习中的问题等。

协调人制度的存在，将学校和外界紧密结合起来，也使得家庭与学校双方间有了一个缓冲装置，促使许多家校间的矛盾得以化解。同时，协调人能够在儿童的发展教育方面起到极大的作用，帮助家长了解教育孩子的方法，有效规避孩子误入歧途的风险，缓和了学生和家长间的关系。其作用复杂而多样，因此选择合适的人选十分重要。

（三）小结

总体而言，法国的家校合作重点在于建立家庭和学校的和谐关系，无论是鼓励家长参与教育的措施还是家校间协调人制度，其根本目的都是学校与家长之间能够进行更好的沟通与交流，实现彼此信息共享，促进儿童教育发展。可以发现，法国的家校合作中，家长对学校管理方面的介入是比较少的，主要都集中在教学活动方面，这也与其集权化的学校管理体制有关。而这种体制因为家校合作的关系正在被一点点打破，法国的家校合作发展仍未停止。

二、新加坡的家校合作

新加坡较为重视家庭教育，且拥有很多的家校合作组织，在这些组织的推动下，其家校合作发展速度较快，也较为全面。

（一）历史发展

新加坡是一个主要由华人、马来人和印度人组成的多种族的移民国家，其家长参与学校教育是与国家提倡“共同价值观”教育、家庭价值观教育、尊重儒家伦理、培养优秀的国家公民分不开的。

新加坡政府非常重视发展教育事业，早在 1959 年，新加坡就确立了“教育必须配合经济发展”的教育方针，时至今日已先后经历了四次教育改革。随着知识经济的到来，全球竞争愈演愈烈，新加坡政府开始从原本“以效率为本”的教育理念转向“以能力为本”的教育理念。这一理念的提出，使得学校承受了空前的压力，教育界开始意识到必须联合其他社会力量共同参与教育，才能更好地培养学生适应新时代要求的各方面能力。

1998 年，新加坡教育部组建了社区与家长辅助学校咨询理事会（Community & parents in support of schools，缩写为 Compass，简称“罗盘”）。这一全国性的咨询理事会旨在为教育部献计献策，鼓励学校、家庭、社区三方共同努力,加强对学生的教育。“罗盘”组织的出现使得新加坡家校合作的进程迅速发展,几乎所有的学校都建立了家长支援小组(Parent support group,简称PSG)或家长教师协会(PTA),并为家长与学校间的沟通交流建立各种渠道[33]。

“罗盘”明确指出要通过不同的方法加强学校、家长、社会的合作去教育孩子,并强调了家长在教育孩子方面的责任以及需要有效协助子女成为良好公民的义务。它的出现为新加坡的家校合作带来了发展的动力,也为新加坡家校合作的各方面实践做出了贡献。

(二)实践模式

新加坡的家校合作实践主要从两方面展开:一是家长参与到学校的教育教学工作和管理工作中去,二是家长教育。

1.家长参与学校教育与管理

新加坡的家长参与学校教育的途径主要有两种:一是家长作为个体参与学校教育,二是家长通过加入相应的家长组织参与学校管理。

家长作为个体时,主要是通过对学校的各种活动给予支持和帮助来进行参与。从学校角度来说,一方面,学校会为家长做必要的信息传递,如为家长寄送通知、海报,并利用家庭—学校备忘录、定期电话等方式向家长汇报学校、学生的一些情况;另一方面,学校会邀请家长参与学校举办的活动,如野餐会、文艺表演等,或是与家长进行观念分享会,共同讨论学生的教育问题。而从家长的角度来说,他们可以进入学校为学生提供一些专题类课程,也可以联合自己的工作单位为学生提供实习课程。此外,一些学校还会为家长举办讲座或是开设计算机课程,以培养家长辅助孩子学习的能力。如在华侨中学,家长通过参与学校的各种活动,认同学校的办学理念,就愿意为学校提供多方面的服务,如捐资建校、筹集捐助资金,专门帮助贫困学生到企业实习,进行社会实践活动等。学校的家长会还为学生社团的各种活动提供资金支持,甚至已经毕业的一些学生家长,仍旧不遗余力地支持学校的工作。

新加坡的家长组织多种多样,如前文提到的家长支援小组、家长教师协会,

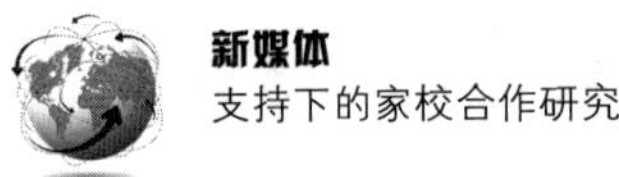

以及校友会(alumni/old boys' association)、导读妈妈/爸爸(reading mums & dads)等。这些家长组织或是通过定期与学校交流的方式,对学校的管理、决策提出意见或建议,或是通过家长间的相互交流沟通确定孩子的培养方式方法。早在 2003 年,新加坡就有 80% 以上的学校与基层社区进行合作,专门组建社区与家长辅助学校咨询理事会。参与合作的社区及资助团体非常多,最常见的社会支持形式是为学生提供财政援助。此外,也有其他有意义的社区参与形式,如相关社会团体和组织会利用自己的资源和优势帮助阅读困难、弱势背景的学生,以及培养学生的艺术欣赏能力等。

2.家长教育

新加坡教育部下属的社会发展部负责家长教育活动的筹划、批核和资助,有效推行家庭教育政策。在新加坡,并没有开设固定的家长培训课程,对家长的教育主要是根据家长的需求邀请专业人士进行的讲座,如"孩子受到欺负时,家长要充当怎样的角色"这类现实的问题。这大大促进了新加坡家长教育观念和能力的提升。

(三)小结

总的来说,新加坡的家校合作是较为全面的,无论是在教育教学活动、家长志愿活动、家长参与教学管理还是家长教育方面都有涉及,并在家长参与学校教育方面取得了很大的成就。这不仅对国家的基础教育产生了深远的影响,而且也促进了学校教育管理的民主化进程,适应了社会的发展。然而,在新加坡并不是所有的家长都对参与学校教育抱有很高的热情和拥有持续的积极性,有些家长为学校提供服务是为了孩子能够到这所学校上学,甚至部分学校规定学生家长必须要做 20—40 小时不等的义工。这也是如今新加坡致力于提高公民思想教育的原因之一。

第 5 节　国外经验总结

家校合作是世界各国教育研究和学校教育改革的一个主题,也是教育发展的一个重要趋势。从国外家校合作的发展与实践中，我们可以看到，家长参与学校教学与管理给孩子教育所带来的价值与力量是巨大的。综观各国家校合作的发展历程和实践方法，可以总结出国外家校合作的几种有效措施。

第一，从政策层面推动家校合作。从各国家校合作历史中都可以看出，政策法规是推动家校合作进程的原动力。其中美、日、英三国在这一点上尤为突出。国外家校合作无论是在零基础上产生的，还是在原有家校关系上产生的，在其发展过程中都必然会伴随政策的参与与引导——各国的经验告诉我们，只有在政府、法律的引导和规定下，才能够形成稳定的家校合作模式，并促进家校合作在全国范围内开展。

第二，采取多样化的家校沟通方式。国外的基本合作方式往往是多样化的，家长与学校间会通过多种方式进行沟通交流，也会通过活动的形式改善家庭和学校之间的关系（如法国）。除学校主办的诸如家长会、家长开放日等交流活动外，家长也会自主发起志愿活动、学生实习活动等，弥补学校在社会教育方面的不足，与学校共同帮助学生成长（如日本和新加坡）。

第三，组建有效的家长合作组织。国外的家校合作中，家长组织往往发挥着重要、积极的作用。无论是诸如家长教师联合会这类全国性的组织，还是学校家长委员会这种小范围的组织，都是家校合作中重要的力量。它们往往起到了干预学校决策、与学校进行有效沟通、帮助特殊家庭等作用，并容纳了学校、家庭、社会三方的力量，是一种极具包含性的、凝聚力极高的组织形态。家长组织的存在往往对各国的家校合作发展起到了极大的推动作用，甚至在一些国家家长的各项权利都是经由家长组织实现的（如日本）。

第四，开放学校管理权。凡是家校合作程度比较深入、彻底的国家，都会适当开放学校的管理权给家长及社会。其主要形式是：学校政策透明化，将决策与管理的相关决定公布给家长或社区、社会人员，并接受其反馈意见，再综合进行决策。这种开放学校管理权的行为使得学校不再“独揽大权”，有效避免了专制行为，并使得学校在决策过程中能够全方位考虑学生、家庭和社会的基本情况，制订更为完善的计划。同时，还能够使家庭对学校的了解更加深入，并对学校的每一项工作产生理解和认同。此外,还有部分国家也会适当开放国家教育政策的决策权(如美国)。

第五,对家长进行教育。家长并不是天然地懂教学、懂管理、会教育、会与学校和社区开展有效合作,因此,需要学习相关的内容,而国外大部分的家校合作会包含家长教育的部分。

第 2 章　我国家校合作概况

第 1 节　小学家校合作

小学家校合作指小学与小学生家庭之间通过多种方式进行有效沟通,互相理解,互相支持,互相配合,遵循小学生成长规律,发挥双方的教育优势,综合利用各种教育资源,共同营造良好环境,以促进小学生身心健康和谐发展、促进小学学校教育科学发展的教育活动。本节从目标、角色定位、方法与路径、各阶段家校合作特点、困境与挑战五个方面针对小学这一教育阶段的家校合作进行探讨。

一、小学家校合作的目标

小学家校合作的目的在于促进小学生健康发展,同时促进家庭和学校的发展。具体目标包括以下几个方面:

1.实现家校教育互补

学校教育与家庭教育各具特点,就学校教育而言,教学目标比较统一、教学内容系统性强、教学方法多样、教学资源丰富,同时具有专业的师资团队;而家庭教育中,学生与家庭之间的关系自然而融洽、有较长且连续的相处时间、家庭环境有其独特之处且对学生的影响因素比较随机多样。二者各有所长,无法互相替代,需要协同共存。家校合作追求的是家校双方教育功能的协调共存，取长补短，形成教育合力，保证小学生接受相对全面的教育，取得理想的教育效果。

2.把握学生成长动态

小学生自我管理能力并不强，需要教师和家长在其学习、生活方面多加关注。通过家校合作，家长可以更好地了解学生在学校的表现，学校能够准确把握学生在校外的情况，双方充分沟通，能够预防或及时发现学生学业或身心健康等方面的问题，携手引导学生正确面对并处理所遇到的问题，一方面避免因信息不对称造成家长、学校对学生状况的误解，另一方面避免错失最佳的教育时机。另外，小学生由于年龄较小，涉世未深，很难形成稳定的价值判断标准，容易受到社会环境的影响。密切的家校合作，能够防止社会环境中的负面因素影响学生健康发展。

3.构建和谐家校关系

小学生的健康成长有赖于和谐的家校关系。唐·倍根(Don Bagin)等人认为："学校有组织地与外部公众进行交流，既能帮助学校获得外部公众支持的机会，也能减少学校遭受批评的次数，有助于获得社区的肯定和支持，还能获取有助于更好地教育学生的一些合理化建议[11]129。"学校可以通过家校合作了解家长的需求并给予恰当反馈，同时向家长和社会宣传学校的教育理念和活动安排，促进家长对学校的理解和信任，进而赢得家长更多的认可与信任，有助于通过提升学校口碑来促进学校自身的发展。通过家校合作，也可以增进学校与教师对学生及其家庭的了解，更深入地了解学生在家庭中的学习、生活等情况，为家庭教育提供必要的支持与帮助。良好的家校合作关系使家校之间有更多的沟通机会，避免信息不对称造成相互误解，形成互相尊重、互相理解、互相支持的利益共同体，惠及学校、家庭、学生乃至社会。

4.达成家校教育共识

家庭教育与学校教育能否达成共识，影响着儿童能否将自己对周围世界的认识与学校的教育顺利融合，而顺利的融合能够避免儿童产生思想混乱及矛盾心理，避免对儿童的学习与发展造成影响[8]194。通过家校合作，促进家校双方互相沟通、互相了解、互相影响，有助于家校之间达成教育共识。家校合作过程中，学校向家长展示自己的教育目标、教育观念、教育方法、活动安排等，同时了解家长对学校、教师、学生的看法和意见；家长向学校表明自己对孩子的期望、自己能提供的教育，同时了解学校的各项规定、教师的教学策略和教学实践。双方通过不断沟通交流，根据实际情况对自己的目标及做法进行调整，最终可以在教育教学活动安排和对学生的培养目标、培养方案等方面达到一致，形成共识，产生最大合力。

5.提高家长家庭教育水平

学校、教师有必要在家校合作过程中，为家长提供学习资源和学习机会，引导家长学习科学的教育思想和方法，在一定程度上提高家长的家庭教育能力。家长在参与家校合作的过程中，可以亲身体验学校教育，深入理解学生成长特点，学习教育规律，掌握教育方法，科学地实施家庭教育。学校还可以通过搭建家长与家长之间的沟通、交流平台，使家长之间互相借鉴家庭教育经验，提高家庭教育质量。

6.促进小学学校教育发展

家校合作不仅可以帮助家长和孩子成长，而且可以帮助学校反思其教育举措。学校可以在与家长的合作实践中不断积累经验，同时也可以在合作中获取家长的建议与支持，接受家长的监督，不断提升教育教学水平，完善管理。社会不断发展，人们对教育的要求不断提高，学校教育受家庭和社会的影响越来越大，学校必须由过去封闭的状态走向开放的状态，积极寻求来自家庭、社会等多方面力量的支持与配合，才能更好地实现教育目标。学校也可以通过来自各行各业的家长与社会各界建立广泛联系，获取资源，丰富教育模式、教育内容，增强活力，形成特色。

7.促进小学教师专业成长

家校合作能够促进教师的专业发展。通过家校合作，可以激发教师的发展意愿，帮助教师减少个人职业倦怠感。教师在处理与家长的关系过程中，一方面需要通过不断学习来解答家长提出的困惑与质疑，对教师知识积累有一定的帮助;另一方面,通过与家长沟通、交流、碰撞,教师的沟通表达能力、组织协调能力、问题解决能力都会得到锻炼并获得一定的提升。此外,教师通过与学生家庭及其环境的接触,可以加深对学生的兴趣爱好、性格特点、成长历程及家庭背景的认识、理解和把握,有助于因材施教,提高教学和工作效率。教师还可以通过家校合作,重新认识家庭教育,更新自身的教育理念,一定程度上丰富教师的教育实践经验[34]。

二、家校合作中的角色定位

小学生家庭与小学在学生成长中扮演着不同的角色,厘清家庭与学校各自的角色定位对家校合作来说很重要,有助于帮助家庭与学校履行相应角色所应承担的责任和义务,发挥各自优势,形成教育合力,促进小学生的学习与发展。

(一)小学生家庭在家校合作中的角色定位

1.家庭教育的学习者

《教育部关于加强家庭教育工作的指导意见》中指出:“广大家长要全面学习家庭教育知识,系统掌握家庭教育科学理念和方法,增强家庭教育本领,用正确思想、正确方法、正确行动教育引导孩子……”[35]家长作为学习者,参与学校及相关教育部门组织的家庭教育培训或指导活动,学习如何教育子女、如何参与学校教育,获得自身成长,提高自身素质,从而提高家庭教育质量,促进学生健康成长。家长可以通过微信和 QQ 群、家长学校、家长会、家长学习手册(小报)、家庭教育咨询等方式,以学习者角色参与到家校合作中去。

2.学校活动的支持者

以支持者身份参与家校合作的家长,通常服务于学校、教师和学生的需要,为学校或班级提供帮助和支持。例如,配合学校做好学生教育工作,对学校的通知、要求等及时做出反馈,参与学校的教育教学活动,为学校提供教育教学活动所需要的设备、信息或经费,等等。家长以支持者角色参与家校合作时,通常以微信和 QQ 群、电话联系、家校书面联系、个别家长约见、到校参与各类活动的筹备与开展等方式进行。

3.学生成长的志愿服务者

家长作为志愿者,以自己的知识、技能和经验,为学校提供无偿志愿服务。以志愿服务者角色参与家校合作的家长,参与学校各项教学活动的积极性相对较高,不仅关注自己子女的教育,也关注其他学生和学校整体情况。家长以这种角色参与的家校合作方式主要有:参与策划、协助组织学校的教育活动;为学生提供社团指导;为学校提供校本课程,参与教育教学;帮助学校管理学生的在校学习生活;等等。

家长义工给学校带来了什么(有删节)

作者:柯进

不取任何物质报酬,学生家长以自己的时间、知识、技能和经验,为学校提供义务服务——

以家长义工为载体,整合各行各业家长的优势,弥补学校教育的不足,引导家长自愿发挥各自的专业特长,参与学校管理,为学生成长提供良好的条件,这是凤岗家长义工模式的核心。

改革难免会对一些传统惯性思维带来冲击,更多的顾虑和质疑来自家长义工运行机制——在学校日常教育教学工作原本就繁忙的背景下,将家长请进校园,会不会给学校增加额外负担?教师们能否适应家长们的众目睽睽?家长多为外来务工人员,他们能否有效担当义工的角色?……

1.由“双差生”引出的一块教育“荒地”

家长从过去把孩子送进学校当甩手掌柜,到如今自愿到学校当义工,这种变化与该校校长毛秀蓉多年的工作努力密不可分。如何改善学校与家庭的关系?能不能改变家长的教子观念及方法?家长学校能否真正成为沟通学生、家长、学校的有效渠道?一个接一个的问题在毛秀蓉心头翻转。

2006年,毛秀蓉到油甘埔小学任校长,一个孩子严重扰乱课堂秩序,被教师打了一巴掌,家长便带人到学校暴打教师。这件事平息后,毛秀蓉决心加强家长学校建设。

2007年春,凤岗镇科教办提出要加强小学书法、象棋教学。油甘埔小学没有书法教师和象棋教师。村委会物色了擅长书法和喜好象棋的家长,每周四下午,“家长教师”走进学校,义务教孩子们学习书法、象棋。结果,在全镇书法、象棋比赛中,油甘埔小学学生代表队竟然取得了好成绩。这给了毛秀蓉启示。当年,油甘埔小学家长义工队伍正式成立,37位家长自愿加入学校家长义工队,参与学校教育教学与管理工作。这是凤岗镇第一支家长义工队。

为了更好地发挥家长义工队的作用,油甘埔小学设置了专门办公室,成立了家长委员会,制定了义工章程。家委会由24人组成,学校代表3人,其他成员都由家长自主推选产生。家长义工活动分为定期和不定期两种。义工队采取开放模式,家长加入时会举行宣誓仪式,承诺自愿、无偿地尽力为孩子创造安全、健康、美好的成长空间。为了方便组织和管理,家长义工队根据活动的内容特点,分为安全管理组、亲子活动组、亲子社会实践活动组、心理辅导组、帮扶问题孩子组、客家山歌组、书法组、摄影组、象棋组等,各个小组根据学校工作实际和组员数量开展活动。

“有了家委会这个组织后,家长义工实现了两大转变:义工活动由最初的学校组织变为家长委员会自发组织,家长义工活动由最初被动地听从学校教师安排变为主动由家长义工们自己设计安排。”毛秀蓉说,“虽然在凤岗宣传教育文体局的学校花名册上,油甘埔小学只是其中一所学校,但实际上我们是一园两校——一所是教师面向孩子教育教学,另一所是几百名家长义工面向学校给孩子提供服务。两者就像是为孩子服务而并行运动的两个同心圆。”

油甘埔小学的家长义工试验,在凤岗镇乃至东莞市的学校中产生了震动。越来越多的学校加入试验,越来越多的家长与社会热心人士加入家长义工行列。截至2012年年底,凤岗镇所有公办学校和大多数民办学校都成立了家长义工队。仅500多名学生的油甘埔小学,家长义工达到368人。

2.小学校来了一群“大助教”

按照油甘埔小学家长义工章程，只要是能帮助孩子成长的，家长义工在能力范围内都可以做，不局限于具体的时间、空间、形式、内容，重在参与。家长义工被分成若干小组。安全管理组的家长，平时在校门口维护秩序，对有特别需要的孩子进行护送；学校开展第二课堂活动时，山歌、书法、摄影、象棋等助教组的家长，便成了教师的帮手，参与主题教学活动的开展；帮扶“问题孩子”组的家长，以一对一的方式，通过家访、参加社会实践活动等形式，陪伴“问题孩子”走出困境……

每年新生开学是教师最繁忙的时候。2010 年秋季开学第一天清晨，4 名家长分成两组，一组疏导学校周边交通，另一组巡视校园，排查安全隐患。随后，其他家长义工来到学校，引导新生报名，为新生家长答疑解惑。“当我们的孩子第一天进学校，看到家长都站在学校门口迎接他们，他能不努力学习吗?”家长义工龚桂琴说，“这几年，每到学校开学，我们家长义工首要的工作就是协助学校搞好安全，帮教师查看学校纪律，以及保持学校卫生。车辆或其他的安全问题，需要我们的，我们都会自己去做。”

油甘埔小学每周有两次大课间时间。每到这时候，家长义工们就在操场上和孩子们三五成群地聚在一起，开展拔河、踢毽子、赛跑、跳兔子舞等阳光体育运动。

学习之余，孩子们不仅能和家长义工同读一本书，同写一篇读书笔记，而且在学校举办的各种活动上，家长和子女同台表演节目，同台领奖。每逢节假日，孩子们还能在家长义工们的组织下，参观科技馆，去工厂体验劳动过程，去班级的自留地里种菜，到野外学习做饭……这些“大助教”在给孩子们送来笑声的同时，也借助校园义工平台相互取暖。许女士是一名家长义工，儿子小钟是个盲童，2003 年 9 月，进入广州盲人学校读幼儿园。由于许女士家境拮据，孩子短暂入学后只能退学。得知这个消息后，家委会利用由家长义工们在学校捐资设立的爱心基金，资助小钟继续求学。在学校和家长义工们的共同努力下，小钟最终顺利进入东莞特殊教育中心就学。

家长义工们的行动感动了客家山歌协会的会员们，客家山歌协会全体会员申请加入油甘埔小学家长义工队。他们每周四都会来到学校教山歌兴趣班的孩子们唱山歌。油甘埔村党支部全体党员也加入了家长义工队，参与学校管理。

家长张运朝让毛秀蓉特别感动，张运朝的儿子已经从油甘埔小学毕业升入中学，张运朝却申请继续留在学校做义工，他说："虽然我的孩子上中学了，但我觉得做家长义工很有意义，也想借此对辛勤培育孩子的教师们表达感恩。"

3."凤岗义工模式"能否复制

从7年前家长在教室内对教师大打出手，到而今每天早上7:30家长义工们活跃在学校各个岗位上，不仅毛秀蓉看到了学校教育的另一面，凤岗甚至东莞市的其他中小学也开始进行家校合作试验。凤岗家长义工正在成为一种独特的模式，不断发生着"化学反应"。

2012年，凤岗"家长义工参与学校管理实践及研究"被列为中国教育学会家庭教育专业委员会"十二五"重点科研课题。凤岗镇政府拿出50万元启动经费，整合宣传教育文体局、凤岗镇妇联、凤岗镇关工委力量，开展家长义工培训、家庭教育讲座，研究并推广家长义工模式。全镇22所学校，先后成立了家长义工队，两万多名家长走进学校接受家庭教育培训。2013年，旨在系统培养更多家长义工和家庭教育指导教师的凤岗家庭教育指导教师培训基地正式开班。

现在，每学期开学前，凤岗各校班主任都会制订好一学期的工作计划，列出需要家长义工帮助完成的内容。开学后，各班家委会制订相应的家长义工实施计划。这样，凤岗形成了镇家庭教育协会—镇家长义工总部—学校家长义工委员会—班级家长义工委员会参与班级管理的四级服务管理梯级模式。在这些学校内，二级家长义工不仅参与学校安全卫生等日常管理、师生评先评优、学校重大事件讨论和决议、课堂教学改革和课外活动创新，而且还参与师生矛盾调解、家长与学校矛盾调解等事务。

凤岗家长义工试验缩短了学校与家庭、社会的距离，但是，家长义工模式也面临众多挑战。

有着35万人口的凤岗镇，超过70%的人口是“新莞人”。他们多来自全国各地，不同地域的历史文化背景、生活习俗造成各个家庭不同的生活习惯、生活方式，形成了文化素养、思维方式、价值观念、家庭教育状况的差异。移民城市的这种特殊性，客观上迫切需要学校通过家长义工的形式加强学校、家庭、社会的联系，但也给家长义工模式的复制和持续推广带来了现实困难。

在一些学校成立家长义工队之初，争议四起。由于义工队伍扩大和活动小组增加，一度给学校日常教育教学管理增加了额外负担，一些教师对此产生了抱怨和抵触情绪；有些教师认为，家长义工参与学校管理，往往与考试科目无关，还占用了考试科目的上课时间，而且家长义工插手班级管理弱化并挑战了自己的管理权威；有的学校校长私下里议论，每次组织家长义工工作，要费尽人力、物力；也有校长和家长认为，能够应付正常教学就不错了，搞什么家长义工，家长们都是外来务工人员，温饱问题都还没有解决，哪有闲心做义工……

在争议声中，凤岗家长义工取得了新突破，与凤岗家庭结构多元、人口结构严重倒挂等特殊土壤密不可分。然而在争议之下，人们禁不住要问：凤岗家长义工模式最终能走多远？在全国各地推进教育现代化的大环境下，凤岗能否搭上教育现代化的便车，实现家校合作的系统化、课程化和网络化？如何结合当地实际，更有效地实现学校、家庭、社会之间无障碍的互联互通？如何探索出家校合作可持续发展的制度性平台，使家长义工成为社会共识，成为未来学校教育的自然延伸，并使之成为一种可复制、具有普适性的模式？这些疑问，将由时间来给出答案。

（摘编自《中国教育报》2013年8月24日第3版）

4.学校教育决策的参与者

如果人们未参与决策的制定，那么他们在决策执行过程中是缺乏责任感的，家长在小学生教育中扮演着重要角色，以决策者角色参与学校教育决策的制定，有助于家长更加负责地执行学校决策，与学校形成教育合力。此外，信息整理、决策制定、决策推行的过程本身具有教育意义,家长参与促进了家校之间的相互学习,有助于提升学校的管理技能[36]26。

学校教育决策的制定包括决策形成、决策执行、决策监督三个环节,作为决策参与者的家长,需要参与上述三个过程。学校在设定教育目标、制定教育教学计划和管理规则时,家长以平等的合作者身份参与决策制定;学校在实施教育教学活动时,家长参与决策执行过程,并参与对决策过程的监督。决策参与者这一角色,对家长的素质要求较高。家长需要熟悉教育学、心理学、管理学等方面的专业知识,并具备相应的沟通能力、协调能力和执行能力。

(二)小学学校、教师在家校合作中的角色定位

1.家校合作文化的创建者

在实现家庭参与系统改革中,创造家庭参与的文化和氛围是最重要的一步[37]。家校合作需要家长、教师和社会的参与,但并不是所有的家长和教师都能认识到家校合作的意义。学校、教师要明确家校合作的重要性,通过各种可能的途径和机会宣传家校合作的有关政策、法规、理论和案例等,创建家校合作文化,营造家校合作氛围,引导家长和社会公众认识家校合作、理解家校合作、参与家校合作,将家校合作内化为合作各方的信仰和行为动机。

2.家校合作活动的策划者和组织者

学校与教师承担了家校合作活动的策划者与组织者角色。学校要制订家校合作计划,要对学校层面的家校合作活动(如学校家长委员会建设、家长学校、校园开放日、学校家长会、亲子运动会、面向教师或家长的培训等)进行策划。教师特别是班主任教师则要对班级层面的家校合作(如班级家长委员会建设、班级家长会、班会展示、家访、约见家长、微信和 QQ 群沟通等)活动进行策划。学校要努力建设良好的家校合作关系,采取措施激发教师和家长参与合作的积极性,利用教师和家长的才能设计家校合作活动,并协调各方面因素,使家校合作活动在时间上保持连续性,在效果上得到强化。对具体的家校合作活动进行策划后,学校、教师要按照策划方案组织相应的家校合作活动,包括协调

参加活动的人员、筹备所需的物质资源、安排具体的活动、在活动后组织反思等。

3.家长参与的支持者

学校要保持适当开放,为家长或家长委员会提供相应的校内教育资源,支持家长参与学校教育,支持校内外家校合作组织开展活动。学校也要根据学生家庭的需求,为其提供适当支持和帮助。

4.家长成长的服务者和引领者

家校合作中,学校、教师要承担教育、引领家长成长的责任。要通过为家长提供学习资源、组织家长参加培训学习等途径,满足家长成长的需要,引导家长掌握家庭教育知识、提高家庭教育能力,使家长能够更好地承担家庭教育责任,更好地支持学校工作。

5.家校合作活动的参与者

作为家校合作中的一方,学校、教师自然要参与到家校合作之中,享受相应的权利与承担相应的义务。在参与的过程中,学校、教师自身也获得发展。身为家长的教师,有时要以"教师"和"家长"的双重身份参与家校合作,这样的教师可能更容易理解家校双方的合作需要。

三、小学家校合作的方法与路径

(一)面对面的家校合作

1.召开家长会

家长会是国内常见的一种家校合作方式,一般由学校统一安排召开时间,分为学校家长会和班级家长会两个层级,主要面向学生家长。家长会可以有不同的形式,其中发布会形式的家长会比较常见。发布会形式的家长会主要由学校管理者或教师主讲,多在开学初、大型考试后、学生面临升学等特定时期召开。学校或班级有重要信息需要传达时,通常也会召开发布会式家长会。通过发布会式家长会,学校、教师可以准确、高效地向家长群体通报学生或学校教育教学情况等信息。随着教育改革的不断发展,家长会的形式也日趋多样。

2.家庭访问

家庭访问简称家访,是学校、教师对学生及其家庭进行个别化教育指导的一种常用方式。家访的主要目的是与学生家庭成员面对面沟通,深入了解学生家庭情况,以便有针对性地对学生进行个别化教育,同时争取学生家庭对学校工作的支持与配合。家访是学校、教师了解学生家庭情况及其在家表现的最直接且有效的方式。家访不仅能使教师深入了解学生,加强师生间情感上的沟通,也能使家长及时了解学校的教育教学情况和学生的在校表现,促进家长对学校和教师的理解。家访后教师可以建立家访档案,就这个过程中发现的问题做进一步的探究,以便作为以后工作的借鉴。

3.请家长到学校

这里所说的"请家长到学校",通常是学校、教师根据实际情况,请一位或几位家长到学校,针对学生成长过程中遇到的问题或学校发展中的问题,面对面进行沟通、探讨,以便达成共识,解决问题。有时候,学校和教师也会根据需要请一位或几位家长到学校为学校提供支持与帮助。

4.开放日活动

学校开放日一般有两类:一类是只面向家长的家长开放日,一类是面向家长和社会的大型开放日。开放日活动通常是由学校统一组织,学校在精心安排、充分准备之后,请家长或社会相关人士到学校深入课堂听课、参观校园、观摩学校的教育教学活动。开放日的主要目的在于请家长和社会相关人士走进校园,深入学校教育教学一线,了解教师,了解学生,增加学校办学的透明度。开放日不仅是展示学生学习生活、展示学校面貌和教师风采的机会,也是增进亲子感情、促进家校双方相互理解的机会。开放日活动中,学校以丰富多彩的活动形式和内容,让家长和其他来访者感受到孩子在校学习生活的点点滴滴,感受学校教师的努力付出,增进他们对学校教育理念的理解,同时也可以展示学校办学理念和教育成果,向家长和社会传播科学的教育观念和成功的教育经验。学校还可以通过活动中与家长和相关人士沟通、活动结束后请家长和相关人士填写反馈表等形式，获取家长及社会对学校、教师教育教学的意见和建议，促进学校教育教学工作的改进，促进学校办学质量的提高。

（二）借助书面载体的家校合作

1.发放致家长信

为了便于家长了解学校的重点活动或促使家长认识到一些有关学生身心发展的重要事项(比如流行疾病预警、校外安全问题等)，学校会定期或不定期地发放致家长信。通常致家长的信件会附带需要家长签字的回执，以便确认家长收到并理解了信件内容。有些学校也会向家长发放征求意见信，请家长就学校的教育教学管理、教师的教育教学情况、学生成长中的问题等发表意见或建议。学校、教师也可以通过致家长信向家长反映学生和班级的情况，宣传教育经验，向家长推荐家庭教育读物等。

2.发放家长学习手册

一些学校意识到对家长进行教育引领的必要性，精心选编有关家庭教育的文章和案例，汇集成册，印发给家长，供家长学习。有的家长学习手册中还预留空白，以便家长随时记下学习感悟和体会。学校可以请家长推荐好的文章或请家长写经验介绍，编入家长学习手册，供更多家长学习参考。

3.使用家校联系册或学生成长记录册

家校联系册一般是由学校设计，供学生在学校与家庭之间传递的联系手册。家校联系册中可以设计相对比较详细的栏目，比如“成果展示”“家长寄语”“教师寄语”等。教师、家长和学生定期在家校联系册上填写相关内容，既可以记录学生成长信息，又可以表达各自观点。家校联系册的恰当应用，不仅可以增进家校之间的相互了解和理解，还可以增强孩子的信心。

（三）借助电话、短信的家校合作方式

在微信、QQ 等即时通信软件出现之前，打电话、发短信是被采用较多的家校合作方式。打电话、发短信交流省时、省力，且不受地域限制。家校之间通过电话、短信沟通合作更方便、更快捷。打电话比发短信更直接，因此打电话经常

被用来解决有时效性的、重要的问题。学校、教师在需要确认一些学生或其家庭信息的时候,通常也会选择打电话这种相对直接、可靠的方式。学校、教师也可以通过打电话征求家长对学校教育教学的意见建议,或请家长为学校教育教学活动提供支持。家长在向教师咨询问题、反映情况时,也可以选择打电话的方式。

(四)通过家校合作组织进行家校合作

我国目前存在的家校合作组织主要是家长委员会。家长委员会作为家校合作的桥梁,协调家校关系,参与学校教育活动。学校层面和班级层面可以有各自的家长委员会。2012年,教育部发布的《教育部关于建立中小学幼儿园家长委员会的指导意见》对小学家长委员会应履行的职责做出了说明[38]。

> 家长委员会应在学校的指导下履行职责。
>
> 参与学校管理。对学校工作计划和重要决策,特别是事关学生和家长切身利益的事项提出意见和建议。对学校教育教学和管理工作予以支持,积极配合。对学校开展的教育教学活动进行监督,帮助学校改进工作。
>
> 参与教育工作。发挥家长的专业优势,为学校教育教学活动提供支持。发挥家长的资源优势,为学生开展校外活动提供教育资源和志愿服务。发挥家长自我教育的优势,交流宣传正确的教育理念和科学的教育方法。
>
> 沟通学校与家庭。向家长通报学校近期的重要工作和准备采取的重要举措,听取并转达家长对学校工作的意见和建议。向学校及时反映家长的意愿,听取并转达学校对家长的希望和要求,促进学校和家庭的相互理解。

家长委员会一般由家长代表组成,可以由家长个体自荐或家长群体推选。家长委员会成员需要有相对充沛的精力和充足的时间,需要具备较强的沟通、协调能力,以便高效参与学校教育、组织家长活动。

四、不同阶段小学生的特点及家校合作开展情况

（一）小学低年级阶段（一至三年级）

1.低年级阶段小学生的特点

（1）生理特点

低年级阶段小学生年龄一般为 6—9 岁。在这个时间段中，他们的脑重量基本达到成人水平，增加缓慢，脑细胞的结构和机能不断地进行着复杂化的过程[39]75。低年级阶段小学生不宜做强度太大、时间太久的体育运动，为防止肌肉、骨骼变形，在生活和学习活动中要注意动作的规范性。

（2）心理特点

第一，知觉特点。低年级阶段小学生的知觉发展还不充分。在整体知觉和部分知觉方面，该阶段的小学生首先认识客体的个别部分，之后认识到不确定的整体部分，接着既能看到部分，又能看到整体，但并不能将部分与整体联结起来。最后一个阶段中，儿童能够区分部分与整体的关系，实现了部分与整体的统一[39]106-107。低年级阶段小学生的知觉发展不充分，主要表现在空间知觉不精确。他们可能会认错相近的图形，把文字或数字弄颠倒。他们在确定物体的方位时要经过很长一段时间的矛盾斗争[39]106-107。低年段小学生的观察力也处于发展之中。在看图或识字时，他们常常只能注意到大的轮廓，而注意不到小细节。他们不善于独立调节知觉对象，难以按一定的目的任务系统地进行知觉活动。在观察一个事物时，他们常常会把目标转移到不相干的事物上。他们好奇心强，对各种新事物可能都会感兴趣。

第二，注意特点。低年级阶段小学生注意力还不稳定、不集中，容易分散。他们不太会控制自己的注意力，容易为无关刺激的特征（新颖、新奇、活动性强烈的对比等）所吸引而分心，在注意有关和无关信息时缺少灵活性[39]164。他们的注意范围相对还比较狭窄，不善于分配自己的注意力，如果要求他们同时注意几件事情，他们往往做不到。低年级阶段小学生注意力保持时间短，注意力集中的时间一般在 20 分钟左右。在传统的讲授式课堂上，有些学生在

课堂后半段可能会发呆，或者摆弄文具、玩手指等。即使他们想认真听课，也可能无法做到。

第三，记忆特点。低年级阶段小学生的记忆范围不断扩大，但由于缺乏生活经验以及抽象逻辑思维发展不足，难以一次性记住很多东西。弗莱尔等学者研究认为，（年幼）儿童还不具备对记忆技能的认知或不具备什么时候利用这些策略最为合适的经验[39]174。他们的有意记忆能力正在发展，但还不能很好地组织记忆活动，也不太会运用识记的方法。形象记忆在低年级阶段小学生的记忆中还占有重要地位，他们还需要多运用直观方法来巩固所学的知识。

第四，思维特点。低年级阶段小学生的思维从以形象思维为主要形式逐渐向以抽象逻辑思维为主要形式过渡。低年级阶段小学生已经具有一定的抽象概括能力，并且掌握了一些概念，能够初步进行判断和推理，但他们的思维水平还比较低，思维活动在很大程度上还是与面前的具体事物或其生动的表象联系着[40]199-200，难以理解较抽象的或与他们的经验联系很少的内容。如果没有具体表象的支撑，他们难以独立而灵活地思考问题，难以完成对知识的建构。

（3）行为特点

低年级阶段小学生的行为方式主要来自对成人世界的模仿。他们非常崇拜教师，对教师有一种特殊的期望和依赖。很多学生会无条件地信任教师，对教师的信任甚至超过对家长的信任。如果能够得到教师和家长的正确影响，低年级阶段小学生会表现出较多的亲社会行为。不过这时的亲社会行为发展多体现服从性，属于服从性的亲社会行为的发展[41]。随着新媒体的发展，低年级阶段小学生的行为也会受到电视节目、网络视频等信息源中的内容的影响。

低年级阶段小学生的思维发展和动作技能发展不完全同步，他们的动作反应可能会比思维反应慢一些。有些低年级阶段小学生的语言表达能力还有限，他们可能会通过肢体行为来表达意愿，表现出一些不符合纪律规范的行为。还有一些小学生会由于某些心理需求没有得到关注，在缺乏正确引导的情况下产生错误认知，做出不符合纪律规范的行为。

2.小学低年级阶段家校合作内容

（1）与学生相关的合作内容

第一，小学生体质健康方面的内容主要包括小学生体质健康发展的一般规律，小学生日常体质方面的表现、体育运动情况、卫生保健情况，小学生体质健康培养目标及促进小学生体质健康发展的方法，等等。

第二，小学生社会行为方面的内容主要包括小学生社会行为发展的一般规律，小学生的学习与生活能力、自我发展、心理健康、品德行为、人际关系状况，小学生社会行为培养目标及促进小学生社会行为发展的方法，等等。

第三，小学生学业方面的内容主要包括小学生学业发展的一般规律，小学生学业基本情况，小学生学习动机、学习习惯、影响学业的相关因素，小学生学业培养目标及促进小学生学业发展的方法，等等。

（2）与学校、教师相关的合作内容

第一，与学校管理和教育活动等方面相关的内容主要包括学校自身信息（包括校史、办学环境与办学理念、学校拥有的教育资源、师资配置等），学校所执行的各级各类教育法规和相关政策文件，学校内部规章制度，学校执行的评价标准，学校教育活动安排，学校需要改进之处及计划采取的改进措施等。

第二，与教师相关的内容主要包括教师任教学科、教师教学风格等非隐私类信息，班主任班级管理方案、教师教育教学计划，班级管理和教师教学特点、需要改进之处及改进措施等。

（3）与学生家庭相关的合作内容

第一，学生家庭基本情况，包括家庭结构、父母学历、经济条件、家庭关系（主要是亲子关系、夫妻关系）等，学校和教师需要注意保护学生家庭信息不被泄露。

第二，家庭需要学校提供的支持和帮助，包括家长在教育子女方面的需求、经济困难家庭的补助等。

第三，家长能够为学校提供支持和帮助，包括对学校日常教育教学活动的支持、志愿为学校提供服务、参与学校决策、为学校提供赞助等。

3.低年级阶段小学家校合作要点

（1）开好第一次家长会

这里的“第一次家长会”特指一年级小学生入学后的第一次家长会。在第一次正式的家长会上，学校、教师要以争取家长的理解与支持、与家长达成教育共识为目标，向家长阐明家校合作的意义，使家长明确自己的权利和义务。要让家长知道家校双方目的相同，就是要引领孩子学习、成长。家校之间是一个利益共同体，只不过双方所站的角度不一样。双方要互相信任、互相理解、互相尊重、互相支持，遇到问题要积极、妥善沟通，努力达成和谐共处、携手共育的共识。为加深家长对家校合作的认识和理解，在家长会的形式上可以有所创新，比如增加互动、借助新媒体等。在第一次家长会上，学校、教师也要向家长阐述组建家长委员会的必要性，请家长关注家长委员会的建设，并请有条件的家长积极参与家长委员会的组建工作。

如何开好新学期家长会（在原文基础上，有改动）

作者：赵俊

一、会前准备，显示专业性

穿着要显正式感。教师要穿戴得体，举止大方。新时代的教师，穿戴要时尚而不夸张，举止要大方而不造作。不要浓妆艳抹，不要花里胡哨，不要手舞足蹈，不要手足无措。“穿衣打扮亮家当”，家长第一眼看到你，先是看你的外在形象，而内在实力需要一个慢慢被发现的过程。所以，让自信的微笑洋溢在脸上，让美丽的形象由表及里。

教室要有温馨感。教室要窗明几净，一尘不染。黑板要写上家长会主题，并对图文做适当设计。设想一下，在窗明几净的教室里，在图文并茂的黑板前，在班级视频的播放中，一位气宇不凡的教师，面带微笑迎接家长的到来。电脑里有幻灯片，桌上有讲稿，心中有目标，从容不迫，游刃有余。刚一亮相，家长就会认定你是一位有专业水准的班主任，他们一定会在心里为自己的孩子感到庆幸。所以，请注意细节，把工作做专业。

迎宾要有仪式感。首先是迎候。安排几名学生在教室门口迎候家长。其中一人说："这是某某班，欢迎您的到来！"几人说："请进！"两人手掌向上，用手势和相应的肢体语言表达"请进"。其次是引领。几名学生负责将家长引领到孩子的座位上。提前提醒班里所有孩子，告诉家长教室所在位置和具体座位。引导员手里要有一张普通座次表备用。最后是签到。几名学生负责家长签到。签到表要用专门设计的特殊座次表，便于教师迅速查找信息，也为迅速记住家长的名字为沟通创造良机。提醒签到员不要着急，等家长坐稳后，再有礼貌地上前请家长在自己孩子的名字下面签上名字。

二、会上所讲，家长所想

召开一次成功的家长会，准备工作不是一天或几天的事情，甚至不是一个星期或一个月的事情，家长会是学校联系家庭的一个重要平台，必须根据家长的需求进行准备。班主任要问自己：第一次召开家长会的目的是什么？想收到什么效果？家长需要什么？

明确家长会主题。如果我们想让家长在孩子身上投入更多的时间和精力，首先要做的就是唤醒家长心中"沉睡的巨人"，家长也需要激励。推荐激励家长的一句话：站在新的起跑线上，我们都有冲到终点并取得优异成绩的机会。班主任可以从中提炼家长会主题。

给予家长信心。在第一次家长会上，教师可以就本班学生特点、班级现状分析、教育工作计划、学生安全及家校配合、家长注意事项等问题，向家长作详细讲解，让家长全方位了解学生在学校开展的各种活动，并就家长的提问做出回答，让家长一进入这个全新的环境，一听到教师的阐述，就对教师和学校充满信心。家长的信心会影响孩子的信心，所以第一次家长会，一定要让家长对教师充满信心。

加强家校沟通。第一次家长会，重点是沟通家庭教育与学校教育结合的问题。教师要促进家长对孩子教育的重视，争取家长对学校教育的理解。家长会上，教师要虚心听取家长的意见和建议，了解家长的需求，进而了解每一个学生。可以提前准备好纸笔,请家长写下期待,为以后家校沟通打下良好基础。

三、会后效果,贯穿日常

通常家长最想了解孩子在学校的表现。就新班级而言,家长可能特别关心孩子的学习、担心孩子的生活、纠结孩子的人际关系等。班主任自学生入学开始,就要密切关注学生,积累相关素材,记录学生日常行为,作为家长会的素材。所以说,家长会不是短期的事情,而是贯穿一段时间的工作。

新学期家长会的召开,会加强家长与教师之间的联系和沟通。相信有了家长的全力配合,孩子们能更快地适应学校生活。有时,这也能在一定程度上减轻教师的工作负担,让教与学达到事半功倍的效果。

(摘编自《中国教师报》2018 年 03 月 07 日第 11 版)

(2)组建好家长委员会

在小学一年级第一次家长会之后,学校、教师就可以指导家长筹建家长委员会。2012 年,《教育部关于建立中小学幼儿园家长委员会的指导意见》做出了如下要求:

> 各地教育部门和中小学幼儿园要从办好人民满意教育的高度,充分认识建立家长委员会的重要意义,把家长委员会作为建设依法办学、自主管理、民主监督、社会参与的现代学校制度的重要内容,作为发挥家长在教育改革发展中积极作用的有效途径,作为构建学校、家庭、社会密切配合的育人体系的重大举措,以更大的热情,更有效的措施,创造更好的条件,大力推进建立家长委员会工作。……
>
> 建立家长委员会,要发挥学校主导作用,落实学校组织责任,纳入学校日常管理工作;要尊重家长意愿,充分听取家长意见,调动家长的积极性和创造性;要根据学校发展状况和家长实际情况,采取灵活多样的组织方式,确保家长委员会工作取得实效。

家长委员会是学校与家长联系的窗口和平台,代表家校双方的共同利益,因此,家长委员会成员不宜由学校、教师指定。在家长委员会组建完成之后,家校之间的活动可以由家长委员会来协调沟通、参与组织。在一些大型活动之前,招募家长志愿者、家长义工的工作一般也由家长委员会来完成。家校之间通过家长委员会的纽带作用形成教育联盟,可以充实学校教育资源,激发学校办学活力,促进教师专业发展。

(3)引导家长重视并选择正确的方式合作

小学低年级阶段的家长,大都缺乏与学校合作的意识和经验,需要学校、教师通过各种途径多加鼓励和引导。学校、教师要提醒家长,对于孩子成长过程中的问题(包括家庭中可能会影响到孩子的事件),要及时与教师沟通,以便教师了解情况,妥善应对学生在学校可能出现的情况。涉及个人的问题,最好单独沟通交流,避免在家长群中引起争议,同时可以保护学生及其家庭的隐私。有些复杂的问题,欢迎家长在适当的时间到校面对面沟通或打电话沟通。要鼓励家长利用微信、QQ、家校联系册(卡)或其他方式向教师介绍孩子的情况和自己对教育的认识,反映对学校教育的想法等。鼓励家长力所能及地为学校、班级贡献力量,分享教育经验。通过家长的积极参与,教师可以更快地了解孩子,有的放矢地进行教育,少走弯路,达到事半功倍的效果。为了保证自己的正常工作,学校、教师最好设定一个时间界限,以免被无限打扰,耗费过多精力,难以长久支撑。但也要让家长知道,遇到特殊紧急情况时,要随时通过打电话这种相对直接、便捷的方式与学校、教师联系。

(4)保持开放的心态和状态

适当的开放可以体现学校、教师的自信,也有助于学校、教师自身的发展。教师要尽量了解每一位家长,除了了解他们的基本信息(职务、工作、住址、电话),还要了解他们的教育思想、教育水平、成长背景及对教师、对孩子的期望等。学校、教师不仅要了解学生及其家庭,而且也要让家长们了解、认识自己。在开放的状态下,学校组织的任何活动都可以请家长参与。家长在参与中亲身体验学校教育教学活动,有直接感受,更能够理解教育、教师和学生。学校、教师可以向家长提供学校的活动计划,请家长根据自己的意愿选择参加,也可以给出学校的需求清单，请家长根据自己的特长为学校提供支持。学校、教师要认识到，家长的适当参与不但不会增加教师负担，反而会在一定程度上减轻教师的负担，使教师有更多精力研究教育、研究学生。学校还可以定期或不定期对家长进行问卷调查，搜集家长对学校的意见、建议，了解家长的教育思想、教育理念，了解家长能够为学校提供的支持与帮助。学校、教师的开放状态，也包括对家长要换位思考，为家长着想，宽容家长的失误，坦诚相待，以赢得家长的理解、尊重和支持。

（5）要引导家长学习、把握低年级阶段小学生的成长规律

学校、教师首先要做好自己的工作，掌握低年级阶段小学生的成长特点和规律，在家校合作中，将科学的教育理念传递给家长，促使家长正确对待孩子成长过程中的各种问题，包括学业问题、身心健康问题、人际关系问题等。在学业方面，要以激发并帮助学生保持学习兴趣为主要目标。低年级阶段小学生在学校的学习任务一般不会太重，学习内容相对简单，家校双方在合作中要注意采取适当策略激发学生对学习的兴趣，并保护好学生的学习兴趣，促使他们形成内在的学习动机，防止他们出现厌学倾向而影响其可持续发展。在人际关系方面，要正确对待低年级阶段小学生的不规范行为，不轻易下结论、贴标签，要关注他们行为背后的深层原因，合力加以正确引导。在生活方面，要引导小学生学会做力所能及的事，不包办、不代替，只给予必要的支持与引导。

（6）对不同的家长要区别对待

这里的区别对待，不是不公平对待。学校、教师要在了解家长受教育程度、教育观念、性格特点等信息的基础上，根据不同学生及其家庭的情况有针对性地与家长进行沟通合作。当然，这样对学校、教师的要求更高，但如果能做到，将有助于达到更理想的家校合作效果。

（二）小学高年级阶段（四至六年级）

1.高年级阶段小学生的特点

（1）生理特点

高年级阶段小学生年龄一般在9—13岁之间，处于童年期向青春期的过渡

时期。男生在这个阶段的身体生长一般仍然比较平稳,女生已经开始了青春发育期的突增阶段[39]69。她们身体生长逐渐进入高峰期,体重、身高明显增长。有些女生在五六年级会出现明显的青春期特征。这个时期,男女生身体各项指标均有所提高,肌肉骨骼力量也在增强,身体的协调性加强,脑细胞的结构和机能继续进行着复杂化的过程。

(2)心理特点

第一,知觉特点。高年级阶段小学生认知活动的随意性、目的性均有所增强。他们的空间知觉进一步发展,能比较灵活、概括地掌握左右概念[39]120。他们做事可能会有情绪性。集体意识增强,自我评价意识开始出现,并开始了解社会活动的意义。他们即使不能完全了解信息,也能形成对事件的认识[39]166。

第二,注意力特点。高年级阶段小学生的注意力相对稳定,注意范围逐渐拓宽。他们需要通过指示要求,将注意力集中在指示要求的任务或对象上[39]163。他们的自控能力有所发展,注意力持续时间加长,逐渐开始学会分配注意力,有些学生能够做到同时注意几件事情。年长儿童相比年幼儿童,能够更灵活地根据任务要求,改变自己的注意点。

第三,记忆特点。高年级阶段小学生的记忆逐渐发展到自觉记忆。他们的记忆范围进一步扩大,由于生活经验增多,逻辑思维发展进步,有些学生能够一次性记住多种信息。他们逐渐学会了组织记忆活动,学会了运用识记方法。他们知道如何记忆信息并能够对自己的记忆力进行较准确的评估。他们使用的记忆策略更能与特定任务要求和环境相匹配。

第四,思维特点。高年级阶段小学生逻辑思维水平逐渐提高。他们能够逐渐区分一个概念中本质与非本质的内容、主要与次要内容,学会了掌握初步的科学定义,学会了独立用逻辑来分析,达到这一水平,离不开高年级阶段小学生的直接和感性的经验,但这一时期学生的逻辑思维仍具有很大比例的具体形象成分[40]199-200。

(3)行为特点

高年级阶段小学生仍然会模仿成人的行为,但他们在行为上相对更加理性。他们越来越有主见,要求自主的意识增强,喜欢用批判的眼光看待事物,对教师和家长的话不再盲目服从,有时还会对师长的正常管理产生反感。这个年龄的学生特别是男生体内充满活力,他们需要在互相间的肢体碰撞中获得成长,互相之间打打闹闹的现象会有所增加。他们辨别是非的能力还有限,还不能预想到自己的行为可能产生的后果。如果引导得当,他们会保持对自然、社会和科学的探索欲望,爱好特长会日渐明显,逐渐从被动学习向主动学习转变。

2.小学高年级阶段家校合作内容

小学高年级阶段家校合作的主要内容与低年级阶段家校合作基本相同,但高年级阶段的合作内容需要增加两点:一是关于学生青春期前期的教育及青春期教育的准备;二是帮助学生发展兴趣特长,引导学生为未来进一步求学及职业发展做出初步规划。

3.小学高年级阶段家校合作要点

(1)注意学生的变化

高年级阶段小学生的学习知识点增多,难度加大,如果教师教学方式简单,家校双方引导不当,有的学生会出现明显的厌学倾向。对此,家校双方除了要改进对孩子的教育方式,还要采取适宜的措施培养孩子的意志品质。在人际关系上,由于学生特别是男生活力增强,如果没有及时教育和正确引导,校园欺凌现象可能会出现,甚至还表现得较为严重。学校、教师和家长之间要适当加快沟通频率,以便及时发现问题、解决问题。学校、教师一方面要引导学生学会正确交往,另一方面要帮助家长正确认识校园欺凌,不能轻易将学生间的不适当打闹定义为校园欺凌,也不能忽视同伴关系可能会对学生心理造成的各种影响。学校也要帮助家长树立对孩子的信心,即使学生暂时在某方面表现出问题或存在困难,只要引导得当,每个孩子都可以得到健康发展。

(2)鼓励学生参与社会实践活动

家校双方要联手为他们创造实践机会,适当增加对学生的实践技能训练,帮助他们增强实践能力,发展特长。要采取适当措施进一步激发他们的学习兴趣和求知欲望，促进他们内在学习动机的发展。

（3）注意培养学生的独立性

高年级阶段小学生已经初步具备自我生存的能力。家校双方在合力引领他们成长的同时，要适度放手，引导他们学会自主选择、自主行动，以便为未来进一步学习与发展做好准备。

（4）引导学生树立正确的人生观、价值观、世界观

小学高年级阶段是形成个人人生观、价值观、世界观的重要时期。家校双方要合力通过学校课程、课内外活动、成人的榜样作用等引领学生学会分辨是非，培养他们的学习能力、分辨能力、集体责任感和爱自然、爱社会的意识与能力。

五、当前小学家校合作面临的困境与挑战

（一）教师方面

1.教师对家校合作认识与信心不足

对家校合作的概念欠缺了解。有的教师会按学校要求召开次数不等的家长会，平时遇到问题时也会与家长进行沟通，处理与家校合作相关的工作，但他们对家校合作的内涵理解不透，也难有深入性的思考。具体表现在：

第一，对家长在学生成长中的重要作用欠缺认识。部分教师认为家长不懂教育，不愿意与家长共同承担孩子的教育问题[42]。有些教师虽然认为家校合作是必要的，也欢迎家长参与和支持学校的教育活动，但他们认为家校合作主要就是家长支持、配合学校，并没有意识到家庭教育质量会对学校教育的水平起到重要影响作用，因此也并无借这种沟通渠道来获取更多技巧的习惯。

第二，没有认识到家校双方地位的平等性，不尊重家长对学校教育的知情权和参与权。还有些教师认为家校合作中教师是支配者，而家长是参与者。学校(教师)定位自身角色时仍局限于传统状态下的家校关系，并未真正地理解自己从指导者到服务者这种具有时代意义的角色转变[43]。

第三，将家校合作进展不顺利单纯地归因于家长。有一位教师在公开发表

的文章中，讲到家校合作中存在的问题时，通篇罗列的都是家长的问题（为尊重这位教师，参考文献中将不列出这篇文章）。家长不配合家校合作，可能是因为教师对家校合作中双方的责任没有客观的思考，没有认识到学校、教师在这方面可以起到积极的推动作用。

第四，对家校合作的方式认识不足。很多教师没有意识到改进家校合作方式的必要性。例如，对于召开家长会这一家校合作方式，很多教师仍然采用简单的“一言堂”形式，参加家长会的家长只能像学生一样坐在座位上听讲，缺少沟通表达的机会，长此以往，家长对参加家长会可能会感到厌倦。有些教师没有认识到新媒体在家校合作中的重要作用，还有一些教师则过于依赖新媒体，忽视了传统家校合作的作用。如在谈到家访这一传统家校合作方式时，有的教师认为现在利用新媒体就能与家长保持联系，没有必要进行家访；有的教师认为家访会面临家长不欢迎、个人生命财产安全受到威胁等困难，因此不宜进行家访。

第五，对组织家校合作活动的信心不足。有些教师担心创新家校合作形式对自己的组织能力是一个挑战，不如单向的家校合作形式好控制。他们还担心在开放的家校合作形式中，自己的不足之处会暴露在家长面前，影响自己在家长心目中的形象和职业权威。

2.教师的时间和精力有限

在当前教育形势下，很多教师特别是班主任不仅要忙于教学和班级管理，还要承担一些额外的工作。作为普通人，学校管理者和教师也要承担家庭责任，要为生活忙碌奔波，也要为自身继续教育、科研、职称评定等问题花费时间和精力，因而没有足够的时间去研究如何改进家校合作工作。

3.教师开展家校合作的能力不足

第一，沟通能力不足。一些教师把握不好与家长沟通的时机或尺度，易出现沟通方式简单、内容空泛的问题，主要表现为沟通前准备不足、沟通后追踪不到位。此外，教师重视沟通结果，对沟通的过程有所忽略，缺乏系统性的交流[44]。有些教师在沟通前后思维不够清晰，不能有效搜集、利用信息，不能科学巧妙地设计沟通情境、准确地表达自己的想法,对沟通结果不能做出可靠预判。还有的教师不善于倾听,急于表达自己的观点和看法,无意中影响到家长参与沟通的积极性。

第二,指导能力不足。有些年轻教师教育经验不足,难以对家长进行思想和行为方面的指导。另一些教师则观念陈旧、思想固化,或在以成绩为主的评价体制下,只看重学业成绩,不懂教育规律,不能为学生及其家庭提供有效指导。当前的新媒体可以被教师利用以支持其指导能力的逐渐提升。

第三,技术素养不足。在利用新媒体与家长沟通及利用信息技术处理家校合作信息等方面,有些年长教师感到力不从心。范丽丽等的研究显示,23%的教师认为迫切需要进行教育技术相关培训,55%的教师认为比较需要这种培训[45]。年轻教师通常在技术操作能力方面有优势,但利用新媒体技术与家长沟通的经验与能力还是存在问题,主要表现在:有些教师在建立起班级微信群或 QQ 群后,缺乏制定群规则的意识,导致家长在群内发布与家校合作无关的信息,干扰了正常沟通交流;还有教师将微信群、QQ 群变成了学生缺点或问题展示的地方,将个别家长、个别学生的问题在群里公开发布,缺乏对学生和家长的尊重,引起家长的反感,影响沟通效果;通过微信群、QQ 群实现的仍然是单向的、体现教师权威性的沟通,家长无法平等参与,得不到表达意愿的机会。

(二)家庭方面

1.家长对家校合作认识不足

第一,没有认识到自己在孩子成长过程中应该承担的首要责任。有父母认为孩子的教育责任自子女上学开始,就转移到了学校一方,家长没必要操心过多。这样,便从思想上放松了对孩子的教育[36]29。这些家长没有了解学校教育教学工作的意识,他们甚至把家校合作看作学校和教师不负责任、推卸责任的手段。

第二,对参与家校合作信心不足。家长信心是家校合作中重要的动力因素,具体包括:家长是否能应对孩子成长中的意外情况;面对教育孩子的难题,

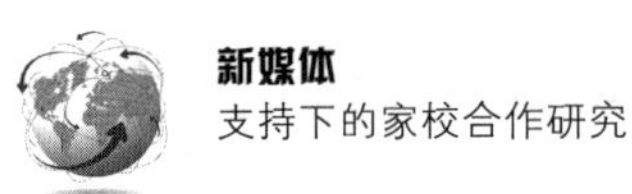

是否能找到解决的办法;教育孩子的观念和做法能否得到家人支持。已有研究结果表明,目前家长对家庭教育的信心仍需要提高[46]。

第三,缺乏主动与学校、教师沟通的意识。谢新敏、王全乐两位教师的调查结果显示,家长从未主动与教师进行沟通的人数比例接近被调查家长人数的1/3[47]。有的家长对学校、教师的工作或孩子的教育问题有一定的想法,但更多局限于私下讨论,并不主动与学校、教师沟通,寻求解决办法。

第四,没有向学校提出意见、建议的意识。有的家长能够参与到家校合作中,但是他们认为家长不应该影响学校教育教学工作安排,对自己参与学校教育方面的权利和义务并没有比较明确的认识。他们参与的家校合作仅限于按学校要求对相关信息进行反馈或参与家长会等由学校主导的家校合作活动。

第五,对自身教育水平过于自信。这类家长通常有两种表现:一种是认为自己已经很懂教育,在教育孩子方面不需要学校、教师的指导,没必要与学校、教师沟通;另一种是对学校教育非常挑剔,对教师和学校管理人员不尊重、指责等,认为学校、教师应该为学生提供理想的教育。

2.家长参与家校合作的能力不足

第一,沟通能力不足。有的家长虽然有跟教师沟通的想法,但缺乏沟通能力,常常困惑于不知何时与教师沟通才好,也不知道用哪种方式与教师沟通比较合适。顾志超的一项调查结果显示,23.3%的家长认为影响自己与学校联系的最主要原因是不知如何交流[48]。有的家长能够与教师沟通,但在沟通语言、沟通方式上把握不当,影响了沟通效果,如家长在态度上表达对教师解决问题方式的不满,可能会引起经验尚浅教师的误解,进而影响双方沟通的内容与质量。

第二,教育能力不足。有的家长过高估计自己的教育水平,他们并不真懂教育,缺乏教育学、心理学的相关知识,不熟悉儿童身心发展规律和教育规律,不理解学校教育教学管理模式,他们只能参与学校指定的合作内容,难以参与学校管理和决策工作。

第三,技术素养不足。在利用新媒体与学校、教师沟通方面,有些家长对电脑和手机操作并不熟悉，影响了他们参与家校合作的效果。

3.家长的时间、精力和经济条件有限

大多数家长不仅担当着学生父母的角色，更是社会建设的中坚力量，他们来自各行各业，承担着各种工作，他们想参与孩子的学校教育，但却苦于不能分身。一些从事低技术水平劳动的家长更是如此，他们尚为生计发愁，很少能顾及孩子的教育问题。国内很多工作单位对身为家长的员工参与家校合作尚未制定具体的支持政策，家长很难从繁忙的工作和家务中抽出时间参与学校教育。家庭经济情况也影响到家长对孩子教育的参与。家长参与子女教育所使用的各项文化、社会、经济资源受到家长的受教育程度、职业和收入的影响，这使得受教育程度、职业与收入状况更好的家长在参与学校教育过程中相比工薪家庭更具有优势。

（三）学校方面

1.重视程度不够

在调查访谈中我们了解到，有些学校还没有充分认识到家校合作的重要作用，只是按照国家政策文件要求将家校合作列入工作日程，也组织了一些家校合作活动，但忽视了实效；对家校合作的目的、合作方式的选择、合作效果的评价等方面没有深入研究，缺乏系统规划，学校、年级、班级等各个层面的家校合作没有系统化；形式上主要仍是一学期两次左右家长会，辅以临时性的家校沟通；活动的内容上缺乏整体设计。家长结合学校开展的家庭教育讲座无法找到规律，在活动中所获得的家庭教育知识不够系统。家长无法获得相对系统的家庭教育观念、方法技巧，难以在对孩子的日常教育中迁移应用。

2.合作资源不足

开展家校合作需要一定的经费、时间和人力资源。从经费来看，学校难以预留专门的资金用于组织家校合作。缺乏资金保障，家校合作很难做到长期、有效，更无从深化、创新，形成的家校合力也很容易趋于表面化。从师资来看，有的学校指派教师承担家校合作工作，但由于教师本身身兼数职，难以全力开展家校合作工作。另外，教师在职前教育阶段几乎没有接受过系统的家校合作理论培训和实践指导，难以保证学校家校合作的持续性。从合作内容资源来看，现在直接可用的资源或有价值的参考资源还不是很充分。从平台来看，现在家校之间使用比较多的还是第三方提供的沟通交流平台，如微信、QQ 等，有些地方虽然建立了区域内或学校内的家校互动网络平台，但网络平台还不是很完善，缺少可以进行同步沟通、解答家长或学生问题的模块，用户无法体验个性化服务。由于人力、经费、技术等方面的限制，网络互动平台的应用及维护等方面也存在困难。

3.合作形式单一

家长是被动的听众，学校对家长提出的意见和建议不能及时、认真、充分地加以考虑。一些学校虽然组建了家长委员会，但家长委员会组建程序和工作程序尚未规范。有些学校、班级的家长委员会成员由学校、教师指定，普通家长的参与权没有得到体现。家长缺乏顺畅的利益表达渠道和信息反馈途径，难以参与高层次的管理和决策活动。

（四）教育体制方面

1.家校合作组织机构不健全

国内有些区域建立了致力于家庭教育指导的机构，相关的公益组织也已出现，但还没有专门主管家校合作的组织机构，家校合作缺乏系统的管理和专业的引领。学校、班级层面家校合作的组织机构主要是家长委员会，很多地方的家长委员会建设还不成熟，作用没有得到充分发挥，仅起到辅助和支持学校工作的作用。我国的家长委员会各自为政，没有形成体系，没有形成像美国全国家长教师协会、州家长教师协会和地方家长教师协会那样层次分明的完整体系。

2.缺乏科学的评价机制

我国现行的基础教育管理体制主要还是自上而下的管理模式，教育行政部门权力分配力度还需要进一步提高，相应的监督机制和激励机制亦有待完善。在对学校、教师的评价上，单纯以学业成绩为标准评价学校、教师的现象仍广泛存在，需要进一步促进能够着眼于学生全面发展的、能够考查学校办学水平的评价机制的完善。单一的评价制度，对学校、教师的工作方向起着主导作用，影响到学校、教师对家校合作的关注和精力投入。对中小学家校合作工作，也还没有形成科学规范的评价制度。

3.相关政策有待进一步完善

已经出台的相关政策文件指出了对家校合作的要求，但在理念原则方面的指导文件多，方案应用方面的文件少，且具体落实方面的要求更具普遍性，与学校的个性化应用有一定的距离，还需要通过对政策的进一步完善细化，提高指导的针对性，强化政策的执行效果。

第 2 节　初中家校合作

一、初中家校合作的概况

1.目标

初中家校合作的目标与小学家校合作的目标相似，但由于初中生与小学生的特点不同，初中家校合作目的与小学家校合作目的相比也有所不同，主要表现在初中家校合作侧重于通过家校之间科学、合理、有效的沟通与协作，引导初中生适应青春期的巨大变化，使初中生与其父母逐渐适应成长中的心理分离，使他们自己能够成功、顺利地走过人生第二个叛逆期，为其未来进一步学习与发展在身心健康和学习方面打下良好的基础。

2.角色定位

初中生家庭和学校在家校合作中的角色定位与小学阶段基本相同，不同之处在于，初中学校、教师在家校合作中要增加“亲子关系协调者”的角色。初中生逐渐进入青春期，个性越来越强，他们希望有自己的空间，不喜欢家长过多干涉，这些现象原本是正常的，但很多家长却因缺少对初中生心理与行为特征的了解而对孩子的行为产生误解，对孩子进行了过多的管控，导致亲子关系紧张，有的甚至会产生激烈冲突。这时就需要学校、教师采取适当策略，对亲子关系进行协调、指导。协调、指导亲子关系，对教师的个人素质要求较高。如果教师

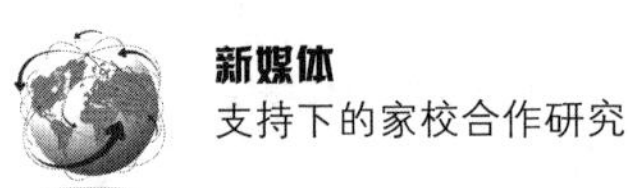

自身没有掌握科学的教育理论和教育方法，没有丰富的教学、管理经验，不足以在学生心目中树立威信，就难以承担亲子关系协调者的角色。

3.方法与路径

初中家校合作的方法与路径和小学家校合作基本相同，主要通过面对面、借助书信载体、借助电话短信、借助家校合作组织这几种方式实现家校合作。在具体合作内容方面，由于初中学生年龄处于青春期，并在小学阶段一般已具备了相对独立的思维，在初中家校合作中，要增加对学生主体性及其感受的关注。

二、初中生特点及对应的家校合作

（一）初中生的特点

1.生理特点

初中生年龄一般在12—16岁，处于青春发育期、身体生长第二高峰期。这一时期，他们发育迅速，精力充沛，身心各方面发生巨大变化，但各方面都处于矛盾状态。该阶段，学生的机体发育和肌肉力量的增长，往往超过大脑对各运动器官的调节机能的发展，导致在某些动作上暂时会产生不协调或笨拙之感[49]41。

初中生的骨骼、肌肉和脏器生长很快，但韧性和耐力还欠缺。虽然初中生的身高、体重变化明显，可塑性强，但他们体内骨化过程尚未完成，容易弯曲损伤，不宜运动过量。他们身体机能迅速增强，但细胞还比较脆弱。初中生的脑容积逐渐健全，神经活动的机能进一步完善，大脑的机能显著发展并趋于成熟。初中学生的兴奋过程一般比抑制过程强，兴奋与抑制的相互转换也较快。因此，他们在各种活动中，自觉地控制自己的情绪和调节自己行为的能力不强。初中生的神经系统发展为其抽象逻辑思维的发展奠定了生理基础，但与成人的水平还有一定差距，不宜过度劳累。初中生第二性征发育明显，但还不成熟。由于体内激素对身体各系统的刺激，使得初中生生长迅速，机体内的新陈代谢过程加快，身体外形上发生明显变化。同时，生理上的变化会引起心理上的变化。

2.心理特点

（1）认知能力发展迅速

初中生视听觉感受性、时空知觉有较大发展。他们观察事物的目的性、持久性及对事物的概括性增强。初中生一般能够根据教学的要求去观察某个对象和现象，且能够自觉地、较稳定地、长时间地进行有意识的观察[49]44。初中生的有意识记加强，逐渐能够通过理解来掌握学习内容。这个时期，初中生逐渐形成适合自己的记忆方式，能有意识地提出记忆的任务，并选择记忆方法，检查记忆效果。初中生注意力的集中性和稳定性增强，有意注意逐渐发展起来，但仍与个人兴趣爱好相联系。初中生思维的发展由形象思维进一步向抽象思维过渡，抽象思维逐渐占主导地位，并开始发展独立性和批判性，但这一阶段学生的抽象思维中，具体形象的成分仍然占据重要比例。

（2）情感丰富、不稳定

初中生易产生感情波动、易怒，这与他们的生理发育，尤其与神经活动的兴奋过程强、抑制过程薄弱有一定关系[49]46。他们人生中最重要的关系开始由亲子关系转向伙伴关系，他们对教师和家长逐渐产生心理上的距离，对不理解、不尊重他们的师长尤其如此。他们缺乏判断力，有时不能正确分辨是非，也容易受外界影响而不冷静。他们渴望融入集体，希望被接纳，有时甚至为此不惜一切代价，这时则特别需要成人耐心、细心的引导。初中生在性别方面的心理会出现微妙变化，他们对自己的变化感到好奇，有时会有一些担心。有些初中生对异性可能表面上疏远，实际上却悄悄地关注，也有的初中生则会大胆向异性表示自己对对方的喜欢。

（3）自我意识和独立意识增强

初中生不愿意再被当作“小孩”。他们重视自己在家庭和班级中的地位，认为自己已经长大了，渴望获得认可和尊重。在家庭中，他们不希望被当作小孩一样照顾。他们不再像小学生那样信任、依赖教师和家长。父母特别是母亲无微不至的照顾，会让他们不胜其烦。他们试图摆脱父母的约束，但对自己完全独立又没有足够的信心，所以会处于矛盾之中。

3.行为特点

（1）日趋成熟

与小学生相比，初中生的自控能力、学习能力、自理能力均有所增强，他们已经初步具备了独立生存的能力。尽管初中生努力表现成熟，他们也确实有所成长，但他们还不能完全辨别是非，他们非常自信，但还缺乏自我抑制能力。由于经验有限，他们还常常意识不到自己的言行可能会产生的后果。

（2）充满矛盾

初中生常常处在矛盾之中，他们的言行可能存在极端现象。有时候，他们会表现得特别讲文明、懂礼貌，有时候却又显得蛮不讲理。他们渴望独立，却还不能摆脱对父母的依赖。他们想拥有隐私，又渴望被理解。他们觉得自己很强大，有时又十分脆弱。他们的愿望与自己的实际能力可能相差较大。他们想要表现得与成人所要求的不同，以显示自己的独立自主，又不知不觉地被成人世界所影响。

（3）叛逆行为明显

初中生身体各部分的发育让他们感到新奇而又不安，体内各种激素综合作用使他们会表现出莫名其妙的冲动，独立自主的要求得不到尊重时他们会表示反抗。不理解初中生特点的成年人会因此认为他们是叛逆。大多数初中生对教师还能保持敬畏之心，他们会服从教师的管理，但在家长面前，他们的叛逆行为可能会表现得非常明显。他们不愿意被父母过多干涉，宁愿自己去犯错误、吃苦头，也不愿意听家长的建议。

（二）初中家校合作的内容

初中家校合作的内容，需要在小学家校合作内容的基础上，增加或加强以下几点：

1.与学生相关的合作内容

首先，初中生体质健康方面，要加强青春期健康教育，引导学生认识自身成长特点，正确面对身体的变化，学习相关的健康常识，学会自我保护。

其次，初中生社会行为方面，要加强对学生人际交往的引导，包括：男女生交往的引导，正确对待学生早恋；要重视对学生的独立生活能力的培养，关注学生心理健康状况，提高学生的适应能力；引导学生学会处理成长中的困惑与问题，预防校园欺凌和网瘾现象的出现，妥善处理已经出现的校园欺凌或网瘾行为。

再次，初中生学业方面，要加强对学生的学习方法、时间管理等方面的指导，关注影响学业的相关因素，进一步提高学生的自主学习能力、探究能力、协作学习能力和将所学内容应用于实践的能力。

最后，适当增加对学生的生涯规划指导。

2.与学校、教师相关的合作内容

要增加学校教育教学的透明度、开放度，使家长了解学校在面对中考压力之下如何安排教育教学以促进学生健康发展。

3.与学生家庭相关的合作内容

要加强对亲子关系的关注和引导，加强对家长的心理疏导，同时增加对家长在帮助学生进行生涯规划等方面的指导。

（三）初中家校合作要点

1.打好“预防针”

（1）引导家长为陪伴孩子度过青春期做好准备

初中阶段是人成长关键期中的关键期。处于这一阶段的学生已经形成一定个性，但仍然具有很强可塑性，他们在成长中可能会面临各种问题，也将学会各种可能的应对之道。学校、教师要在学生入学之初，通过多种途径的家校合作活动，引导学生家长认识初中阶段孩子的生长发育特点及其对孩子心理状态的影响，学习如何与青春期的孩子相处，如何自我减压并帮助孩子减压，积极构建良好的亲子关系。

（2）争取家长对学校、教师的支持和理解

初中阶段面临中考，学生要学习的内容多，家校双方压力都很大。学校、教师要及时告知家长学校的活动安排、活动目的，避免家长因为不知情而对学校、教师产生误解，影响家校和谐关系，影响家校合作。

（3）帮助家长和学生做好应对繁重学习任务的准备

初中生学习任务比小学阶段明显增加，很多学生刚升入初中时学习状态还可以，但随着入学时间的延长，有些学生便会出现学习困难的情况。究其原因是，很多学生没有掌握科学的学习方法，不会管理时间，导致学习负担重、生活质量及同伴关系变差，从而影响了个人的学习状态和节奏。学校、教师要认识到对学生进行学习方法指导和时间管理指导的重要性，为学生和家长提出可行的建议。

2.尊重学生主体

（1）家校合作活动的设计要围绕学生健康成长需要来进行

家校合作要通过家庭和学校的有效、良性互动，形成教育合力，实现对学生教育利益最大化。学校要深刻地意识到这一点。初中生面临中考，目前的中考仍然以学生学业成绩为主要录取依据，在精力、时间有限而教育教学任务繁重的情况下，学校、教师很容易将学生学业作为家校合作的主要内容，忽略其他方面的家校合作。事实上，学生学业成绩与其家庭环境、身心健康等因素关系密切，学校、教师要充分认识学生全面、健康发展的含义和意义，拓展家校合作范围。在设计家校合作活动时，要考虑到初中生身心发展的现实需要，提高活动的针对性和实效性。

（2）家校合作要尊重学生意愿

初中生是其家庭的重要一员，他们具备一定的参与合作的精神，对家校之间的活动也会有自己的想法。初中家校合作需要考虑学生的意愿，不仅需要实现家长与学校之间的合作，还需要关注学生与学校的合作，实现学校、学生、家长的共同合作。尊重学生意愿，可以使家校合作效果更理想，同时也能提高学生的自主性和综合能力。

（3）正确对待学生网瘾问题、校园欺凌现象和早恋现象

如今的初中生是互联网时代的“土著”群体，随着自主意识的不断增强，他们在不断深入的互联网应用过程中容易出现网瘾问题。学校、教师要指导家长

正确对待学生使用网络的问题，宜疏不宜堵，要合力引导学生学会正确应用网络。对已经有网瘾的学生，要耐心做工作，帮助他们在其他方面找到自信、找到自我价值感，使他们顺利戒掉网瘾。

在体内激素的作用下，初中生特别是男生互相之间肢体接触可能会增多，有些学生只是无意地与同学打闹，但如果沟通不畅，可能会被认为是校园欺凌。有些学生则可能在情绪激动的情况下与同学发生冲突。学校、教师一方面要联合家长引导初中生学会正确交往、正确表达情绪，另一方面要引导家长区分校园欺凌、突发过激行为及打闹等行为。对于确认属于校园欺凌的行为，也要对双方加以教育引导，不能对过错方一罚了之。

对异性产生好感，是初中生成长过程中的正常心理现象。学校要引导家长正确对待初中生异性之间的交往，不能轻易给孩子贴上“早恋”的标签，要尊重孩子的美好情感，理解、接纳孩子的行为，对孩子进行适当引导。

3.避免对亲子关系造成负面影响

有些教师在与家长沟通的过程中可能会出现因未充分考虑青春期的学生状态与亲子关系特点，造成沟通方式与用语略有严厉，使家长对孩子状态方面的判断不够准确，进而加剧亲子矛盾。教师的这类“告知”会在一定程度上增加家长的压力，如果家长处理不当，这种压力易转移到学生身上，导致亲子冲突，影响亲子关系，进而影响学生身心健康和学业发展。因此，学校、教师在与学生家庭合作时，要事先了解学生家庭背景，把握好合作内容和策略，要对学生的优点予以肯定，争取对亲子关系产生积极的、建设性的影响。

三、初中家校合作面临的困境

初中家校合作面临的困境与小学家校合作面临的困境相近，不同之处主要体现在以下三个方面：

（一）青春期的叛逆增加家校合作的难度

初中生独立意识增强，很多处于叛逆期的初中生不再像小学生那样听从父母的话，他们会对父母言语行为的正确性产生怀疑或为表现自己的独立性，拒绝父母的教育指导。我们通过实际观察以及在对学生、家长、教师的访谈中了解到，有些初中生家长虽然有心配合学校、教师对学生进行教育引导，但却由于青春期的孩子拒绝接受家长的建议而感到无能为力。还有一些家长则简单粗暴地管教孩子，用家长的权威迫使孩子屈服。有的孩子暂时屈服了，心理上却留下了安全隐患，在高中或成年以后可能会爆发；有的孩子则反抗更强烈，甚至可能出现过激行为。这样不但不能达到家校合作的效果，反而会导致亲子关系恶化，影响学生健康发展。

（二）社会环境的影响增加家校合作的复杂性

初中生接触的环境不再像小学生那样单纯，他们的交往范围有所扩大，与社会有了进一步的接触。社会信息化环境的发展对初中生也产生了较大影响。在复杂的社会环境下，家庭、学校在学生成长中的作用受到冲击，家庭、学校对学生的影响被削弱，社会在家校合作中的重要性越来越突出。为此，家校合作必须考虑社会因素，学校除了要争取学生家庭的合作，也要致力于实现学校、家庭、社会教育协同化，调动多种因素对学生施加积极的教育影响。

（三）家长的思维定式影响家校合作效果

初中生家长年龄大多在四十岁左右，他们的人生基本稳定，经验比较丰富，特别是经过小学阶段对孩子的陪伴，在家庭教育方面已经具备了一定经验，在思维上已经形成了定式，不太容易接受外界观念的影响。在这种情况下，传统形式的、单向的家校合作很难对初中生家长产生影响。

第 3 节　高中家校合作

一、高中家校合作的概况

1.目标

《普通高中课程方案（2017 版）》中指出，高中教育要“促进学生全面而有个性的发展，为学生适应社会生活、高等教育和职业发展作准备，为学生的终身发展奠定基础。……进一步提升学生综合素质,着力发展核心素养,使学生具有理想信念和社会责任感,具有科学文化素养和终身学习能力,具有自主发展能力和沟通合作能力”[50]。

高中家校合作是指高中学校、高中生家庭及社会之间通过各种可能的方式进行有效沟通,互相理解,互相支持,互相配合,遵循高中生成长规律,发挥各自教育优势,综合利用各种教育资源,共同营造良好环境,以促进高中生身心健康和谐发展,帮助高中生为未来继续求学及立足社会打下基础,促进高中学校教育科学发展的教育活动。由于高中生已经接近成年或已经成年,具有很强的独立自主性,高中生在家校合作中的参与程度要高于初中生在家校合作中的参与程度。

2.角色定位

高中生家庭和学校在家校合作中的角色定位,与小学生家庭和学校在家校合作中的角色定位相近,不同之处主要是在初中阶段增加“亲子关系协调者”这一角色的基础上,还要增加“生涯规划指导者”的角色。

高中学校、教师要根据相关测评结果和对学生的了解,与家长合作指导学生,帮助学生认识其自身个性特长、兴趣爱好,促使学生及其家长树立生涯规划意识。要指导学生了解相关课程、学科知识体系,在新高考改革中合理地选课并高质量地完成课程内容的学习,还要引导学生制订参与各类专项或综合活动的计划并予以执行。在帮助、引领高中学生完成课程内容的同时,学校、教师也要指导学生了解各类职业的特点,帮助学生初步完成未来职业规划,按照未来职业规划来选择学校和专业。

3.方法与路径

高中家校合作的方法与路径和小学、初中家校合作基本相同,此外,还有两点需要注意:一是要加强对学生主体在家校合作中的作用及其感受的关注,适当减少家长的介入;二是要加强家庭、学校之外的社会力量的介入,为学生参加社会实践活动、增加职业体验、进行生涯规划提供引导和支持。

二、高中生的特点及对应的家校合作

（一）高中生的特点

1.生理特点

高中生一般年龄在15—19岁，仍处于青春期。他们"生理发育已基本成熟，身高、体重、胸围等各方面都已经和成年人差不多，由于性激素对脑垂体的抑制作用，使他们的身高、体重和各器官的生长发育逐渐缓慢下来"[49]53。他们的骨骼已基本骨化，肌肉的弹性和伸展性增强，能承受较大的运动负荷，但关节不如小学生和初中生灵活。高中生会进一步认识到两性关系，这是这个年龄段学生生理发育影响到心理变化的突出问题。此外，这一阶段高中生的兴奋和抑制过程基本平衡[49]53。尽管如此，高中生的身体及其各部分机能仍未完全成熟，还在日趋完善。他们比较容易疲劳，体质不稳定，但由于他们的神经系统灵活性高、细胞物质代谢旺盛，疲劳消除较快。

2.心理特点

（1）认知能力进一步提高

高中生知觉的目的性和系统性增强，观察力有很大程度的提高，观察事物通常会比较仔细、全面，观察的目的性、持久性、精细性、自我调控性等方面都进一步增强。高中生的注意力基本稳定，能够在毫无直接兴趣但有重要意义的某些学习任务上集中自己的注意力[49]54-55。高中生的记忆力由机械记忆为主过渡到以理解记忆为主，逻辑记忆、意义记忆越来越成为记忆的主导。高中生已能够借助概念进行符合逻辑的抽象思维活动，他们的思维表现出更高的抽象概括水平，逻辑思维已占主导地位，思维的深刻性、独立性和批判性都有明显发展。他们的想象力也日益增强，推理能力趋于成熟。他们的创造思维有很大发展，思维的流畅性、变通性、独创性均进一步增强。高中生认知能力的提高为其学习复杂的科学知识、完成较重的学习任务提供了条件。他们能理解一些理论问题，但看事物还不全面、不深刻。

（2）情感趋向稳定

高中生的情感过程发展较快。他们的情绪和情感体验比较强烈，相对于初中生较为稳定、深刻，趋于内向和分化。在友情方面，他们多从道德观念、理想、志向的共同点上去寻求友谊。男女生之间的情感相对增强，异性同学之间的友好表示会逐渐增多，在正确教育引导下，他们一般能克制自己的行为与感情，但也可能因为情感引发问题。高中生的自尊心很强，他们渴望得到教师和同学的认可，当自尊心受到伤害时，会引起强烈的情感反应。作为独生子女的高中生会有孤独感，在父母约束比较严而又缺少良好亲子沟通的家庭里成长的高中生，可能会出现抑郁倾向。

（3）意志品质增强

高中生的意志行动，随着他们的认识和情感的变化也表现出明显的自觉性和坚持性。他们做事的目的相对明确，能以自定的目标支配行动，能舍弃一些与目标无关的事情，自觉排除困难，以达到目的。高中生也会表现出独断性、争强好胜、义气行事等特点。他们对新事物、新情况反应快，行动也快，但对复杂局面的判断能力及在关键时刻的决策能力还有待提高。高中生通常能够控制自己的情绪、调节行动，但他们的冲动性和任性仍比较明显，有时会出现人际冲突、违犯纪律、盲目从众等问题。

3.行为特点

高中生的语言表达能力进一步增强，能够比较准确地表达自己的思想。在学习中，他们喜欢探讨事物现象背后的深层原因，拒绝盲目服从他人，对问题喜欢刨根问底；他们喜欢独立思考，坚持己见，在讨论问题的时候，希望得到对方清楚、明确的解释。一般高中生对学习任务能够比较自觉地完成，但有些高中生自我控制、自我监督能力还不够强，他们还不能自觉控制自己的情感、支配自己的行动。

由于高中生心理发展仍不平衡，他们在身心两方面仍然会表现出重重矛盾，这些矛盾与初中生身上的矛盾相似。高中生在行为方式上常有成人感，不愿意接受家长在生活方面的特别照顾，不喜欢父母干预自己的活动，甚至会产生摆脱父母监护的抵触心理，但他们内心还不能摆脱对家长的依赖。高中生开始注重自己的外在形象，希望自己被当作成人一样对待，但他们在行动上还是透露稚气。有时候，他们能自觉地、积极地加强锻炼，有时也会表现出某些轻率行为。他们自我评价的独立性进一步发展，开始自觉审视自己的内心世界和人格特征，但他们的自我评价可能还不太客观，或过高地估计自己，显得自负，或过低地估计自己，表现自卑。

（二）高中家校合作的主要内容

高中家校合作的主要内容与小学、初中家校合作相近，但在与学生、家庭两方面的合作内容上仍有所差异。其中，与学生相关的合作内容差异之处相对较多，具体包括：①高中生体质健康方面，除高中生日常体质方面的表现、体育运动情况、卫生保健情况等之外，需要增加与青春期卫生保健有关的内容。②高中生社会行为方面，需要加强对高中生心理健康的疏导和人际关系（包括师生关系、同学关系、亲子关系等）的指导，要引导高中生及其家长认识心理问题的生理表现，及时发现高中生可能存在的心理问题并采取应对措施。③高中生学业方面，除学业基本情况、学习动机、学习习惯、影响学业的相关因素等内容外，需要加强对他们生涯规划的指导。与学生家庭相关的合作内容方面，主要差异在于需要增加对家长的心理疏导，引导家长正确对待亲子关系，进一步减少对孩子的控制，促进良好家庭环境和亲子关系的构建，使家长为日后的亲子分离做好准备。

（三）高中家校合作要点

1.尊重学生个体

高中生有很强的自尊心，他们已经基本具备独立能力，也希望能独立自主。《国家中长期教育改革和发展规划纲要（2010—2020 年）》中指出："高中阶段教育是学生个性形成、自主发展的关键时期，对提高国民素质和培养创新人才具有特殊意义。注重培养学生自主学习、自强自立和适应社会的能力，克服应试教育倾向[51]。"王元元等人的研究指出，高中生成长过程中，自我认知对成长动力的影响大于环境因素的影响，要想提高学生成长动力表现，首先要提高学生参与的自主性[52]45。高中家校合作中，学校、教师要重视高中生这一合作主体，尊重他们的意愿，尽可能与高中生沟通协调，解决其在校学习、交往等方面的问题。即便有些学生的问题一定要告知家长，最好也能客观分析学生的优势和不足，肯定学生的长处，为家长提出建设性意见，使家长保持对孩子的信心，正确引导孩子，避免简单粗暴地向家长“告状”，对孩子造成伤害。

高中生已经具备为学校、教师提供一定支持的能力，尊重其作为独立个体的身份，争取他们之间的协作，既可以减轻教师的部分负担，也能使高中生得到锻炼，促进其成长。

2.致力于促进学生家庭和谐

高中阶段仍然是亲子关系的一个敏感期。有些家长在小学、初中阶段比较强势，以权威约束孩子，或对孩子过于溺爱，高中阶段就可能不得不面对孩子出现的心理问题。有些高中生会出现厌学、网瘾、校园欺凌、强迫症状、抑郁等问题，其根源都离不开父母的教养方式和家庭环境。家长在孩子幼年及小学、初中阶段的教养方式，家庭成员关系情况，都可能通过高中学生的言行表现出来。学校、教师在家校合作中，要增加对家长的心理疏导，引导家长正确处理家庭关系，正确对待孩子成长中的问题，使其注意营造和谐的家庭环境，在做好孩子成长的坚强后盾的同时，得体地放手。

3.加强对学生在时间管理和学习方法上的指导

“授人以鱼，不如授之以渔。”面临繁重的学习任务，高中生迫切需要掌握有效的时间管理方法和学习方法。通过对高中生的观察及与其家长的沟通，我们发现一些学生感到学业负担重，其实不是作业量的问题，而是时间管理问题和学习方法问题。学校、教师要引导家长帮助孩子注意时间管理和学习方法，使学生学会劳逸结合，科学、高效地完成高中学习任务。

4.重视对学生的生涯规划指导

学生进入高中后，离未来就职于社会各行各业又近了一步。家校双方在培养学生的学习能力和基本生存能力的同时，需要加强对学生生涯规划的指导。《国家中长期教育改革和发展规划纲要(2010—2020 年)》中指出，高中阶段教育要“创造条件开设丰富多彩的选修课，为学生提供更多选择，促进学生全面而有个性地发展。逐步消除大班额现象。积极开展研究性学习、社区服务和社会实践。……建立学生发展指导制度，加强对学生的理想、心理、学业等多方面指导[53]”。学校、教师首先要提高高中生及其家长的生涯规划意识和能力，其次要帮助学生了解自己的兴趣特长、能力倾向、个性特征，了解大学专业信息及社会职业需求，最后引导学生做出升学规划和就业规划。家校合作中，关于生涯规划方面的合作，也要有步骤、有计划地分年级、分阶段进行，要充分利用家长资源和社会资源。

5.正确对待学生早恋问题

高中阶段，学生对异性的好感可能会发展为早恋现象。学校、教师要理解学生在这一阶段的情感状态，可以通过健康教育适当加以引导，不宜强行干预、阻止。同时也要引导家长正确认识和对待学生的早恋现象，重视“疏”而不能一味地“堵”。

三、高中家校合作面临的困境

（一）学校、教师层面

1.认识不足

通过与一些学校管理人员和班主任教师的沟通，我们了解到有些学校、班主任教师虽每学期召开家长会，平时也会与个别或部分学生家长沟通，却对家校合作的意义认识不足。有些教师认为自己没有时间和精力去考虑家校合作，实际上，问题的根源还是教师没有意识到家校合作在教育教学方面的作用，对及时、有效的家校合作可以在一定程度上减轻教师工作负担的作用认识不足。有一位教师认为自己太忙，没有时间接受访谈，通过了解得知，该教师正是忙于跟多位家长沟通学生问题。又通过进一步了解得知，这位老师平时很少与家长联系，而如果他能够及早认识到家校合作的重要性，在家校合作中引导家长正确教育孩子，学生的问题很可能就不会发生。对家校合作的认识不足，导致学校开放程度不够，难以吸纳家长参与家校合作。

2.缺乏计划性、系统性

冯琬清 2016 年的研究结果显示，70.96%的学校没有校级家校合作计划，90.3%的班主任和任课教师没有制订班级家校合作计划和个人的家校沟通计划[54]。我们在访谈中得知，一些高中学校不但没有将家校合作纳入整体工作计划，也没有组建学校和班级层面的家长委员会。这些学校家校合作缺乏系统性，除家长会和家长开放日外，家校合作相关活动在时间安排上没有规律性。在对家长的培训指导方面，家长所接受的培训不系统，内容上也缺乏完整性、连续性。邓林园等四位教师的研究结果显示，"无论是教师发起的沟通还是家长发起的沟通，都是以问题为导向的"[55]。它们主要集中于学生学业成绩、心理指导及行为规范问题。以问题为导向的家校合作相对比较被动，难以达到良好的合作效果。教育的根本目标是要促进学生各方面的积极发展，而不是去强调学生的问题。缺乏计划性和系统性的家校合作很难达到理想的效果。

3.缺少资源和制度保障

学校是否具有充足的资金和丰富的资源，在一定程度上决定着学校对家校沟通方式与手段的选择范畴。很多高中在开展家校合作方面没有足够的人力、物力、财力支撑。有些学校依然面临师资短缺问题，完成日常教育教学尚有困难，安排专人负责家校合作工作更是难上加难。有些学校则存在资金不足的问题，仅能保证学校正常运转，无法应对家校合作方面的支出。

4.高考压力

目前，高考升学率仍会影响社会对学校的评价。在巨大的升学压力下，学生学业成绩是高中家校合作的主要内容。新高考改革背景下，学校要为学生走班制选课做好准备，在原本资源不足的情况下，学校的压力自然更大。教师除负责原有工作外，也要增加对选课的指导，这也加大了教师的工作量。而家长在面对孩子未来的选择时，在孩子的兴趣学科和高考选考学科之间，也纠结不已。学校、教师、家长都不能放松对学生成绩的要求，同时还要研究对学生的生涯规划指导，其压力可想而知。在重重压力下，家校合作自然也面临挑战。

（二）家长层面

1.认识存在偏差

有些家长没有参与家校合作的意识，也不懂教育。他们或忙于生计，认为教育就是以学校为主的活动；或认为孩子已经能自理了，不需要家长参与教育。有些家长也会意识到孩子成长中的一些问题，却缺乏对问题根本原因的思考，不知如何面对问题、解决问题。在经济发展较为落后地区的学校及城市中的非重点高中，这类家长相对比较多。有些家长知道自己有参与学校教育的权利，但对这种权利的界限认识不明确。他们经常关注学校教育，但在个人预期与学校、教师安排的教育教学活动不相符时，他们无法很好处理这种冲突关系。在孩子出现问题时，他们很难从家庭教育角度思考、寻找问题的根源及解决问题的方法。这为家校之间的顺利沟通合作带来了困扰。

2.对孩子不够信任

高中阶段绝大部分学生仍未及成年年龄，家长会对高中生的自主学习、生活能力存在怀疑态度。这种情况一方面表现在过多地干预高中生的生活，此种行为造成了高中生的学习能力与适应能力的减弱，也造成了孩子的反感；另一方面表现在过度干预高中生的学业，有些家长不理解青春期孩子的特点，不相信孩子有学习主动性，看不到孩子辛苦的付出，一味要求他们努力学习，不断给他们施压，这样的结果不但不能促进孩子的学业发展，反而增加孩子心理负担，致使孩子产生厌学情绪。实际上，家长对孩子的不信任，某种程度上是自己的不自信在孩子身上的一种投射。

3.存在思维定式

高中生家长在这一方面与初中生家长表现相近，只是他们陪伴孩子经历过初中阶段，思维方式更加固化，思维定式表现更明显。有些学生在小学、初中阶段成绩一直名列前茅，到高中后出现不适应情形，而他们的家长一时未能找到合适的应对策略，便一叶障目，由此认为孩子一无是处，通过打击挖苦进行“挫折教育”，导致孩子身心发展受到影响。有些家长能够看到孩子的问题，也希望能解决自己和孩子面对的问题，但是却找不准教育孩子的有效办法。他们通常认为自己没必要接受教育、培训,即使接受相关教育和培训,传统的培训内容和形式也很难触动他们的内心。

（三）学生层面

已有研究指出,高中生的自我意识和自我认知是影响其成长最大的两个因素[52]45。高中生正处于自我意识发展的第二次飞跃阶段,他们越来越成熟,自我意识越来越强,独立性越来越强。在这个发展过程中,他们会在主观上产生拒绝外界、他人影响的意识。我们在对高中生及其家长的访谈中也了解到,高中生思维敏感、自尊心强,他们有独立自主的强烈愿望,很多高中生不愿意被父母干涉,不愿意父母过多地参与自己的事务。与初中生相比,高中生所接触的环境更加复杂,他们的交往范围更大。高中生思想活跃,他们接触新鲜事物的能力很强,但社会经验不成熟,容易受到来自社会各方面的影响。这些因素可能会动摇教师、家长在他们心目中的位置,从而影响家校合作的效果。

参考文献:

[1]邹强.国外家校合作问题研究及其启示[J].教学与管理,2011(10):86-88.

[2]陈廖娜.美国教育史概略[J].北京广播电视大学学报,2009(2):57-58+64.

[3]梁建锋.美国教育[M].合肥:中国科学技术大学出版社,2002:49-96.

[4]理查德·卡特.现行美国教育体制[J].张民强,译.河北师范大学学报:教育科学版,2004(06):100-102.

[5]卫沈丽.美国“家长参与”政策批判研究[D].长春:东北师范大学,2017.

[6]杨天平,孙孝花.美国家长参与学校教育管理角色的嬗变[J].教育研究,2007(06):78-79.

[7]林滟.美国基础教育阶段家庭参与教育研究:以波士顿公立学校为例

[D].上海:华东师范大学,2015.

[8]黄河清.学校合作导论[M].上海:华东师范大学出版社,2008.

[9]陈峥,王建梁.家校合作的纽带:美国家长教师联合会研究[J].外国中小学教育,2003(05):22.

[10]赵莹.美国基础教育家校合作研究[D].长春:东北师范大学,2011.

[11]唐·倍根,唐纳德·R.格莱叶.学校与社区关系[M].周海涛,等,译.重庆:重庆大学出版社,2003.

[12]张丙玉.美国"家长参与"教育的发展[J].外国中小学教育,2004(9):36-38.

[13]黄河清.美国家校合作管窥[J].教育评论,2008(06):162-165.

[14]傅宏生.英国教育体系以及职业教育的特点[J].中国轻工教育,2003(01):7.

[15]吕文谦.英国中小学教育考察有感[EB/OL].(2010-09-13)[2018-01-20].http://blog.sina.com.cn/s/blog_4fff183f0100lwcg.html.

[16]张盛仁.英国教育的九大特点[J].湖北职业技术学院学报,2008(01):3-8.

[17]易红郡.英国中等教育的市场化改革[J].教育与经济,2004(01):54-57.

[18]易红郡.英国保守主义政治思潮及其对教育改革的影响[J].华东师范大学学报:教育科学版,2008(03):84-92.

[19]曹大辉.英国教育改革新动向:学校和家长将享有更多的权利[J].世界教育信息,2006(03):8.

[20]华东师范大学教育学系"外国家长教育"课题组.英国家校合作探微[J].外国中小学教育,2008(10).

[21]邵兴江,赵风波.创造更美好的未来:英国《儿童计划》述评[J].外国中小学教育,2008(08):6-10.

[22]卢浩.英国学校的"家长—学校"组织[J].教学与管理,2001(22):79.

[23]蒋苗苗.英美两国家长参与学校教育的研究及启示[D].曲阜:曲阜师范大学,2014.

[24]杨启光.英国中小学校与家庭签订协议书[J].上海教育科研,2006(08):45-46.

[25]关松林.试论福泽谕吉的启蒙教育思想[J].华东师范大学学报:教育科学版,2010,28(04):88-95.

[26]侯怀银.日本教育考察报告[EB/OL].(2008-12-02)[2018-02-05].http://blog.sina.com.cn/s/blog_5b8fc2380100bmyo.html.

[27]施克灿.浅析日本的"学社融合"论[J].外国教育研究,2002(9):6.

[28]杨民,苏丽萍.日本小学制度化的家校合作[J].上海教育,2014(8):54.

[29]王凝.日本家校合作的特点及启示:以家长教师联合会的实践为例[J].世界教育信息,2016,29(14):48.

[30]史景轩.日本PTA研究[D].保定:河北大学,2005.

[31]陈元.法国基础教育[M].广州:广东教育出版社,2004:167-168.

[32]刘振天.法国中学内部管理体制及组织过程[J].比较教育研究,1997(02):34.

[33]赵刚.家长教育学[M].北京:教育科学出版社,2010:105.

[34]李艳.家校合作对教师发展的价值研究[D].上海:华东师范大学,2016.

[35]教育部.教育部关于加强家庭教育工作的指导意见[EB/OL].(2015-10-16)[2018-05-30].http://www.moe.edu.cn/srcsite/A06/S7053/201510/t20151020_214366.html.

[36]马忠虎.对家校合作中几个问题的认识[J].教育理论与实践,1999(3).

[37]史蒂夫·M.康斯坦丁诺.家校合作:5个原则读懂教育互动[M].王圆圆,译.哈尔滨:黑龙江教育出版社,2017:51.

[38]教育部.教育部关于建立中小学幼儿园家长委员会的指导意见[EB/

OL].(2012-02-17)[2018-06-03].http://www.moe.gov.cn/srcsite/A06/s7053/201202/t20120217_170639.html.

[39]刘金花.儿童发展心理学[M].上海:华东师范大学出版社,2009.

[40]林崇德.学习与发展:中小学生心理能力发展与培养(修订版)[M].北京:北京师范大学出版社,1999.

[41]曾屹丹,邓廷学.小学生的亲社会行为发展的特点及其培养策略[J].乐山师范学院学报,2002(5):96.

[42]徐静.当下我国中小学家校合作的困境及突围[J].教育科学论坛,2015(12):18.

[43]金东海,蔺海沣.我国中小学家校合作困境与对策探讨[J].教学与管理,2012(12):7.

[44]陈立凤.中小学教师与家长在沟通中存在的问题及对策[J].现代中小学教育,2005(11):56.

[45]范丽丽,王云,王永军,等.中小学教师信息技术应用能力现状及提升策略研究:以山西省农村薄弱学校改造计划项目骨干教师为例[J].中国教育信息化,2015(24):65.

[46]董艳,王飞.家校合作的微信支持模式及家长认同度研究[J] .中国电化教育,2017(2):124.

[47]谢新敏,王全乐.小学阶段“家校沟通”现状调查[J].保定师范专科学校学报,2006(4):71.

[48]顾志超.小学家校合作的现状、问题及策略研究:以苏州新区实验小学为例[D].苏州:苏州大学,2013.

[49]徐胜三.中学教育心理学[M].北京:人民教育出版社,1998.

[50]教育部.普通高中课程方案(2017 版)[M].北京:人民教育出版社,2017.

[51]国家中长期教育改革和发展规划纲要工作小组办公室.国家中长期教育改革和发展规划纲要(2010—2020 年)[EB/OL].(2010-07-29)[2018-06-

08].http://old.moe.gov.cn/publicfiles/business/htmlfiles/moe/info_list/201407/xxgk_171904.hml.

[52]王元元,曲振国.高中生成长动力来源及关系研究[J].当代教育科学,2014(24).

[53]国家中长期教育改革和发展规划纲要工作小组办公室.国家中长期教育改革和发展规划纲要(2010—2020 年)[EB/OL].(2010-07-29)[2018-06-10].http://old.moe.gov.cn/publicfiles/business/htmlfiles/moe/info_list/201407/xxgk_171904.html.

[54]冯琬清.普通高中家校合作机制研究:基于学生发展指导制度的视角[D].安徽:合肥师范学院,2016.

[55]邓林园,许睿,赵鑫钰,等.中国高中阶段家校合作的现状以及与高中生发展的关系[J].教育学报,2016(6):84.

现代篇

人必须在实践中学习，因为尽管你自以为很明白，但只有在尝试之后才能确定。

——索福克勒斯(雅典三大悲剧作家之一)

第3章 理论研究

随着社会生活节奏的加快,传统的家校沟通方式已经悄然发生了改变。教师向学生家长单向地传递信息,而没有得到家长的反馈,这不能称为合作。家长对学校、教师的认识、理解、感受、期待没有清晰地表达出来,则偏离了合作的本质。同样,学校、教师或家长有一方是被迫无奈状态下的参与,如教师被迫去家访,或者家长被迫去学校参与相关活动,都不是真正意义上的家校合作。以往的班主任约谈学生家长或者到学生家里进行家访,费时费力且效率不高,易打扰家长的工作和生活,使家校协同教育的质量达不到理想的水平,有时候甚至会因交流不当,给学生带来消极的影响[1]。

无论是家长还是学校、教师,都期待能够出现一种更好的、更加便捷的沟通方式。信息时代新媒体的飞速发展为家校合作提供了新的思路。信息化的蓬勃发展使得我们的生活发生了翻天覆地的改变,国家高度重视信息化的发展,信息化发展与政治、经济、文化、教育等领域的融合受到了研究者越来越多的关注。移动学习、泛在学习等新概念纷纷涌现,教育得以突破时间和空间的限制,利用现代化的信息技术促进家校合作成为一种发展趋势。

本章主要探讨已有新媒体支持下家校合作研究的主要类别、具体内容以及影响新媒体支持下家校合作的因素。

第1节 新媒体支持下的家校合作研究分类

由于新媒体支持下的家校合作改变了传统的家校合作模式,具有传统家校合作所不可比拟的优势,教育研究者关注该领域的研究,希冀可以为家校合作的发展找到新的方向。本节对过往十几年的研究进行梳理,发现已有的研究主要关注平台设计、策略提升、实证研究、理论探讨和模型构建等领域。

本研究以"家校合作""家长参与""家校互动""家校联系""新媒体""网络""微信""APP"为中文关键词,在CNKI数据库中搜索2005年1月至2017年12月的文献,筛选来自SCI来源期刊、EI来源期刊、核心期刊及CSSCI的文章,共获得14篇与新媒体支持下的家校合作相关的期刊文献。再以相同的检索策略查找博硕士论文库,得到52篇与主题相关的学术研究论文。英文文献的检索策略为TS=(("school-family partnerships" OR "family-school cooperation" OR "parent participation" OR "parent involvement" OR "parent involving" OR "parental involvement" OR "parent-teacher collaboration" OR "educational intervention") AND ("new media" OR "network" OR "wechat" OR "APP" OR "Facebook" OR "Linked In" OR "Line" OR "QQ"))。"语种"选择"English","文献类型"选择"Article","时间跨度"选取"2005—2017","索引数据库"选择"SCI-EXPANDED""SSCI"和"A&HCI",共检索到235篇文献。剔除其中与教育无关的文献,按照主题必须包含家校合作,并且涉及新媒体的筛选标准,选择与新媒体支持下的家校合作相关的文献,共得到69篇与新媒体支持下的家校合作密切相关的英文文献。

这些文献在时间上的整体分布如图3-1所示。从图中可以看出,新媒体支持下的家校合作研究从2005年以来,整体呈现上升趋势。其中2008年、2011年、2013年及2015年的发文量有较大的增长,2015年的研究量最多,达到20篇。2015年以后,关于新媒体支持下的家校合作的研究又逐渐呈现出下滑的趋势。

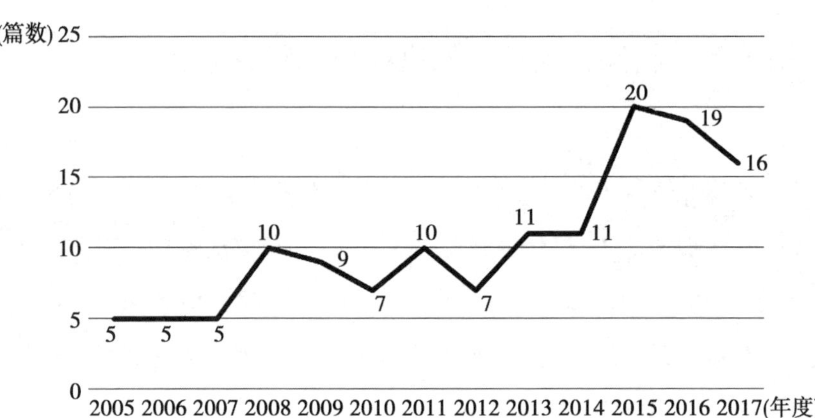

图 3-1 家校合作研究趋势

通过对这 135 篇文献的整理分析,依据专家效度的划分原则,选择相关领域的 3 位专家分别对文献进行整理分类,综合对比 3 位专家的分类结果,重点研究分类不同的文献,经过集中讨论达成统一的观点。

本团队将已有新媒体支持下的家校合作研究主要分为四类,分别是:概念与内涵的探讨、现状的分析与调查、模型的设计与构建、平台的设计与实现。每个类别的具体含义如表 3-1 所示:

表 3-1 新媒体支持下的家校合作研究分类

编号	类别名称	文献数量	具体含义
1	概念与内涵的探讨	49	重点聚焦家校合作中教师角色探讨、新媒体素养探究以及家校合作中出现的问题,例如《家校合作视角下教师新媒体素养:内涵、结构与价值》
2	现状的分析与调查	51	主要内容包括新媒体平台在家校合作中应用现状的调查研究、家校合作的实际效果研究以及影响家校合作的因素研究等,与此同时提出提升家校合作实践效果的方法与策略,例如《城镇化进程中的中小学家校合作调查研究——以铜川新区为例》《中小学家校合作的现状、问题及应对策略——以西安市中小学为例》

续表

编号	类别名称	文献数量	具体含义
3	模型的设计与构建	11	主要指针对特定种类的新媒体所支持的家校合作模式(模型)的建构,例如《家校合作的微信支持模式及家长认同度研究》
4	平台的设计与实现	24	针对用户的需求设计不同的新媒体支持平台,例如微信公众平台的设计、APP的设计、网络平台的设计;研究的重点在于平台设计的实现上,例如《基于安卓平台的家校合作移动端的设计与实现》

其中,关于新媒体支持下的家校合作现状的分析与调查的文献最多,共51篇;其次是对新媒体支持下家校合作概念与内涵探讨的文献,共49篇;探讨新媒体支持下家校合作平台的设计与实现的相关文献,共有24篇;模型的设计与构建的相关文献数量相对较少,只有11篇。

一、概念与内涵的探讨

新媒体支持下家校合作概念与内涵探讨方面的文献主要分为两大类:其一是新媒体支持下家校合作相关主体的角色探讨,其二是新媒体支持下家校合作的创新应用。对家校合作主体角色的探讨可以进一步明确各个角色的定位,更好地发挥其在家校合作中的作用,有效促进家校合作的沟通和交流;而研究新媒体支持下家校合作的创新应用则从另一个角度出发,探究家校合作过程中的优秀、特色案例。

(一)对相关主体的角色探讨

对新媒体支持下家校合作相关主体的角色探讨主要从学校教师的角度出发,对教师在家校合作过程中的角色担当和所应具备的新媒体素养进行了相关研究。傅维利研究了利用微信进行家校合作交流冲突中教师的角色担当。

他指出微信在家校合作中的四个利弊:①微信虽便于家校沟通,但为教师转嫁其教学任务、教育责任提供了技术上的可能性。②微信虽具有交互性好的特点,但家校之间的微信双向沟通会在沟通内容、沟通态度方面凸显家长与教师之间的不平等关系。③微信虽然联系面广、真实性强,能够给交流双方带来信任感,但为一些教师有意无意透露学生及其家庭隐私提供了可能,存在泄露家庭隐私的隐患。④微信能够承载大量信息,但大部分交流仅限于教师与家长之间的沟通,使学生在家校微信交流中的地位缺失问题变得比较突出。

为了应对以上问题,傅维利也提出了需要帮助教师树立正确的职业道德、角色定位和学生教育观,提升教师微信交流的专业素养,强化教师根据学生问题选择合适交流工具解决问题的能力三项策略[2]。郁琴芳从家校合作的视角对教师新媒体素养展开了研究,她认为教师的新媒体素养是新媒体时代家校合作过程中教师基本技能的体现,对学生成长、教师专业发展有重要作用。郁琴芳围绕已有研究提出了四维度新媒体素养:新媒体的识别和理解能力、新媒体信息的判断和质疑能力、参与和使用新媒体的能力及新媒体技术的创造和传播能力。家校合作中教师新媒体素养的重要表现之一就是利用新媒体与家长进行良性沟通、有效合作。基于此,她提出了家校合作视角下教师新媒体素养的金字塔结构,从底至顶分别是基础能力(教师认识和理解新媒体的能力)、教师使用新媒体技术开展家校合作的能力及卓越能力(教师的新媒体创新应用能力)[3]。通过对新媒体时代家校合作过程中相关主体的角色探讨,明确了教师在家校合作中的角色定位,也探索了教师的新媒体素养,为教师在家校合作中发挥作用提供了理论支持。但是对家校合作中其他主体的探究较少,例如对学生家长角色定位的研究或是对学生媒体素养的研究。

(二)家校合作的创新应用

新媒体支持下家校合作的创新应用研究聚焦如何通过促进家校合作与新媒体技术的结合,提升学校教育教学和管理效果。例如王敏捷的研究指出,不同阶层家长在与学校交往的过程中,必然表现出明显的行为差异,这种交往行为的差异直接影响孩子们的受教育过程及结果[4]。张皓在研究大学生的沟通能力时指出,新媒体符合“90 后”大学生的行为习惯,只有发挥家庭教育和学校教育的合力,才能更好地促进大学生人际沟通能力的发展[5]。闫妍在探究家长参与高校学生的管理后指出,高校可以通过开设微信公众平台等方式,与家长实现动态联系,共享校园各方面信息,并解决学生困惑与问题[6]。王盛峰的研究也指出网络合作是新媒体时代家校合作的重要方式,家庭教育与学校教育需要形成教育合力,以互联网技术为依托,互动交流,相互协作,共同促进学生全面健康发展。他提出了家校教育网络合作的基本条件:发挥先进教育观念的指导性作用、创建多层次网络合作环境以及发挥教育政策的激励性作用[7]。通过对相关研究的梳理,我们可以发现,新媒体在家校合作中的应用空间非常广阔,不仅可以在小学、中学等阶段使用,确保学生家长能够及时获知学生在校学习情况等,而且在高等教育阶段也可以发挥同样的作用。

对新媒体支持下家校合作相关主体的角色探讨,进一步明确了新时代家校合作过程中各个主体的角色定位和职责担当,以及所应该具备的能力素质,为家校合作的质量提升提供了参考依据。而新媒体支持下家校合作的创新应用研究则从家校合作的宏观角度出发,关注家校合作在新时代如何与多种多样的新媒体相结合,发挥技术的效用,解决实际教育情境中出现的诸如学生管理、人际交流能力等方面的问题,为新媒体时代家校合作的创新发展开创了新思路。

尽管已有研究从不同的角度对新媒体支持下家校合作的理论进行了探究,但是仍然存在一些有待进一步探究的地方。首先,对新媒体时代家校合作主体的角色探讨还不全面。在新媒体技术迅猛发展的时代,无论是教师的课堂教学还是教师与学生家长的交流互动都发生了较大的变化,教师只有顺应时代潮流,不断提升自身素养,明确自己的职责担当,才能在新媒体时代确保教学取得较好的成效。然而,教师毕竟也只是家校合作中的一个方面,诸如学校、学生家长及学生自身也都是家校合作需要考虑的重要因素,明确这些角色的职责以及相互之间的关系也是未来研究中所要重点关注的地方。其次,对于新媒体时代家校合作的开展,还应该进一步明确在实际教育过程中如何有效应用新媒体技术,促进家校合作产生实际效用。最后,在高等教育阶段,新媒体支持下的家校合作如何发挥作用还有较大的探究空间。

二、现状的分析与调查

新媒体支持下的家校合作现状的分析与调查研究主要包含三个方面内容：调查现状、分析影响因素、提出提升策略。

（一）调查现状

已有研究主要通过调查的方法，利用技术工具（如网络平台、校讯通、班级博客、微信公众平台等），从满意度、沟通效果等方面探究新媒体支持下家校合作的现状。

梁云真自行编制问卷，从校讯通使用的时间长度、沟通时的态度、沟通内容及沟通效果等几个方面，对教师、家长和学生进行了调查研究，研究结果表明：①多数教师认为家长、教师对学生教育的责任更大，这种对学生教育责任的错位认识容易导致教师心理上对学生教育的放松。②现阶段的家校沟通主要是被动式的，以问题解决为沟通目的。一般而言，教师与家长只有在学生成绩下降或者犯错时才进行沟通。这种沟通模式难以防患于未然。③现有家校合作的沟通内容也主要以教师发放活动通知、布置作业或者沟通成绩为主，缺乏对生活习惯与品德修养培养的关注。④现有沟通方式比较单一，当校讯通这种新媒体工具出现后，由于其具有快捷、方便等优势，已逐渐取代家长会成为最主要的沟通方式，这严重挤压了家长会与家访的沟通空间，教师应根据实际情况使用多种沟通方式促进家校合作[8]。马金金通过网络平台支持调查了家校合作中家长的满意度，结果表明被调查家长对使用网络平台促进家校合作的满意度处于中等偏上水平[9]。张琼调查了信息平台在小学家校合作中应用的现状。该研究中，信息平台指为实现学校、家庭和教师之间快速、实时而有效沟通合作的网络互动平台，是融合语音、计算机、互联网、无线通信和考勤信息化于一体的现代信息化互动平台。具体方式包括各类校讯通平台、各类家校通平台、QQ群、E-mail、微信群、教师或班级博客、学校或班级网页等。利用该类信息平台开展家校合作的过程中，出现了认知与行为脱节、缺乏有效的交流与沟通、缺乏有深度的家校合作、家长自觉主动参与程度低、信息平台的应用效果异化等问题,需要在后续研究中解决。另外,信息平台自身也存在系统成熟度不高、平台开放规则欠缺、平台运作商业化而忽视家校合作本身规律等缺陷[10]。该研究所牵涉的新媒体合作平台较为广泛,从研究结果也可以发现,新媒体平台在家校合作的应用过程中缺乏有效的规范和指导,而学校和家长的交流也缺乏深度,家长的自觉参与度较低等。

当前,微信已被广泛应用于社会大众的生活,越来越多的调查研究聚焦通过微信开展家校合作活动。董艳等探究了家长对通过微信开展家校合作的认同度,结果表明家长普遍认同微信在家校合作中的重要作用。但是,家长认为微信的作用主要体现在及时知晓学校事务和提升学生社交能力上,对于微信在辅助学生学习方面,家长的认同度略低[11]124-125。米炳灿对家长参与以微信订阅号开展的家校合作的现状与满意度展开了调查,结果表明,家长肯定微信订阅号在家校合作上的作用,包括及时了解重大活动信息、儿童在校生活情况等。家长也对微信订阅号的内容提出了要求,希望能丰富图片与视频内容,提供更多的专业内容的支持以及加快内容的更新频率等[12]。

当前,对于新媒体支持下的家校合作,家长和教师普遍持肯定态度,但在家校合作内容、形式、交流频率上都存在进一步的要求。

（二）分析影响因素

学者们分析了新媒体支持下家校合作中的影响因素,但现有研究主要关注家长因素对家校合作的影响。潘振娅的研究关注家长背景与家庭状况对家校合作的影响,结果表明,家长的教育背景、家长的经济状况、家长的工作性质、亲子关系、家庭结构、家长对学校教育的态度及家长的性格特点等都是影响家校合作效果的因素[13]。马金金认为家校合作的满意度与合作成效、合作氛围、教师参与和平台特性等四个因素密切相关,而家长本身的学历、家庭收入及信息技术水平等也都会显著影响家长使用网络平台进行家校合作的满意度。

此外,新媒体技术支持过程中,教师的信息技术能力以及技术支撑平台的可用性和耐用性也可能对家校合作效果产生影响。

（三）提出提升策略

新媒体支持下的家校合作提升策略研究主要分为两类，一类是针对家校合作过程中普遍存在的问题提出的改进策略，另一类是针对特定新媒体平台提出的优化新媒体支持家校合作的策略。前一类具有普遍适用性，多是在策略中提及应用新媒体技术提升家校合作的效果。而后一类改进策略则针对性较强，对于不同的新媒体平台的应用，相应的改进策略也会有所不同。

1.普遍性提升策略

这类策略的提出主要针对家校合作过程中普遍存在的问题，相应的建议适用性也较广泛。不少研究给出了普遍性提升策略，具体内容如表 3-2 所示。

表 3-2　家校合作的普遍性提升策略

作者	时间	学段	对应策略
刘治钊	2016 年	小学阶段	树立互利共赢的观念 建立全方位的平台进行合作 建立课程体系，整体推进 建立多元评价体系
王卫军	2015 年	小学阶段	完善制度，加强考核，保障双方权利义务 明确责任，加强培训，提升家校合作水平 更新观念，丰富内容，提高家校合作质量 开拓思路，创新形式，全方位推进家校合作更好发展
赵潇怡	2014 年	小学阶段	改变态度：澄清目标，和谐共处 完善制度：完善家校合作组织制度 充实合作内容：健全家校合作模式 加强实践：重视“家长资源”的开发

续表

作者	时间	学段	对应策略
顾志超	2013 年	小学阶段	教育行政部门应积极应对和出台相关政策,保障家长参与的权利和义务 营造尊重与平等的合作环境,促进双向信息交流 家校双方勤沟通,实现信息共享,丰富合作内容 学校不断完善家长和教师的培训制度,提高合作能力 建立丰富多样的合作方式,全方位推进家校合作 推进学习型家庭的创建,创造良好家庭氛围 挖掘家长资源,实现家校教育优势互补
何彦娟	2011 年	没有提及	家长和教师思想上提高认识,增进沟通 家校合作形式应与时俱进,务实革新
苗建玲	2008 年	小学阶段	教育行政部门的应对策略 学校的应对策略 家庭的应对策略
张瑜	2008 年	基础教育	构建新型的家校合作模式,推动我国家校合作的深入发展
王红	2006 年	没有提及	在思想观念上,确立服务于学生健康成长需要的观念 在相关关系上,建立学校与家庭平等合作的伙伴关系 在管理体制上,发挥教育部门统筹、协调和组织作用 在运作上,探索符合我国国情的家校合作教育模式 注重家长教育水平的提高

综上,家校合作过程中的普遍性提升策略,主要是探究小学阶段的家校合作,利用调查问卷或者分析已有的文献资料,结合研究者自身的实践经历,分析总结家校合作过程中存在的普遍性问题,例如重视程度不足、缺乏整体规划等,并针对这些问题提出的提升策略。

2.针对不同平台的提升策略

指向特定新媒体平台的提升策略则具有较强的针对性,能够指导特定新媒体在家校合作中的具体应用。闫佳坤从"意识""内容""质量"三个层面提出了利用新媒体平台提升家校合作的路径[14]。王朋娜在研究中以班级博客为切入点,构建了基于班级博客的中小学家校合作模式,以此提升基于该工具实现的家校合作工作[15]。表 3-3 对已有部分研究提出的提升策略进行了具体描述。

表 3-3　不同平台支持下家校合作的提升策略

作者	时间	新媒体平台	对应策略
闫佳坤	2017 年	APP 平台	强化利用 APP 家校合作平台促进家校合作的意识,构建政策保障机制 丰富利用 APP 家校合作平台促进家校合作的内容,增加深度,扩大广度 提高利用 APP 家校合作平台促进家校合作的质量,筛选质量合格的平台
王朋娜	2010 年	班级博客	学习环境建构策略 指导策略 学习活动组织策略 反馈策略 评价策略
李萌	2013 年	家校通	以人为本——家校沟通的观念变革 站位而不越位——家校沟通的权责划分 知识就是力量——网络沟通的技能提升 虚实才能相生——网络沟通的局限克服

家庭因为孩子进入学校学习而与学校发生关联,形成一种家校关系。无论这种关系的质量是好是坏,影响是否积极,它都是客观存在的。积极的家校关系能够促进孩子的学习和发展,而建立积极的家校关系的重要一步,就是建立家庭和学校双方合作的意识,理解家庭和学校之间进行合作的必要性和重要性[16]。家校合作的策略提升研究主要围绕当前家校合作过程中出现的问题,有针对性地提出解决策略,增强家长和教师家校合作的意识,积极为新媒体时代的家校合作建言献策。两类提升策略各有所长,如果学校已有的新媒体平台与新媒体提升策略中的平台有共通之处,则可以参照研究者所提出来的新媒体支持下的家校合作提升策略,对学校的家校合作进行相应的改进;

如果学校还处在新媒体平台的建设阶段，则可以根据自己学校当前所存在的问题，依据前一类提升策略选择合适的新媒体平台进行搭建工作。

三、模型的设计与构建

科学技术的迅猛发展和信息化浪潮的不断推进，使得新兴媒体逐渐步入大众的视野，并不断改变着人们的生活、思维和交往方式。而这些新兴的媒体也理所当然地成了家校合作育人的新载体。利用这些新载体，创新沟通与合作的模式，规避负面的影响，最大限度地发挥新媒体在家校合作中的效能，已经成为当前教育理论研究和改革实践的重要课题。

通过对相关文献的梳理，我们发现，已有的新媒体支持下的家校合作模型大致形成了两类，分别是基于微信的家校合作模型和基于班级博客的家校合作模型。这两类模型根据其所依托的新媒体类型而加以区分，前者主要以微信为支持平台，后者则侧重于以班级博客为依托去开展家校合作活动。

（一）基于微信的家校合作模型

微信作为一种公众平台，不仅能够为参与者提供大量可阅览的信息，而且也方便参与者及时发布相关的消息。它使用成本低廉，传播方式融文字、图片、声音、视频等为一体，支持跨平台传递，形成了多种方式并存、多点辐散式的交流网络，有助于参与者进行多渠道、全方位的交流。利用微信开展家校合作，可以有效打破时空的界限，使得家长在碎片化时间里进行交流互动；同时利用微信进行学习资源和服务内容的整合，使教师、家长和学生之间形成良好的互动网络[17]。基于微信的家校合作模型主要分为以微信公众平台为依托的模型和以微信群组为依托的模型，尽管两者都是以微信为平台环境，但其相关的模型还是有所区别。

例如，任雪梅在研究中以传统的家校合作过程中存在的问题作为着眼点，以微信公众平台为主要支撑平台，以终身学习观、互动交往理论为理论依据，开展教师与家长以及家长与家长之间的充分交流合作。由此构建了基于微信公众平台的家校合作模型[18]，如图 3-2 所示。①该模型包含学生、家长和教师家校合作的三个主体因素,以及三个主体之间的九种互动关系。②处于核心位置的三种互动关系分别是:家长和教师利用家校合作平台交流互动关于学生在学校教育成长的相关信息;教师通过家校合作平台对学生进行课外辅导;家长利用家校合作平台与学生进行交流,增加对学生的理解。③模型中三个主体内部的灰色环形箭头也表示了三种互动关系,分别是:教师在自我能力提升过程中,可以通过家校合作平台与其他教师交流教学经验;家长在遇到家庭教育困难时,可以利用家校合作平台与其他家长相互学习教育子女的经验,家长之间互相学习;而学生则可以利用家校合作平台互帮互助,相互促进,共同完成学习任务。④该模型还兼容了三种传统的互动关系,分别是:教师与家长通过电话联系、家长会等传统的家校合作方式进行交流;教师对学生进行常规的学校课堂教学;家长对学生进行日常的家庭教育活动,例如辅导学生做作业等。

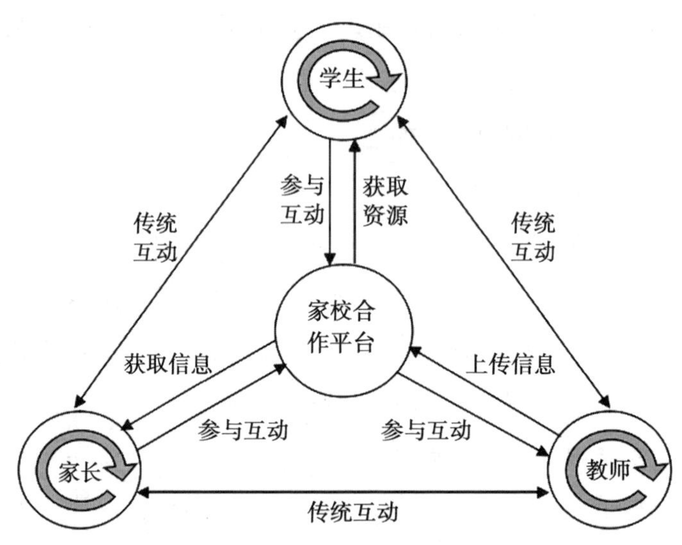

图 3-2 基于微信公众平台的家校合作模型

另一种微信支持下的家校合作基本模型是以微信群为基本活动单位,通过构建班级微信群将班主任、学科教师和学生家长置于其中,教师通过经验分享和对教学的深度反思,帮助家长了解学生在学校生活的整体状况,了解学校教育和教学的普及状况;而学生家长则通过信息沟通和反馈互动等方式引发教师的深度思考,促使其更加全面地了解学生,为学生的发展制定更合适的发展方案。通过教师和学生家长的有效交流和互动，加强学校教育和家庭教育对学生的双重影响。

例如董艳等在问卷调查的基础上，分析了当前微信在家校合作中的应用现状，针对家长对家校合作的满意度、自我评价、家长问题解决能力以及对微信辅助学生学习的认同度都比较低的情况，重新构建了以微信群为基础的家校合作新模型（如图 3–3 所示）[11]125，该模型中的主体群体包括教师、家长和学生。教师和家长通过微信全面了解学生，教师选择以信息沟通和互动反馈的方式，家长选择以经验分享和深度反思的方式，所有的交流都要从学校教育和家庭教育的特定领域，围绕学生学习、成长的实际需求，进行内容呈现和交流。模型中主要包括班级信息发布、微信家长会、信息实时反馈、学习教育资源发布、教育教学指导、学生风采展示等几个模块的内容。

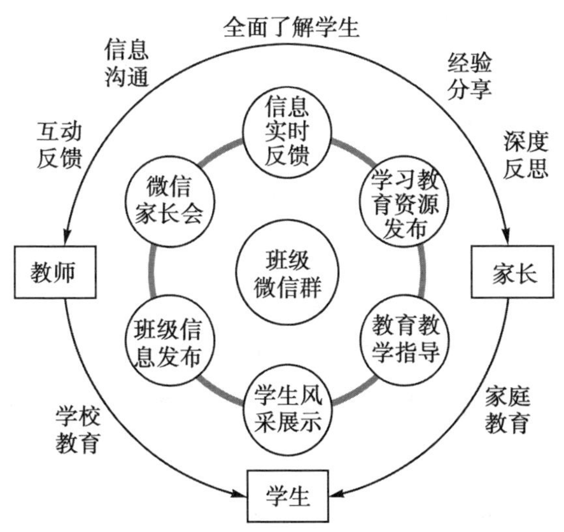

图 3–3　以微信群为基础的家校合作模型

无论是哪种微信支持模型，都具有微信平台所特有的优势。信息共享更加便捷，学校教师和学生家长不再受到时间和空间的限制，随时随地都可以进行交流互动。使用成本降低，不会对个人经济造成负担，容易被教师和家长所接受。支持个性化的家校互动需求，教师可以根据需要自主开发相应的功能和服务，甚至将其打造成一个全新的应用程序。而且微信支持多种媒体信息的传输,教师和家长不仅可以使用文字进行交流,还可以发送图片、语音、视频等信息,为家校合作互动交流提供多样性,也使得信息的表达更加准确。微信公众平台有三种账号,分别是订阅号、服务号和企业号。学校可以根据自身的需要选择相应的账号进行家校合作平台的构建。微信公众平台提供的功能主要有用户管理、群发图文消息、用户消息分析、接口调用等。微信群与 QQ 群大致相同,用户可以在群里进行直接的讨论交流。

(二)基于班级博客的家校合作实践模型

班级博客是博客的一种,是以班级为基本单位,建设一个主要由班主任、学科教师、学生、学校行政管理人员及家长等组成的一个虚拟教学共同体。从另一个角度出发,班级博客是融班级管理、资源共享及家校共建为一体的网络互动平台。作为展示学生学习、生活情况,进行家校沟通的最广阔的天地,它是班级数字化管理的一种有效途径。学校应该积极鼓励各班级建立班级博客,将学生的日常学习情况和思想状况展现在博客中,使得家长更为清晰、直观地了解孩子在学校的情况。例如,可以发布一些学生的作文、手抄报,发布学生的测验成绩,发布班级活动的照片和视频等,也可以发布一些近期的教育计划与长期的教育规划,使得家长能够及时了解并进行实时互动,对学校的决策提出宝贵的意见和建议[19]。家长通过班级博客能够及时了解子女的学习情况,能够和教师交流家庭教育理念和家庭教育过程中出现的问题;教师能够通过班级博客不受时空限制地和家长快速交流,及时了解学生在家表现,得到学生家长对学校教育的大力支持。

沈晔在家校合作的理论基础上,以传统家校合作中存在的问题为出发点,以班级博客为环境依托,构建了基于班级博客的家校合作实践模型[20],如图3-4所示。该模型中教师和家长及学生都拥有自己的私人空间,教师可以将自己的教学过程、教案、教学经验等以文字、图片、视频等形式发布在班级博客上,供他人学习借鉴;家长可以将自己在家庭教育方面的成功经验以及教育子女过程中的所见、所思、所感记录下来,以便于其他家长学习;而学生也可以把自己在学校教育和家庭教育共同作用下的成长经历记录下来,与教师和家长进行共享。在此基础上，作者以此模型为依据，开展了实践研究，在实验班创建班级博客并开展日常的家校合作实践活动。结果证明：利用班级博客开展家校合作活动，对家校合作的效果起到了积极的作用，主要表现为：改变了传统家校合作的形式，提升了双方参与家校合作的积极性，解决了教育过程中遇到的问题，增进了家长、教师对学生的了解程度。

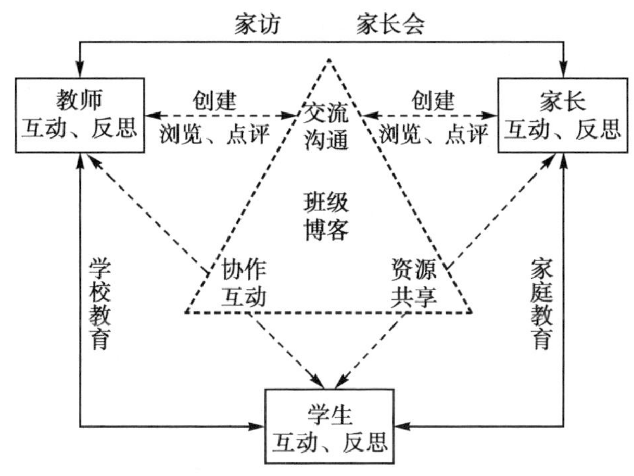

图 3-4　基于班级博客的家校合作实践模型

董艳等在文献分析的基础上，总结了班级博客对家校合作的支持效果：班级博客方便了家校之间的联系，使得家校地位趋于平等，为家长的成长提供了机会，促进了多方的良好互动。最后探索了班级博客支持家校合作的新模型[21]，如图 3-5 所示。该模型将班级博客所联系的不同单元都看作一个“系统”存在，各系统之间需要通过不断地互动才能使整个系统有效工作。

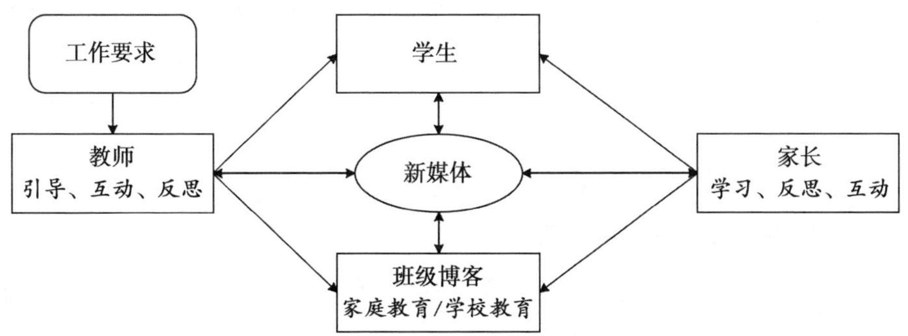

图 3-5　新媒体支持下家校合作的班级博客支持模型

该模型主要包括教师、家长、学生群体及博客平台，教师和家长是博客的主要撰写者。主要包括四个方面的内容：

第一，教师的主要作用是加强引导、促进互动、引起反思。例如发表自己的教育见解或成功教育案例，促进班级博客的互动，同时也通过自我反思或引起他人反思来加强对学生的引导，提升班级的管理能力。

第二，班级博客是促进家校合作沟通的有效途径之一。班级博客在建立之初需要通过多种方式来促进内容的定期更新，以吸引家长的持续参与。家长不仅可以通过班级博客来反馈学生的相关问题，还可以通过好的博文来促进自身的成长。

第三，班级博客旨在关注学生的发展与成长，但是不能仅仅将学生的发展与成长定义在学习层面。教师和家长可以共同考虑如何为学生创造虚拟的班级博客空间，让有趣的、多样化的活动丰富学生的学习和生活。

第四，班级博客还要打开与新媒体的衔接途径，相互配合，创造良好的家校合作机会，以促进多内容整合基础上的多元化互动。

依托班级博客开展家校合作，增加了教师和家长的沟通交流手段，使得教师与家长之间的交流内容更加开放，把教师与家长的成功经验由班级博客汇集到了一起，由单纯的信息共享走向思想上的共享。使用班级博客的目的是通过先进的信息化交流平台，促进教师与家长之间的互动交往和信息反馈，使得家庭教育得到学校教育的更多指导，学校教育得到更多的家庭教育的支持，最终实现家庭教育与学校教育的相互协调、相辅相成，形成学生健康成长的最佳辅助环境。

四、平台的设计与实现

（一）基于移动端的平台设计

基于移动端的家校合作平台有着使用费用低、实时性强、便携性较好、功能多元化、展示形式丰富等优势。APP 家校合作平台是在以移动网络和智能手机为终端的第三方平台支持下，融班级管理、资源共享和家校共建为一体的学校和家庭全方位沟通的班级数字化综合系统平台。APP家校合作平台作为家校信息沟通的桥梁和渠道,俨然已经成为新时期家校合作的常态模式。吴佳兴在研究中发现,现有的家校通移动端虽能满足沟通需求但交流功能尚存不足,同时,受限于早期安卓平台的局限性,基于安卓平台的移动应用在并发性能、UI展示及内存管理等方面还存在一定的设计缺陷。因此,基于安卓平台上家校通移动端的设计,他提出了基于分层模式的开发架构,将业务模型和视图层分离,使系统具有更好的可拓展性,并通过对多线程模型的优化帮助用户获得更好的使用体验[22]。此外,该应用通过对沟通功能、统计功能的强化,如增加即时通信功能,增加“班级圈”的亲子沟通功能,增加针对学生的“心路历程”统计功能等,使家校合作平台具有更广泛的应用范围及更高的综合性能[23]。

基于移动端家校合作新媒体平台的设计主要是利用移动客户端的相关优势,在现有APP平台的基础上进行相关的优化设计,或者自主开发相关的班级数字化综合系统平台,为家校合作提供支持。

（二）基于互联网的网络平台设计

网络家校互动平台以网络为基础,通过图文、视频等形式传递信息,改变了传统教育媒介的互动模式,使家校互动内容和形式逐渐多样化。基于网络的家校合作互动平台有利于加强中小学的日常管理工作,帮助教师利用信息技术提高工作效率;有利于充分调动学生的积极性,提高他们的综合素质;还可以引导学生父母和学生创造一个和谐健康的学习成长环境。陈忠强基于调查研究与统计分析结果,设计了中小学家校互动网络平台。该平台基于SSH(集成框架,即把多个框架紧密地结合在一起,用于构建灵活、易于扩展的多层Web应用程序)的设计框架,分别实现了数据库链接模块、用户信息模块及学习资料模块的功能,解决了手工管理过程中出现的重复性工作多、工作效率低等问题。另外,新设计的平台实现了互动交流系统的统一管理与跨平台的数据服务,整个平台具有良好的扩展性、较强的稳定性和安全性,同时该平台采用多线程服务器访问的设计,实现了连接数越多效率越高的需求,大幅提升了系统性能[24]。

网络平台可以通过多种形式传递信息,基于网络平台的家校合作能够改变传统的交流模式，通过网络上的交流互动、信息展示，提高教师的工作效率，调动家长的参与积极性，增强学生的学习热情。网络平台的设计主要从底层开发进行，调查了解相关主体的需求，利用不同的网络信息技术，实现不同的模块功能，满足不同主体对家校合作网络平台的不同要求。

（三）基于微信公众平台的平台设计

近年来，随着微信和QQ的飞速发展，以微信和QQ为媒介的家校合作群也开始强势进入教育服务市场，以其强大的用户群和稳定的应用特性，迅速吸引了大量的用户，得到了广大使用者的肯定。基于微信公众平台的家校合作可以帮助家庭教育和学校教育实现优势互补，以进一步提高教学质量和教学效率。在学生的思想和学习等出现问题时能够及时得到解决，有的放矢，并且有效预防一些不必要的事情的发生。

微信公众平台作为一种现有的、被大众所广泛使用的新媒体平台，操作简单、用户群体庞大、系统稳定，也为家校合作提供了一定的支持。而微信公众平台在家校合作中的使用主要是需要技术方对该平台进行合理的设计，根据不同类型学校的不同需求，设计相应的模块和功能，并对界面进行优化，而且要保证实时更新。

从文献中我们可以发现，新媒体支持下的家校合作平台主要有网络平台、移动APP和微信公众平台。从发展趋势来看，对微信公众平台的研究呈现上升趋势，对网络平台的相关研究正在逐渐减少，而移动APP的相关研究也以其特有的方便快捷特点呈现出越来越强的态势。从平台的设计方式上来看，有的平台是自主设计研发，例如陈忠强研究的中小学家校互动系统和魏玲等研究的基于安卓手机的家校合作平台；有的平台是在已有的信息技术基础上进行相应的功能设计，例如刘扬研究的基于微信的中小学家校协同平台和靳秀敏研究的关于微信支持的小学家校通平台，都是在微信公众平台的基础上通过相关的功能设计和内容添加而形成的。无论是哪种平台，都必须满足家校合作平台的一些基本功能，诸如信息发布、交流互动、作品分享等。

第 2 节　影响新媒体支持家校合作的因素分析

新媒体支持下的家校合作有多种影响因素，从宏观上看包括政治因素、经济因素、文化因素，从微观上看包括学校因素、家长因素、技术因素（新媒体因素）等。本节主要从微观上探讨家校合作的主要影响因素。

一、学校因素

（一）学校管理层因素

家校合作是家长和学校之间的双向活动，主要表现在两个方面：一方面是家长可以向学校提出自己对教育孩子的看法，对学校为孩子提供的教育环境做出反应；另一方面，学校要视家长为促进孩子学习的积极合作者，要保证家长了解孩子在学校生活的方方面面，并且认真考虑家长提出的意见和建议，对家长的教育方式和家校合作的方法进行指导。家长参与学校教育既包括家长参加与学校合作相关的实际活动，也包括家长与学校教师之间的交流与相互学习，以学校为中心的家长参与活动和以家庭为中心的家长教育方法指导是家长参与学校教育的两个方面。

首先，尽管家校合作如此重要，学校管理者也对家校合作非常重视，但是由于我国当前新媒体支持下的家校合作尚处于摸索阶段，家校合作的管理还不系统、不规范，存在很强的随意性，学校管理者对家校合作的工作仅限于感性的认识，对国内外相关理论和实践成果知之甚少，更缺乏细致深入的研究，导致许多工作都只能浮于表面，没有形成由理论到实践的完整体系。其次，没有调动家长参与家校合作的积极性，缺乏对家长的相关指导。没有让家长意识到自己有参与学校教育的权利和义务，家长的参与都比较被动，而且家校合作相关活动的安排不够尽善尽美，也使得家长对家校活动的效果不满意。再次，没能有效调动教师参与家校合作的积极性，缺乏对教师的相关指导。教师不明确家校合作中个人的角色定位、职责和任务，缺乏与家长沟通的相关技巧与自信，学校运转过程中事务多，对此种状况也没能及时进行调整，对教师的动员指导自然也就相当欠缺。最后，家校合作缺乏资金的支持。国家财政对中小学教育经费的投入主要是学校必要的公务费、基本设施、设备和教师的工资，几乎没有哪所学校为家校合作设置专门的经费，而从家长、教师的培训到各项活动的顺利开展，必须要有大量的资金支持。如果家校合作活动缺乏必要的资金保障，那么它可能也会失去人力、物力方面的支持，最终也就无法有效、顺利开展。

（二）教师因素

孩子在学校里主要是接受教师的培育和教育，而教师一般是受过专门训练的具有较高文化素养和教育学、心理学专业知识的专业性人才。他们有着明确的教育目的，了解孩子的年龄特点、心理特征，掌握着有关教育教学的内容，懂得基本的教育教学方法，因而才能在对孩子的教育过程中取得较好的效果。由此可见，教师的思想观念对孩子的各方面影响很大。

有的教师认为在家校合作的过程中家长承担着更重要的责任，事实证明，这种观念较容易影响到其对学生的教育态度。也有的教师被传统的观念和行为习惯束缚，认为家长的受教育程度普遍较低，文化素养较差，不懂得如何教育孩子，总觉得与家长沟通交流不仅对孩子的教育帮助不大，反而会给学校教育带来不必要的麻烦和干扰。也有部分教师认为与家长沟通交流会浪费太多时间，每天的学校教育工作已经忙得焦头烂额，根本没有时间与家长进行沟通，即便有时间也不会积极主动去联系家长。更厉害的是，有的教师把家长也当作是教育的对象，与家长的沟通变成了给家长授课，教师单方面地向家长传输教育理念和方法，要求家长给予各式各样的配合，导致家校合作效率低下，活动无法得到顺利开展。真正的家校合作应该是一种双向的沟通，而不是单向的传输，单项传输无形中抑制了家长教育孩子的积极性，也增加了教师的负担，影响了沟通合作的顺利进行。

二、家长因素

学生家长作为家校合作中的重要角色，对新媒体支持下的家校合作也有着重要的影响。家庭教育是学校教育的基础,也是学校教育的有益补充。随着社会的进步、时代的发展,社会对人的综合素质的要求越来越高,为了能够很好地适应社会需求,家长对子女的教育也更加重视。学生家长不仅关注子女学习成绩的进步,也关注他们的道德行为、人际交往、心理健康、兴趣爱好等诸多方面的发展,并充分认识到学校合作教育的重要性。在新时代,家长逐渐开始参与学校教学,也开始参与学校管理。

(一)家长参与学校教学

1.意义

学校教学工作离不开家长的参与,家长参与教学有利于教学质量的提升。当家长参与成为教学计划的一部分时,对教学的充分理解能够提升家长帮助学生学习的自信心,能帮助建立较好的教学环境,充实和完善学校的教学方案。具体来说,家长参与学校教育的角色分为伙伴、合作者和问题解决者、听众、支持者、顾问和共同决策者五种,但或多或少都能从不同方面带来相应帮助。

(1)学生

家长参与教学有利于学生优异成绩的获取和良好个性的发展,如亨德森(Henderson)和贝拉(Berla)在分析了66个有关家长参与学校教学的案例后,归纳出家长参与学校教育对子女的正向效果包括较高的学业成绩和测验分数、较高的上课出席率、较高的家庭作业完成率、较高的高中毕业率及较有可能继续升学等[25],可见家长积极参与学校教学对学生的学业成绩和个体社会化方面带来的帮助也是有目共睹的。

新课改后的课程内容更加注重与学生生活以及现代社会、科技发展的联系,重视学生的学习兴趣和体验,精选终身学习必备的基础知识和技能,丰富了课程的内涵,扩展了课程资源的外延,使学生在学习中生活,在生活中学习。而在情感、态度和价值观这些方面,家庭具有得天独厚的教育资源和丰富的教育形式。可以说,家长有效参与教学活动,新课改目标的实现就会得到加速。

(2)家长

家长参与学校教学增加了家长和学生交流与沟通的机会,从而能够更有效

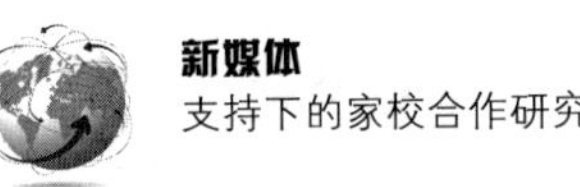

地看待和处理教育中的不良现象,提高了家长对子女的教育能力。

(3)教师

家长参与课堂教学,对教师备课、讲课提出了更高的要求,也增加了教师和家长沟通的机会,促使教师去努力提高服务质量以适应家长的要求。根据格林伍德(Greenwood)和希克曼(Hickman)的研究,让家长多参与教学活动,教师与家长的关系及教学技能更容易得到家长的肯定和认可,从而使教师对教育的信心得到提高,自我效能也可以得到提高[26]。

(4)学校

家长参与教学有利于实现教育的多样性评价。现代教育倡导教育评价的“多元多维”,即评价内容的多元化、评价角度的多维化、评价方式的多样化。要充分发挥评价在促进学生全面发展、教师素质提高、改进教学实践方面的作用。家长参与教学中,可以作为教师的助教、学生的伙伴,他们作为参与者与教师、学生都可以作为评价主体,从而促进产生更公平公正的评价。也就是说,在家长参与下,“多元多维”的现代化评价才能完整实现。

2.途径

(1)参与教材选用

无论学校还是教育行政部门都应关注家长的这项权利,并要结合实际,切实将家长沟通工作落到实处,让家长真正了解教材,调动他们参与教学和家庭辅导的积极性。

(2)参与教育评价

教育评价的“多元多维”要求给予家长广阔的参与空间。学校应让家长参与学生评价和教师评价的过程,从制度上保障家长参与学生和教师评价的权利,教育行政部门要把家长的满意度作为学校评价的重要指标之一,真正使教育评价满足素质教育的要求。家长通过网上或者校门口的信箱自由参与学校选评每年的诚信单位,也是一种很好的评价方式。

(3)让家长参与到学生的学习活动中去

让有一定文化层次或者知识水平的家长来给学生上节关于自己工作内容

的课程，比如，让从事消防工作的家长来讲解消防安全知识并演示关于消防器材的使用方法，让当护士的家长讲解简单疾病的预防措施，让做科研的家长讲解小学生感兴趣的一些科学研究知识，等等。让家长来讲课，不但让家长了解教师讲课的辛苦，而且也无形中帮助自己孩子树立了一种学习上的坚定信念。

3.家长参与教学时出现的问题

依据戈登（Gordon）提出的三种家长参与模式理论，可以归纳出影响家长参与的因素主要有家长方面的因素、学生方面的因素和学校方面的因素[27]。其中学校方面的因素是关系到家长能否参与以及能否积极参与的最重要的因素。反观目前家长参与学校教学中出现的问题，主要原因在于学校和家长两个方面的工作还不到位。

（1）学校过于强势

家长参与的过程中可能存在着单向输入的问题，原因是学校扮演了主宰者的角色，强势地剥夺了家长有所作为的机会。例如，我们常见的开家长会的场景中，很多学校开家长会往往是学校或者教师一方唱主角，宣告学生学习情况，向家长提出要求，而给家长留下反馈或者交流的时间并不充分。这样的家长会上，家长参与的积极性并不高，而家长对孩子的在校情况也仅仅是通过班主任的发言或者是孩子的单向反映进行了解。

（2）家长过度干预

学生的考试成绩依然是家长关注的焦点。由于家长过度关注学生的学习成绩，其难免会对教师的教学行为进行干预，有时候甚至会出现过度干预的现象。一旦学生成绩不理想或不适应教师的教学，有的家长就会通过和学校联系，或者网上发帖，或者找上级领导投诉等形式，对教师的教学活动进行干预。这样的干预直接影响到教师的教学，也给学校带来了一定的麻烦和不好的影响[28]。

新媒体时代下，网络的便利使得家长的过度干预日渐增多。越来越多的家长针对校长、教师在学校管理和课堂教学中的“非正常”行为，常常通过网络表达自己的诉求和意愿，包括一些微观性的教学和管理问题，有的家长甚至选择去论坛发匿名帖“声讨”老师。这些过度干预教学的家长，多为受过高等教育、享有一定社会地位的初中段以下学生家长，他们从自己的立场出发直接或间接地表达自身种种合理或不合理的诉求，甚至以自己所拥有的文化资本和社会地位为傲，对学校教育教学改革进行指责，根本不屑于学校教师的教学和管理。

（二）家长参与学校管理

家长参与学校管理是对学校的计划、组织、控制等活动的一种主动的介入，从程度上看，家长参与可以仅仅停留在学校管理表层，也可以深入到学校管理内部；从层面上看，家长参与既可在班级、学校等微观层面上展开，直接具体地介入学校的管理工作，也可在中观及宏观层面上进行，如通过介入地方、国家教育政策的制定，影响学校的管理活动或教育政策的制定[29]。

1.家长参与学校管理的影响

家长参与学校管理，使家长和学校有更多沟通的机会，家长因此可以了解学校发展的方向和计划。家长的参与有利于增进彼此的合作及信任，家长对学校更加认同与支持，家长可以为学校带来更多人脉、资金及可使用的教学资源，使学校更具有长远发展的可能性，其影响具体体现在如下方面。

（1）学校管理的现代化

家长参与学校管理，将有利于学校克服教育空间的封闭性、教育形式的单一性、教育内容的滞后性等传统教育弊端，促使学校教育在更高层次上实现开放和社会化。另外，学校民主化管理要求管理者必须充分发扬民主，积极主动地调动校内外一切力量，使其参与学校管理。而家长是实现学校民主化管理过程中不可忽视的力量，让家长参与学校管理工作，不仅可以大大提高学校管理的效能与教学质量，进一步推进教学与管理的民主化，而且有利于保障学生受教育的权益，使学校形成一个公平、公正、民主有序的环境。因此，家长参与学校管理是学校管理现代化的重要途径。

（2）加强家校合作

一方面，学生是家长参与学校管理最大的受益者。家长通过参与学校管理，能够与教师探讨教育方式、教育方法、教育经验等话题，于有形无形之中改变家长对于子女错误的教育态度，了解如何有效地帮助子女成长与学习。另一方面，家长参与学校管理增加了与学校教育工作者沟通互动的机会，有助于提高教师本身的素质，改进教育行为。

（3）促进学校变革

家长参与是教育改革的有效策略之一。面对当前复杂的教育改革，积极吸收校外有关人员（尤其是家长）进入学校参与教育、教学及管理活动，可以将学校教育力量和家庭及社会教育力量从各自独立的状态转变为融洽协调的合作关系。家长对学校教育工作的支持，间接对学校改革产生影响，为学校改革提供支持。

2.家长参与学校管理的主要问题

（1）家长主体性缺失

家长普遍存在将教育看成一种服务消费的倾向，认为学校收取了教育费用则应该承担全部的教育责任，自身并无必要参与学校管理，因此日常表现为只要自己的孩子不出问题就不会主动与老师取得联系、询问近况。这种不主动、不积极作为的表现即为家长参与的主体性缺失。因此，家长参与学校管理必须认识到自己的责任和价值，这样才有利于发挥主体性，真正参与到学校管理中来并起到积极的促进作用。

（2）学校对家长参与学校管理重视不足

学校可能考虑到家长的知识背景及平时的时间安排等因素，虽然表面上在规章制度中明确提出家长参与学校教育和管理的规则，但在实际过程中并没有很好地履行规章制度，具体来说就是没有安排固定的时间段和场所与家长进行沟通和交流。

（3）家长参与学校管理的实效性难以保证

在目前的家长参与学校管理的实践中，家长参与途径单一、家长参与内容单一以及部分家长提出建议后学校不予及时答复、讨论与采纳等问题都使得家长参与学校管理的实效性难以保证[30]。

三、新媒体因素

新媒体给家校合作带来极大的便利，改变着家校合作的方式，同时也存在一些弊端。

（一）新媒体促进家校合作

新媒体技术的发展让学校管理人员、教师、家庭的合作态度与方式都发生了改变。与传统家校合作方式相比，新媒体在家校合作中的应用主要体现了以下三方面的优势。

1.促进教师与家长、家长与家长之间的交流

网络具有跨时空性，新媒体的覆盖人群较广、传播速度更快、交流时间更灵活、交流方式更多样。QQ 和微信等即时通信工具的存在，使跨时空沟通的一对一聊天或多对多聊天成为可能，家长再也不用担心无法与教师取得联系。在新媒体支持下，家长和教师可以长时间或者利用碎片化时间进行在线沟通，除了互通学生的学习表现与其他方面的发展，还可以咨询教育问题，并追踪学生的日常表现记录；教师可以将其在网络上看到的优秀家教案例发送给家长，家长看后跟教师分享自己的心得。

家长之间可以建立联系，交流家庭教育经验，沟通子女教育的共性问题。教师也可发起建立公共广播渠道，如利用群视频召开家长会等。

2.促进学生与教师、家长之间的交流

在新媒体的支持下，学生也可以参与到家长与教师的讨论当中。在课堂上不敢发言或者问问题的学生，可以在线以实名或匿名方式与教师沟通。在线交流可以在一定程度上回避面对面交流时的尴尬、说错话时的难堪以及被问责的压力，便于学生畅所欲言，表达自己对问题的真实想法。家长和教师能获得学生更真实的心声，便于师生、亲子之间实现换位思考，更多地从对方的角度去看问题，加深彼此的理解。学生也会在这种家校合作环境中体会到被理解和尊重的感觉，从而更主动地去提高和发展自己。

3.促进学校管理层与家长之间的交流

新媒体的使用让学校的信息发布方式、教育教学方式、监督评价方式等都发生变化。首先，学校通过网络公布信息，让公众全面地了解学校运行状况，理解教师工作。其次，学校各项信息的公布也有利于公众对学校的各项工作进行

监督与反馈,良性的反馈有助于学校调整自身的管理,有助于教师调整自身的教学。最后,沟通渠道畅通带来的信息良性互动也能提高家长与学校合作的积极性,从而更深入地参与到学校的教学与管理事务中。

（二）新媒体带来的弊端

新媒体的引入拓宽了传统家校合作的交流途径,在时间和空间上也不受限制,信息的相互传播也更加及时和准确,但是新媒体自身的特点也给家校合作交流带来了弊端,例如“快交流”导致的心理压力增大、虚拟化导致的人文关怀减少等。

1.新媒体“快交流”带来的心理压力

自从各种新媒体工具成为一种促进家校沟通交流的有效手段之后,学生家长的微信群、QQ群及个人微信等,只要有关学生的学习状况和日常表现都可以借此进行随时沟通。对家长来说,正是由于新媒体时代下信息发送快、接收快,他们通常也会受到快节奏的影响,过于依赖新媒体的信息反馈结果,松懈个人对孩子的观察和关注。同时,沟通的过于频繁也容易激发家长的攀比心理。例如,某次小测验的成绩在微信群里公布,某些学生被教师点名批评或者表扬,家长们则会在群里和其他的学生家长进行攀比,甚至过度说教,导致有些孩子的自信心受挫,甚至对教师充满敌对情绪,使得学生这个中间群体的学习压力增大,自然不利于其身心健康发展。

家校合作的内容主要包括家校交流、家长参与学校教育、家长教育,而通过网络平台的家校合作与沟通的内容包括学生成绩的变化、公布作业和学校通知、教育方法与理论的探讨、学生课余活动情况、提供相关的阅读资源等,然而多数家校网络平台却主要被用来公布学生的作业和考试成绩情况。由于在诸多因素中家长最为关心、最能直接获取反馈、最容易横向量化对比的是学生的学习成绩,因此这无疑会导致家长过度关心学生的学习成绩,而不自觉忽视学生的身心健康发展。这使得家校合作交流片面化,且交流的程度只能停留在表层。

教师借助计算机网络平台对学生的作业和考试成绩情况进行统一管理,容易忽略不同学生的个性和特点,不利于学生的个性化发展。而来自即时交流工具的家长消息过于频繁和密集,也会导致教师分身乏术,对与家长的深入沟通产生抵制情绪,从而不利于家校合作的持续、稳定开展。

2.新媒体的虚拟化易导致情感共鸣的缺失

人与人面对面交流能够更好地传递信息,把个人的所思所想更加生动地表达完整,而通过网络、电子设备等硬件设施传递信息,一定程度上会显得生硬刻板,甚至有时候会出现因表达不明确而引发误会的现象。而且通过计算机网络和电子设备进行沟通交流,家校互动的形式过于虚拟化,不利于加强家长与教师之间的情感交流,并且家校合作中最重要的一点——“以人为本”的思想,只依靠基于网络的家校合作支持系统是无法实现的。

3.新媒体的引导性相对较弱,导致信息反馈效率低

首先,在家校合作互动过程中,新媒体确实能够较快地传递信息,但是它不能确保这些信息都能够被家长第一时间看到,不能确保信息接收的有效性。虽然通过电子设备和网络也能够传达教育理念、学校的教育方针政策等,也能够对家长进行一定的教育指导,但是在给家长进行指导的过程中,家长遇到问题或者困惑,学校如果不能够及时有效地解决和反馈,就会导致家长参与家校互动的积极性逐渐降低。

其次,由于部分教师对基于新媒体的家校合作认识不足,在使用过程中使用不充分或者使用过度,都会对新媒体时代下的家校合作产生负面影响。

再次,信息时代的新媒体使用不当、教育指导不能够做到面向家长百分百覆盖,也会导致家长向学校反馈的效率低下,在一定程度上很难做到家庭教育与学校教育有效合作。

最后,信息反馈效率低,还表现在信息传递的单向性方面。新媒体形势下基于网络平台的家校合作,其平台的管理权主要集中在学校方面,而这也导致了信息资源呈现出单向性的问题。学校通过各种新媒体技术路径将学生在学校的学习情况发送给家长,而家长大多数情况下也只是被动地接收这些信息,看完消息之后也不用回复,这种“家校合作”是缺乏互动和沟通的合作。家校

合作的实质是一种双向互动的活动，包括学校对家长的家庭教育进行指导以及家长参与到孩子的学校教育中发挥作用。家长也渴望参与到孩子的学校教育中去，而家校合作中的单向性却渐渐减退了家长的参与热情，这种单向性的信息传递不能算是真正意义上的家校合作。有研究者通过实证调查发现，多数家长认为家校沟通对孩子的教育起到重要的作用，而且家长也期望得到与学校、教师的沟通，但是主动与学校了解和反映孩子家庭学习情况的时候又很少[31]。

家校沟通应该是双向的，是一个持续性的过程。这种信息传递与接收的单向性会使得家长对家校合作与沟通的真正内涵理解错误，认为只要接收了学校的通知就算是和学校进行了交流沟通，长此以往家长便会养成接收通知的习惯，而不是想着积极参与孩子其他方面的教育活动，仅仅将家庭教育停留在了解孩子的作业和学习情况层面，相互沟通交流的有效性也越来越低，久而久之则会造成互动热情的降低。

第4章 实证研究

第1节 中小学借助新媒体开展家校合作的现状

新媒体支持下的家校合作旨在将相关信息技术融进家校合作的过程中,充分发挥各种新媒体的特点,使家校合作更加方便快捷,效果更好。本研究通过编制新媒体支持中小学家校合作系列问卷(见附录),针对北京市九个区的部分中小学及相关家庭,分别从家庭、教师两个方面,调查分析该地区中小学利用新媒体开展家校合作的具体情况,并结合统计报告详细分析调查结果。

一、家长版调查问卷数据分析结果

家庭层面的家校合作情况主要利用新媒体支持下的中小学家校合作情况调查、家长对新媒体支持下中小学家校合作的认知调查、家长家庭教育信心调查问卷以及家校合作中家长参与新媒体应用的情况调查四项内容。本次调查面向北京市九个区共8 182位中小学学生家长进行数据收集,主要针对家长参与家校合作的形式与频率、家长对新媒体支持下家校合作的认同度以及不同特征的家庭对新媒体支持下家校合作认同度的差异三个部分进行分析。

（一）研究对象基本特点

对家庭信息的调查主要包括孩子就读学校所在的区域、家长性别、学历、孩子性别与学段、家庭月收入五个方面。通过问卷的方式进行数据收集，回收率100%，具体结果如下。

1.区域分布

本研究研究对象共 8 182 人，分别来自北京市的 9 个区，各区域分布情况如图 4-1 所示。其中，孩子就读学校主要集中在丰台区、房山区、东城区等。

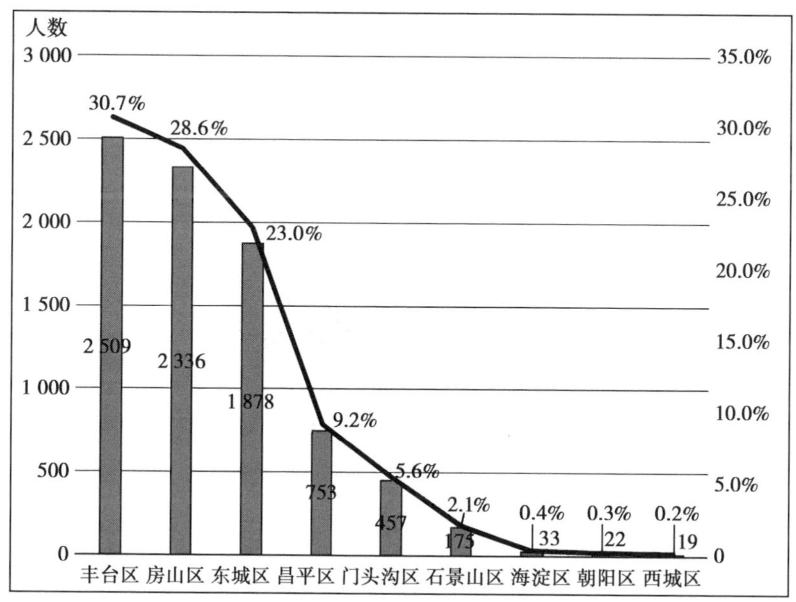

图 4-1　被调查学生就读学校区域分布

2.家长身份与学历分布

从家长身份（父亲、母亲）来看，参与调查的研究对象中学生父亲为2 839人（34.7%），学生母亲为 5 343 人（65.3%），近乎是父亲人数的两倍。

学生父亲、母亲的学历分布如图 4-2、图 4-3 所示。无论家长身份是父亲还是母亲，专科学历的家长占比最高，其次是本科学历，研究生及以上学历的家长不足 10%。

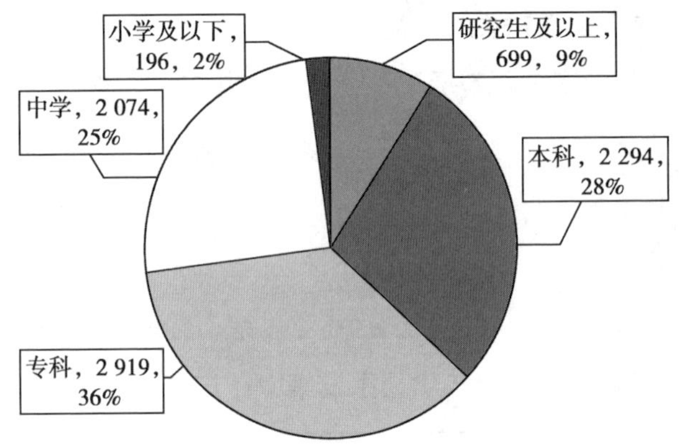

图 4-2 学生父亲的学历分布

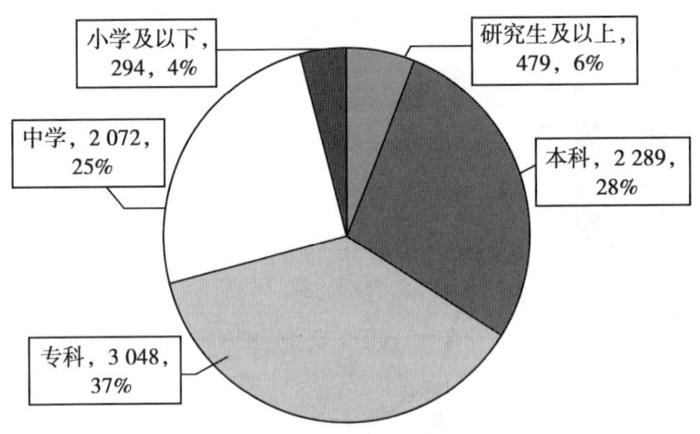

图 4-3 学生母亲的学历分布

3.孩子性别及学段分布

从孩子的性别来看，其中男生 4 056 人(49.6%)，女生4 126人(50.4%)；从孩子就读的年级来看，小学三年级2 422人(29.6%)，小学五年级和六年级2 128 人(26.0%)，初中八年级 2 432 人(29.7%)，高中二年级 1 200 人(14.7%)。

4.家庭月收入分布

从研究对象家庭月收入来看，超过半数家庭处于中低收入水平，如图 4-4 所示，按每个家庭两位工作者计算，本研究调查的家庭月收入远达不到北京市人力资源和社会保障局、统计局发布的过去两年北京市职工的月平均工资水平(2016、2017 年度月平均工资水平分别为 7 706 元、8 467 元)，这意味着这些家庭的家长需要为家庭生计而奔波劳碌。

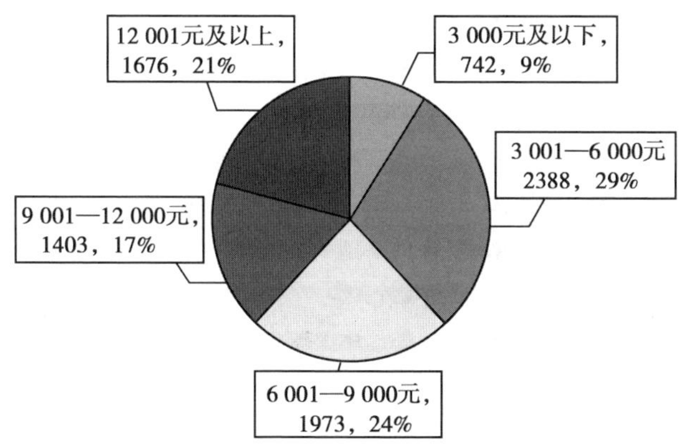

图 4-4　研究对象家庭月收入分布

（二）家长在家校合作方面的参与情况

本研究根据家校合作过程中是否基于新媒体技术进行交流，将家长参与的家校合作分为传统形式（未基于新媒体技术进行交流）与新媒体形式两类，针对两类家校合作的具体情况进行调查分析。

1.家长参与传统形式家校合作

家长参与的传统形式家校合作具体包括面对面的家校合作、借助书信载体的家校合作和借助电话、短信的家校合作三种形式，家长在参与三种形式家校合作中具体活动的次数分布如图 4-5 所示。传统形式的家校合作中，家长参与最多的活动是与孩子讨论他/她的学习，其次是在家辅导孩子功课；参加家长委员会活动、家长开放日活动是家长参与最少的两项家校合作活动。看得出来，家长独自完成对孩子学习的直接指导是目前被调研学校中最常见的家校合作活动，而通过与学校交流互动促进孩子学习的家校合作活动只是少数（不足1/3）家长时常参与的活动。

进一步分析不同角色家长参与各类家校合作活动的频次，如图 4-6、图4-7 所示。从雷达图中可以很清楚地看到两种不同角色家长参与家校合作的活动时出现了不同的频次分布，父亲参与各项家校合作活动的频次明显少于母亲，同时，父亲基本不参与孩子学习指导相关的活动，母亲则主要参与和孩子学习

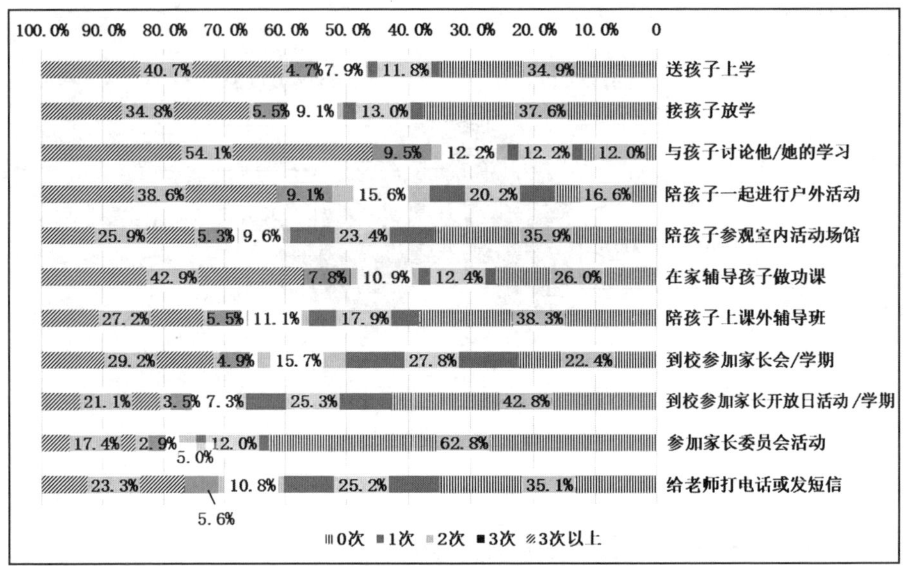

图 4-5 家长参与传统形式家校合作活动频次分布

指导相关的各类家校合作活动。这一结果说明,学校、教师在设计组织家校合作活动时需要为不同角色的家长设计不同的活动,或在同一类活动中,了解不同角色家长对参与方式的态度和偏好,有针对性地组织并开展家校合作活动,以提升家校合作的质量。

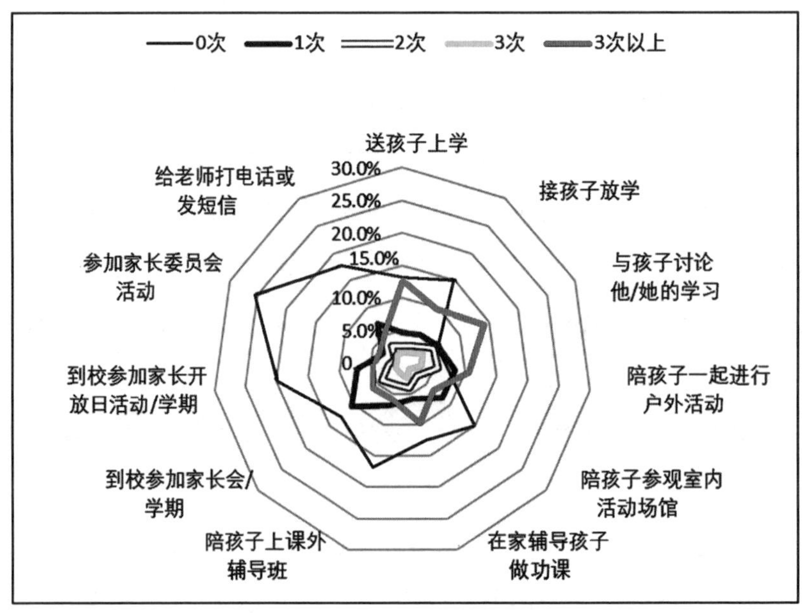

图 4-6 父亲参与家校合作活动频次分布

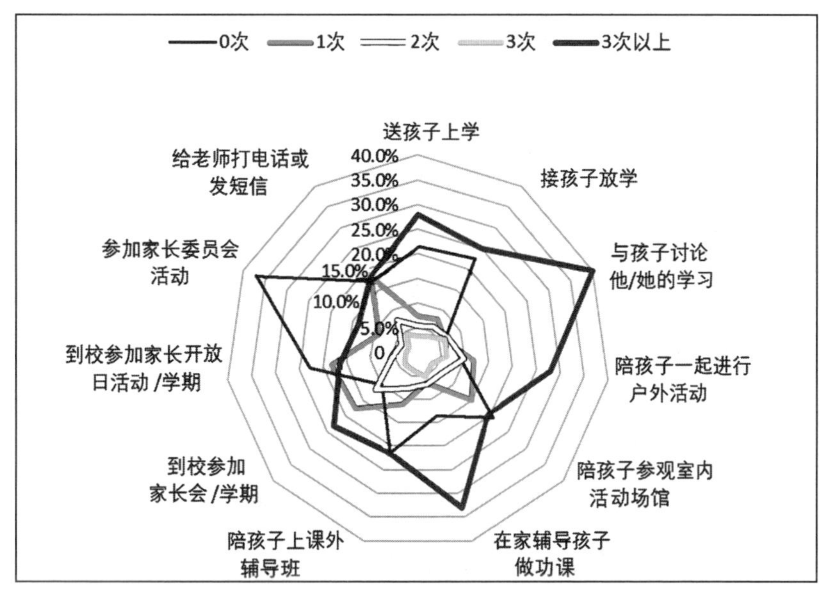

图 4-7　母亲参与家校合作活动频次分布

2.家长参与新媒体家校合作的情况

家长参与的新媒体家校合作的活动主要基于不同的新媒体技术与应用环境进行,具体包括即时通信、基于网络平台合作、基于移动通信技术平台合作三种,家长在参与三种形式家校合作中具体活动的次数分布如图 4-8 所示。总

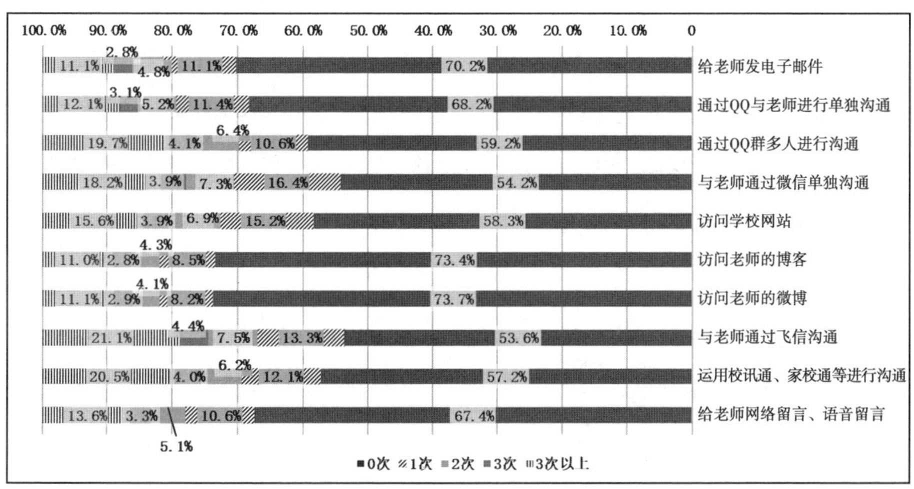

图 4-8　家长参与新媒体形式家校合作活动频次分布

体而言,家长参与新媒体形式的家校合作的各项活动均很少,基于新媒体技术的沟通交流方式尚未成为家校合作中的主要形式,需要进一步的普及应用。具体而言,新媒体形式的家校合作中,家长参与最多的活动是与教师通过飞信的方式进行沟通,其次是运用校讯通、家校通等移动通信技术平台进行沟通;家长访问教师博客、微博、向教师发送电子邮件的沟通方式是近 2/3 的家长不会参与的家校合作活动。这一结果说明,在家校合作的沟通过程中,家长相对被动,较少了解教学动态,缺乏对教师活动的主动关注,这也反映了教师在家校合作的沟通中仍处于主导地位的现状。

进一步分析不同角色家长参与各类家校合作活动的频次发现,总体而言除家长参与频次不多这一共性特征外,母亲参与各活动的高频次占比明显强于父亲。这一结果说明,在新媒体技术支持下的家校合作过程中,仍是以母亲这一家长角色为主,学校、教师在选择新媒体技术时可以更多关注女性用户的偏好,以促进家校合作过程中的沟通交流。

(三)家长对新媒体支持下家校合作的认同度

董艳等在研究家校合作的微信支持模式过程中,从客观条件、主观条件、心理机制三方面提出了新媒体支持的家校合作认同度的测量维度,其中对新媒体认知程度会影响家长参与基于新媒体技术互动的客观条件,家庭教育信心是影响家长参与的心理机制,而微信参与认同是影响家长参与的主观条件。[11]123 本研究延续这一维度划分,从家长对新媒体支持中小学家校合作的认知、家长在家庭教育层面的信心、参与新媒体应用的情况三方面进行调查研究,并通过因子分析探索各维度相关的多种表现行为的共性因子,以实现对一级维度内部结构的划分。

1.家长对新媒体支持中小学家校合作的认知

对家长认知的调查利用家长对新媒体支持下中小学家校合作的认知调查问卷进行数据收集,调查问卷共包括 24 个题项,采用 5 点计分方法测量:“完全不符合”计 1 分,“比较不符合”计 2 分,“介于两者之间”计 3 分,“比较符合”计 4 分,“完全符合”计 5 分。通过因子分析,共删除 8 个低因子载荷的题项,最终确定问卷的结构,问卷 Cronbach α 系数为 0.964,表明问卷信度良好。之后进行

KMO 与 Bartlett 球形检验，判断参与因子分析的各因素是否相互独立，是否适合进行因子分析，结果显示，KMO 球形检验结果为 0.950 且 Bartlett 球形检验结果在 0.001 水平上显著，表明数据呈较好的线性，适合进行因子分析。此外删除低因子载荷题项后的 16 个题项之共同度均在 0.710—0.891 之间，保证因子分析的有效性。最后，采用主成分分析、正交旋转法进行探索性因子分析，结果显示，家长对新媒体支持中小学家校合作的认知主要表现在新媒体的特征认知、作用认知、应用特征等方面，根据各题项特征，将四项公因子命名为概念认知、作用认知、应用认知及直觉认知。其中，概念认知因子，主要反映家长是否知道新媒体特征并能够区分新媒体；作用认知因子，反映家长对新媒体在家校合作中作用的认识程度；应用认知因子，反映家长对新媒体在家校合作中的应用方式、程度等内容的认识程度；直觉认知因子，反映家长对新媒体支持家校合作的直观感受。分析可知，家长对新媒体支持下中小学家校合作的认知这一维度中，“直觉认知”高于其余三个方面，占主要地位。

从具体题项来看，“概念认知”相关题项中，家长对“新媒体”特征更加熟悉，能够区分新媒体与传统媒体，但家长对新媒体设备的了解程度相对较低；在“作用认知”方面，家长认识到新媒体功能带来的积极作用，如家长认识到新媒体使学校管理更加透明、新媒体为家长传递了更加丰富的学校信息，新媒体帮助家长及时了解孩子在学校发生的事情；在“应用认知”方面，家长更加关注如何使用新媒体了解学校政策，并考虑如何使用新媒体促进与教师的沟通，同时家长还关注如何通过新媒体了解课堂并更多地参与学校活动；最后在“直觉认知”方面，家长对当前家校之间的沟通方式与效果表达了满意的态度，在新媒体作用及使用途径的多样化方面，家长认为还有一定的提升空间。

以上结果表明，虽然家长对新媒体的直觉认知程度相对最高，对新媒体的作用与应用的认知也具有较高水平，但从概念认知方面来看，家长对新媒体的理解、对新媒体设备的认识仍显不足，学校在使用新媒体支持家校合作的过程中，需要注意向家长普及新媒体设备、技术方面的基本知识，增进家长对新媒体的了解，促进新媒体在家校合作中的应用。

2.家长在家庭教育层面的信心

家长在家庭教育层面的信心情况通过“家长家庭教育信心调查”问卷进行数据收集,问卷共包括 24 个题项,采用 5 点计分方法测量:“完全不符合”计 1 分,“比较不符合”计 2 分,“介于两者之间”计 3 分,“比较符合”计 4 分,“完全符合”计 5 分。通过因子分析,共删除 8 个低因子载荷的题项,最终确定问卷的结构。问卷 Cronbach α 系数为 0.953,表明问卷信度良好。问卷的 KMO 球形检验结果为 0.960,Bartlett 球形检验结果在 0.001 水平上显著,表明数据呈较好的线性,适合进行因子分析。16 个题项的共同度均在 0.553—0.798 之间,能够保证因子分析的有效性。采用主成分分析、正交旋转法进行探索性因子分析结果显示,家长在家庭教育层面的信心主要通过亲子沟通与信任、自我评价、子女依赖、问题解决四项公因子来表达。亲子沟通与信任因子,反映家长能否与孩子顺利沟通并感受到与孩子之间的信任关系;自我评价因子,反映家长在家庭教育中对自己综合素质的判断;子女依赖因子,反映家长在孩子对自己依赖性方面的判断等;问题解决因子则指家长对自己解决困难与问题的信心判断。分析得知,家长在“亲子沟通与信任”和“问题解决”方面的信心相对更高。在“亲子沟通与信任”方面,家长对与孩子的沟通以及孩子对自己的信任表示认可,认为如果尽力而为,能够成为一名好家长,即使别人反对,仍有办法取得孩子的信任,虽然如此,家长对自己与孩子的沟通方面的自信还是稍显欠缺;在“自我评价”方面,家长认为自己能够经常让孩子感到佩服,并能够使用多种新媒体技术与孩子交流;在“子女依赖”方面,家长表现了较高的自信,认为孩子喜欢与自己分享对事情的看法,从不对自己隐瞒与朋友们的活动;在“问题解决”方面,家长认为自己能够找到与孩子沟通的方法,并能够通过自学提高自己的教育能力和技巧,以更好地解决问题。

3.家长对新媒体的应用情况

了解家长参与新媒体应用的情况,我们利用“家校合作中家长参与新媒体应用的情况调查”问卷进行数据收集,问卷共包括 28 个题项,采用 5 点计分方法测量:“完全不符合”计 1 分,“比较不符合”计 2 分,“介于两者之间”计 3 分,“比较符合”计 4 分,“完全符合”计 5 分。通过对调查数据进行因子分析,删除 10 个低因子载荷的题项,最终确定问卷的结构。问卷 Cronbach α 系数为 0.983,表明问卷信度良好。其中问卷的 KMO 球形检验结果为 0.974,Bartlett 球形检验结果在 0.001 水平上显著,表明数据呈较好的线性,适合进行因子分析。18 个题项的共同度均在 0.684—0.812 之间,保证了因子分析的有效性。采用主成分分析、正交旋转法进行探索性因子分析结果显示,家长主要利用新媒体促进孩子发展、了解学校政策以及了解孩子在校情况。分析得知,家长对三个方面应用的认同程度不相上下。具体而言,在“利用新媒体促进孩子发展”方面,家长对新媒体促进孩子使用网络的社会责任感、提高孩子的人际交往能力两方面的认同度相对更高;在“利用新媒体了解学校政策情况”方面,家长对了解学校决策的制定、向管理者提出建议两个方面更为关注,对学校近期发生的大事相对而言关注度较低;在“利用新媒体了解孩子在校情况”方面,家长对孩子的各项情况关注度均比较高,如通过新媒体向教师了解孩子的在校表现、品德习惯、身心健康、兴趣爱好,在向教师征求孩子成长发展意见方面也比较积极。该结果表明,家长在利用新媒体参与家校合作的过程中,相比学校,家长更加认同利用新媒体了解其孩子的情况。

(四)不同特征的家长对新媒体支持下家校合作认同度的差异分析

1.新媒体支持家校合作的差异分析

(1)两类家长在新媒体支持家校合作方面的认知差异分析

采用独立样本 T 检验的方法,分析两类家长在新媒体支持家校合作的认知方面是否存在差异,具体结果如表 4-1 所示。从表中可以看出,两类家长在四项认知结果中均表现出了显著差异。

表 4-1　两类家长在新媒体支持家校合作方面的认知差异分析

要素	父亲	母亲	T	事后检验
概念认知	3.50±1.17	3.36±1.13	5.135***	父亲>母亲
作用认知	3.68±1.17	3.75±1.11	−2.471*	父亲<母亲
应用认知	3.79±1.08	3.89±1.01	−3.815***	父亲<母亲
直觉认知	3.97±0.90	4.10±0.79	−6.533***	父亲<母亲

注:*** .在 0.001 水平(双侧)上显著相关;* .在 0.05 水平(双侧)上显著相关。

分析两类家长在上述四个方面认知的具体差异,结果显示:在“概念认知”方面,父亲对新媒体的概念认知程度明显高于母亲;而在“作用认知”“应用认知”“直觉认知”三个方面,母亲对新媒体工具支持家校合作的认知程度明显强于父亲。这与通过前面分析我们了解到的“母亲参与各活动的高频次占比明显高于父亲”有一定关系,说明虽然母亲对于抽象概念的认识并不如父亲,但由于母亲参与家校合作的频率更高,在理解新媒体支持家校合作的作用、应用情况和直觉反应方面都比父亲表现得更好。

(2)不同学历的家长在新媒体支持家校合作方面的认知差异分析

采用单因素方差分析的方法,分析不同学历的家长在新媒体支持家校合作方面的认知是否存在差异,如表 4-2 所示,不同学历的两类家长在新媒体支持家校合作的认知方面均表现出了显著差异。

表 4-2 不同学历的家长在新媒体支持家校合作方面的认知差异分析

要素	角色	研究生及以下{1}	本科{2}	专科{3}	中学及以下{4}	F	事后检验
概念认知	父亲	3.97±1.14	3.73±1.10	3.47±1.14	3.18±1.88	47.57***	{1}>{2}>{3}>{4}
	母亲	4.03±0.94	3.61±1.04	3.26±1.11	3.06±1.18	103.64***	{1}>{2}>{3}>{4}
作用认知	父亲	3.91±1.16	3.82±1.10	3.73±1.14	3.44±1.21	20.17***	({1},{2})>{4} ({2},{3})>{4}
	母亲	4.06±0.97	3.88±1.00	3.75±1.11	3.50±1.22	37.56***	{1}>{2}>{3}>{4}
应用认知	父亲	3.98±1.06	3.93±1.01	3.85±1.06	3.55±1.13	22.74***	({1},{2},{3})>{4}
	母亲	4.14±0.85	4.01±0.91	3.91±0.99	3.62±1.12	47.38***	{1}>{2}>{3}>{4}
直觉认知	父亲	4.05±0.93	4.04±0.82	4.02±0.85	3.82±0.98	11.37***	({1},{2},{3})>{4}
	母亲	4.22±0.70	4.20±0.69	4.08±0.78	3.95±0.91	26.63***	({1},{2})>{3}>{4}

注: *** .在 0.001 水平(双侧)上显著相关。

分析不同学历的两类家长对每项认知的具体差异,结果显示:在“概念认知”方面,父母学历越高,他们对新媒体的概念认知程度越高;在“作用认知”“应用认知”方面,母亲的学历越高,她们对新媒体的作用与应用认知程度越高。而对父亲而言,专科及以上学历水平的父亲对新媒体的作用与应用认知程度明显高于中学及以下学历水平的父亲；在“直觉认知”方面，专科及以上学历水平的父亲对新媒体的直觉认知程度明显高于中学及以下学历水平的父亲，本科及以上学历水平的母亲对新媒体的直觉认知程度高于本科以下学历水平的母亲，本科以下学历水平的母亲学历越高对新媒体的直觉认知程度越高。

（3）不同学段学生的家长在新媒体支持家校合作方面的认知差异分析

采用单因素方差分析的方法，分析不同学段学生的家长对新媒体支持家校合作认知是否存在差异，结果如表 4-3 所示，不同学段学生的家长在对新媒体支持家校合作的认知方面有显著差异。

表 4-3　不同学段学生的家长在新媒体支持家校合作方面的认知差异分析

要素	小学	初中	高中	F	事后检验
概念认知	3.51±1.12	3.28±1.18	3.27±1.14	43.07***	小学>（初中、高中）
作用认知	3.89±1.07	3.61±1.18	3.37±1.15	113.62***	小学>初中>高中
应用认知	4.02±0.96	3.73±1.08	3.47±1.10	162.98***	小学>初中>高中
直觉认知	4.17±0.73	3.95±0.89	3.82±0.97	115.38***	小学>初中>高中

注：*** .在 0.001 水平（双侧）上显著相关。

分析不同学段学生的家长在每项认知方面的具体差异，结果显示：在“概念认知”方面，小学学生家长对新媒体概念认知程度高于初中、高中学生家长；而在“作用认知”“应用认知”“直觉认知”三个方面，学生学段越高，其家长对新媒体的作用、应用、直觉认知程度越低。

（4）不同月收入水平的家长在新媒体支持家校合作认知方面的差异分析

采用单因素方差分析的方法，分析不同月收入水平的家长对新媒体支持家校合作认知是否存在差异，结果如表 4-4 所示，不同月收入水平的家长在新媒体支持家校合作的认知方面表现出了显著差异。

表 4-4 不同月收入水平的家长在新媒体支持家校合作方面的认知差异分析

要素	3 000 元及以下{1}	3 001—6 000 元{2}	6 001—9 000 元{3}	9 001—12 000 元{4}	12 001 元及以上{5}	F	事后检验
概念认知	2.97±1.30	3.24±1.14	3.36±1.10	3.54±1.04	3.79±1.10	97.20***	{1}<{2}<{3}<{4}<{5}
作用认知	3.27±1.32	3.60±1.45	3.74±1.09	3.88±1.02	3.95±1.08	62.35***	{1}<{2}<{3}<({4},{5})
应用认知	3.43±1.24	3.73±1.06	3.86±1.00	4.02±0.90	4.07±0.96	69.47***	{1}<{2}<{3}<({4},{5})
直觉认知	3.85±1.06	3.98±0.86	4.01±0.81	4.16±0.71	4.19±0.75	35.70***	{1}<({2},{3})<({4},{5})

注：*** .在 0.001 水平(双侧)上显著相关。

分析不同月收入水平的家长在每项认知方面的具体差异，结果显示：在“概念认知”方面，家庭月收入水平越高，家长对新媒体的概念认知程度越高；在“作用认知”与“应用认知”方面，家庭月收入 9 001 元及以上的家长对新媒体作用与应用认知程度高于月收入 9 000 元以下家庭中的家长，月收入 9 000 元以下的家庭中，收入水平越低，家长对新媒体的作用与应用认知程度越低；“直觉认知”方面，家长对媒体的直觉认知水平分三个层次，家庭月收入分别处于3 000元及以下、3 001—9 000 元、9 001 元及以上三个层次的家长，月收入水平层次越高，家长直觉认知程度越高。

2.家长在家庭教育信心层面的差异分析

（1）两类家长在家庭教育信心层面的差异分析

采用独立样本 T 检验的方法，分析两类家长在家庭教育信心层面是否存在差异，如表 4-5 所示，从表中结果可以看出，两类家长在家庭教育信心层面表现出了显著差异。

表 4-5　两类家长在家庭教育信心层面的差异分析

要素	父亲	母亲	T	事后检验
亲子沟通与信任	4.07±0.87	4.11±0.77	-1.848	父亲<母亲
自我评价	3.72±0.91	3.59±0.85	6.182***	父亲>母亲
子女依赖	3.90±0.90	4.04±0.78	-7.175***	父亲<母亲
问题解决	4.03±0.88	4.14±0.77	-5.859***	父亲<母亲

注：***.在 0.001 水平(双侧)上显著相关。

分析两类家长角色在上述四个方面的具体差异,结果显示:在“自我评价”方面,父亲对自身综合素质能力方面的判断明显高于母亲;而在“亲子沟通与信任”“子女依赖”“问题解决”三个方面,母亲对自己在沟通、信任、依赖、解决问题方面的信心明显高于父亲。

(2)家长学历对其在家庭教育信心层面的影响差异分析

采用单因素方差分析的方法,分析家长学历对其在家庭教育信心层面是否存在差异,如表 4-6 所示,结果显示家长学历对其在家庭教育信心层面有显著差异。

表 4-6　家长学历对其在家庭教育信心层面的影响差异分析

要素	类型	研究生及以下{1}	本科{2}	专科{3}	中学及以下{4}	F	事后检验
亲子沟通与信任	父亲	4.15±0.93	4.12±0.79	4.11±0.82	3.96±0.95	6.86***	({1},{2},{3})>{4}
	母亲	4.26±0.72	4.20±0.67	4.08±0.74	3.99±0.90	23.77***	({1},{2})>{3}>{4}
自我评价	父亲	3.85±0.94	3.78±0.85	3.76±0.87	3.58±0.98	9.93***	({1},{2},{3})>{4}
	母亲	3.82±0.74	3.71±0.76	3.53±0.83	3.48±0.99	27.28***	{1}>{2}>({3},{4})
子女依赖	父亲	3.99±0.93	3.95±0.82	3.95±0.86	3.77±0.99	8.89***	({1},{2},{3})>{4}
	母亲	4.19±0.69	4.14±0.68	4.02±0.77	3.91±0.91	25.93***	({1},{2})>{3}>{4}
问题解决	父亲	4.13±0.89	4.14±0.79	4.07±0.82	3.84±0.98	18.30***	({1},{2},{3})>{4}
	母亲	4.30±0.68	4.27±0.67	4.13±0.74	3.96±0.91	43.78***	({1},{2})>{3}>{4}

注：***.在 0.001 水平(双侧)上显著相关。

分析不同学历的家长在上述四个方面的具体差异,结果显示:不同学历水平的父亲在“亲子沟通与信任”“自我评价”“子女依赖”“问题解决”四个方面信心相同,专科及以上学历水平的父亲对其在家庭教育层面的信心明显高于中学及以下学历的父亲;不同学历水平的母亲在这四个方面的信心有所不同,在“亲子沟通与信任”“子女依赖”“问题解决”三个方面,本科及以上学历水平的母亲的信心高于本科以下学历水平的母亲,本科以下学历水平的母亲学历越高信心越高;在“自我评价”方面,本科及以上学历水平的母亲的信心高于本科以下学历水平的母亲,本科以上学历水平的母亲学历越高信心越高。

(3)不同学段学生的家长在家庭教育信心层面的差异分析

采用单因素方差分析的方法,分析不同学段学生的家长在家庭教育层面信心是否存在差异,如表 4-7 所示,结果显示不同学段学生的家长在家庭教育信心层面方面存在显著差异。

表 4-7 不同学段学生的家长在家庭教育信心层面的差异分析

要素	小学	初中	高中	F	事后检验
亲子沟通与信任	4.19±0.72	4.01±0.85	3.90±0.95	81.73 ***	小学>初中>高中
自我评价	3.66±0.82	3.58±0.92	3.63±0.87	6.73 **	小学>初中
子女依赖	4.11±0.73	3.87±0.89	3.77±0.96	121.99 ***	小学>初中>高中
问题解决	4.24±0.69	3.99±0.88	3.81±0.97	166.61 ***	小学>初中>高中

注:*** .在 0.001 水平(双侧)上显著相关;* * .在 0.01 水平(双侧)上显著相关。

分析不同学段学生的家长在上述四个方面具体差异,结果显示:在“自我评价”方面,小学学生家长对其在家庭教育层面的信心高于初中学生家长;在“亲子沟通与信任”“子女依赖”“问题解决”三个方面,学生学段越高,家长在家庭教育层面的信心越低。

(4)不同月收入水平的家长在家庭教育信心层面的差异分析

采用单因素方差分析的方法,分析不同月收入水平的家长对其在家庭教育层面信心是否存在差异,如表 4-8 所示,结果显示不同月收入水平的家长在家庭教育信心层面存在显著差异。

表 4-8　不同月收入水平的家长在家庭教育信心层面的差异分析

要素	3 000 元及以下	3 001—6 000 元	6 001—9 000 元	9 001—12 000 元	12 001 元及以上	F	事后检验
亲子沟通与信任	3.90±1.04	4.04±0.82	4.05±0.79	4.18±0.69	4.22±0.72	30.34***	{1}<({2},{3})<({4},{5})
自我评价	3.49±1.06	3.59±0.92	3.58±0.85	3.69±0.78	3.78±0.80	21.19***	{1}<({2},{3})<{4}<{5}
子女依赖	3.82±1.04	3.92±0.86	3.94±0.81	4.10±0.72	4.14±0.74	33.59***	{1}<({2},{3})<({4},{5})
问题解决	3.86±1.05	4.02±0.84	4.06±0.79	4.22±0.68	4.27±0.72	52.38***	{1}<{2}<{3}<({4},{5})

注：*** .在 0.001 水平(双侧)上显著相关。

分析不同月收入水平的家长在每项的具体差异，结果显示：在“亲子沟通与信任”“自我评价”“子女依赖”三个方面，家长的信心水平分三个层次，家庭月收入水平分别处于 3 000 元及以下、3 001—9 000 元、9 001 元及以上三个层次的，月收入水平层次越高，家长信心越高。在“问题解决”方面，家庭月收入 9 001元以上的家长信心高于月收入 9 000 元及以下家庭中的家长，月收入 9 000元以下的家庭中，月收入水平越高，家长信心越低。

3.家校合作中家长使用新媒体情况的差异分析

（1）两类家长在家校合作中使用新媒体的差异分析

采用独立样本 T 检验的方法，分析两类家长在家校合作中使用新媒体方面是否存在差异，具体结果如表 4-9 所示。从表中结果可以看出，两类家长在家校合作中使用新媒体方面表现出了显著差异。

表 4-9　两类家长在家校合作中使用新媒体的差异分析

要素	父亲	母亲	T	事后检验
促进孩子发展	3.86±0.99	3.92±0.90	−2.85**	父亲<母亲
了解学校政策情况	3.80±1.04	3.88±0.96	−3.18**	父亲<母亲
了解孩子在校情况	3.84±1.04	3.94±0.95	−4.45***	父亲<母亲

注：*** .在 0.001 水平(双侧)上显著相关；** .在 0.01 水平(双侧)上显著相关。

分析两类家长角色在上述三个方面的具体差异，结果显示：在“促进孩子发展”“了解学校政策情况”“了解孩子在校情况”三个方面，母亲在家校合作中使用新媒体的范围与程度均明显强于父亲。

（2）不同学历的家长在家校合作中使用新媒体的差异分析

采用单因素方差分析的方法，分析不同学历家长在家校合作中使用新媒体是否存在差异，如表4-10所示，结果显示不同学历家长在家校合作中使用新媒体方面存在显著差异。

表4-10　不同学历的家长在家校合作中使用新媒体的差异分析

		研究生及以下{1}	本科{2}	专科{3}	中学及以下{4}	F	事后检验
促进孩子发展	父亲	3.98±0.97	3.92±0.94	3.93±0.96	3.68±1.04	13.62***	({1},{2},{3})>{4}
	母亲	4.08±0.84	4.04±0.80	3.93±0.87	3.71±1.04	37.06***	({1},{2})>{3}>{4}
了解学校政策情况	父亲	3.97±1.03	3.90±1.00	3.85±1.01	3.61±1.08	15.58***	({1},{2},{3})>{4}
	母亲	4.08±0.94	4.00±0.86	3.92±0.91	3.60±1.09	52.04***	({1},{2})>{3}>{4}
了解孩子在校情况	父亲	3.96±1.03	3.93±1.00	3.89±1.02	3.66±1.08	12.72***	({1},{2},{3})>{4}
	母亲	4.11±0.90	4.06±0.86	3.97±0.89	3.70±1.10	41.32***	({1},{2})>{3}>{4}

注：***.在0.001水平（双侧）上显著相关。

分析不同学历的家长在上述三个方面的具体差异，结果显示：不同学历水平的父亲、母亲在“促进孩子发展”“了解学校政策情况”“了解孩子在校情况”三个方面新媒体使用范围与程度的差异表现分别相同。专科及以上学历水平的父亲对其在家校合作中使用新媒体的范围与程度明显强于中学及以下学历的父亲；本科及以上学历水平的母亲对其在家校合作中使用新媒体的范围与程度明显强于本科以下学历水平的母亲；本科以下学历水平的母亲学历越高，在家校合作中使用新媒体的范围越大、程度越高。

（3）不同学段学生的家长对新媒体使用情况的认知差异分析

采用单因素方差分析的方法，分析不同学段学生家长在家校合作中使用新媒体是否存在差异，如表 4-11 所示，结果显示不同学段学生的家长在家校合作中使用新媒体方面存在显著差异。

具体表现为：在“促进孩子发展”“了解学校政策情况”“了解孩子在校情况”三个方面，学生学段越高，其家长在家校合作中使用新媒体的范围越小、程度越低。

表 4-11　不同学段学生的家长对新媒体使用情况的认知差异分析

要素	小学	初中	高中	F	事后检验
促进孩子发展	4.05±0.83	3.78±0.99	3.56±1.55	159.79***	小学>初中>高中
了解学校政策情况	4.01±0.90	3.74±1.04	3.48±1.07	153.01***	小学>初中>高中
了解孩子在校情况	4.07±0.88	3.80±1.4	3.48±1.07	182.88***	小学>初中>高中

注：*** .在 0.001 水平（双侧）上显著相关。

（4）不同月收入水平的家长对新媒体使用情况的认知差异分析

采用单因素方差分析的方法，分析不同收入水平的家长在家校合作中使用新媒体是否存在差异，如表 4-12 所示，结果显示不同收入水平的家长在家校合作中使用新媒体方面存在显著差异。

具体表现为：在“促进孩子发展”“了解学校政策情况”两方面，家庭月收入 9 001 元及以上的家长在家校合作中使用新媒体的强度大于月收入 9 000 元以下的家长，月收入 9 000 元以下的家庭中，月收入水平越高，家长在家校合作中使用新媒体的范围与程度越强；在“了解孩子在校情况”方面，家庭月收入水平越高，其家长在家校合作中使用新媒体的范围越大、程度越高。

表 4-12　不同月收入水平的家长对新媒体使用情况的认知差异分析

	3 000 元及以下 {1}	3 001—6 000 元 {2}	6 001—9 000 元 {3}	9 001—12 000 元 {4}	12 001 元及以上 {5}	F	事后检验
促进孩子发展	3.62±1.13	3.80±0.97	3.88±0.90	4.02±0.83	4.08±0.86	47.03***	{1}<{2}<{3}<({4},{5})
了解学校政策情况	3.51±1.17	3.73±1.00	3.85±0.95	4.00±0.90	4.06±0.93	58.74***	{1}<{2}<{3}<({4},{5})
了解孩子在校情况	3.57±1.18	3.79±1.00	3.92±0.94	4.02±0.91	4.10±0.91	52.80***	{1}<{2}<{3}<{4}<{5}

注：*** .在 0.001 水平(双侧)上显著相关。

二、教师版调查问卷数据分析结果

教师层面的家校合作情况，我们主要利用“新媒体在家校合作中的模式及效果调查问卷(教师版)”进行调查，具体包括教师基本情况、教师对新媒体支持中小学家校合作的认知、教师教育信心调查问卷和家校合作中教师参与新媒体应用的情况调查四个部分。本次调查面向北京市 7 个区共 2 772 位中小学教师进行数据收集，主要针对教师参与的家校合作形式与频率、教师对新媒体支持的家校合作认同度和不同特征的教师对新媒体支持家校合作认同度的差异三个部分进行分析。

（一）研究对象基本特点

对教师基本信息的调查主要包括就职学校所在的区域、学校名称、教师性别、学历、年龄、教龄、任教学科、职称、职务、学段、任教年级以及学校类型等十几项内容。通过问卷的方式进行数据收集，回收率 100%。具体结果如下：

1.区域分布

本次研究对象共 2 772 人，分别来自北京市的 7 个区，各区域分布情况如

图 4-9 所示。其中,教师任职学校主要集中在丰台区与房山区,来自门头沟区学校的教师数量最少。

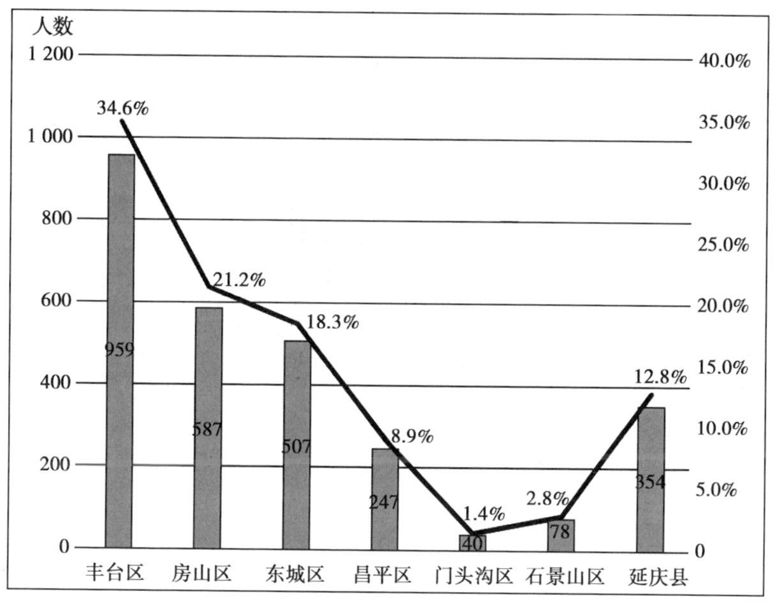

图 4-9　被调查教师的区域分布

2.性别与学历分布

从研究对象性别来看,参与调查的研究对象中男教师 552 人(19.9%),女教师 2 220 人(80.1%)。

教师的学历分布如图 4-10 所示,超过 80%教师具有本科学历,其次是研究生及以上学历,专科学历的教师很少,不足 4%。

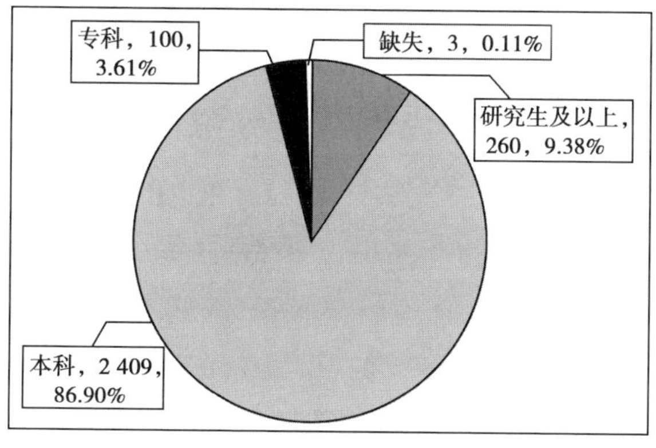

图 4-10　被调查教师的学历分布

3.职称与职务分布

被调查教师的职称分布如图 4-11 所示,具有中级职称的教师最多,其次是初级职称,具有高级职称的各校教师相对较少,为 21.28%。

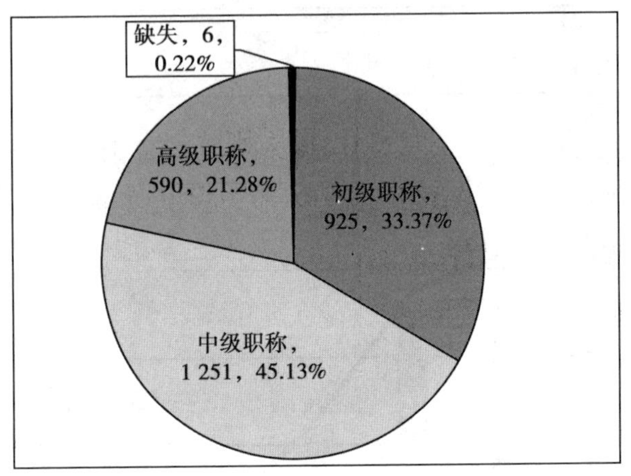

图 4-11 被调查教师的职称分布

被调查教师的最高职务分布如图 4-12 所示,被调查的教师中,约半数教师职务为“专任教师”,其次是“班主任”职务的教师,具有校长、书记级职务的教师极少,不足 1%。

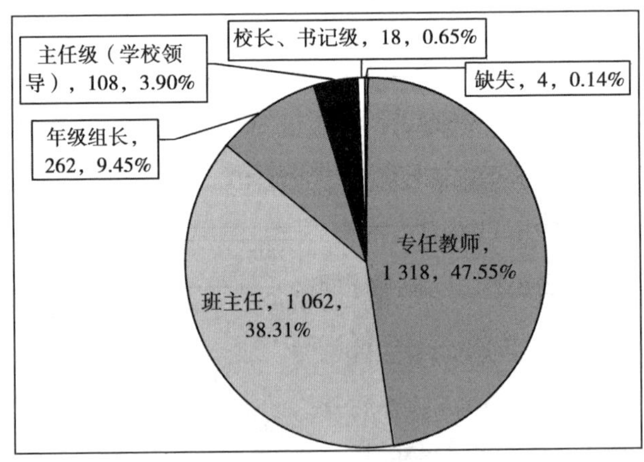

图 4-12 被调查教师的最高职务分布

4.所任学段分布

教师的所任学段分布如图 4-13 所示,小学教师人数最多,初中教师次之,高中教师最少，占全部被调查教师的 25.51%。

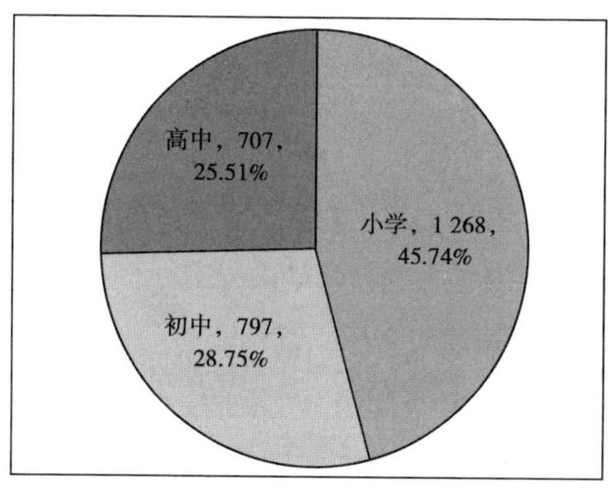

图 4-13　被调查教师所任学段分布

（二）教师进行家校合作的方式与频率

1.教师线下进行家校合作的方式与频率

教师线下进行家校合作的方式主要包括家长会、开放日活动、家长委员会、参与学校活动、家访、邀请交流、互通信件等几种方式，本次调查主要针对教师组织实施上述方式进行的频率展开，结果如图 4-14 所示。在教师线下进行家校合作的几种方式中，家长会是教师最经常使用的家校合作形式，约"问题"学

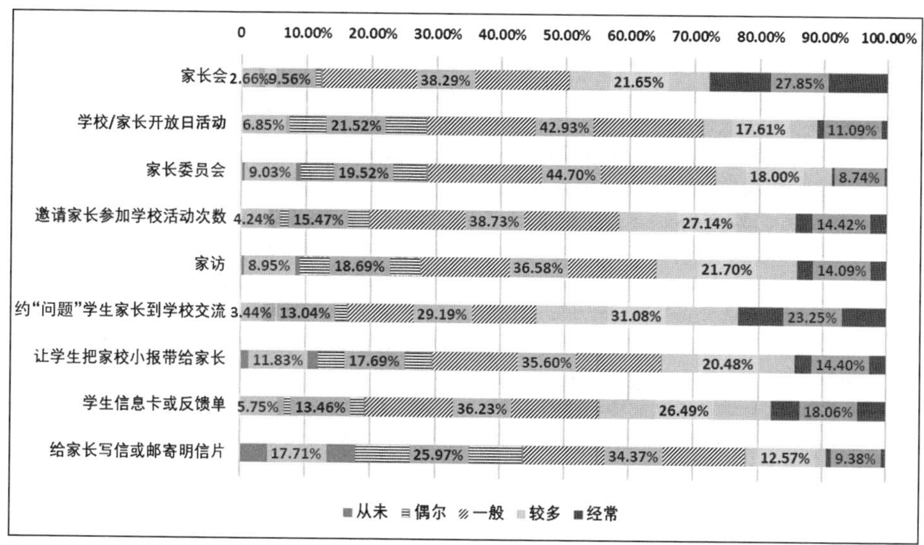

图 4-14　教师线下进行家校合作的方式及频率

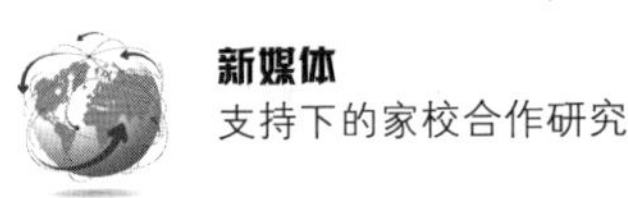

生家长到校交流的使用频率次之，教师通过家长委员会方式进行家校合作的频率相对最低，通过给家长写信或邮寄明信片进行家校合作也是教师使用频率相对较低的方式。教师进行线下家校合作的各种方式中，仍有某些方式未被使用，如让学生把家校小报带给家长、给家长写信或邮寄明信片两种方式均有超过 10%的教师从未使用，教师最常用的家长会、约“问题”学生家长到学校交流两种家校合作方式仍有 3%左右的教师从未使用过。

2.教师通过新媒体开展家校合作

教师通过新媒体进行家校合作的方式根据新媒体工具的形式、沟通方式的不同，分为基于网页的沟通、基于聊天工具的沟通、基于邮件的沟通、在线交互等几种类型。本次调查主要针对教师组织实施上述方式的频率展开，结果如图 4-15 所示。教师通过新媒体开展家校合作的力度不够，多种新媒体支持方式如班级博客、MSN、网络视频、访问家长论坛等，均有半数以上教师从未使用过。在教师经常使用的支持家校合作的新媒体方式中，手机短信的方式是教师最常用的，飞信次之，微信、校讯通（家校通）等两种方式也是教师相对常用的新媒体方式。此外，虽然有半数以上教师从未使用网络视频方式支持家校合作，但在教师经常使用的新媒体形式中，近 20%的教师选择使用网络视频进行家校

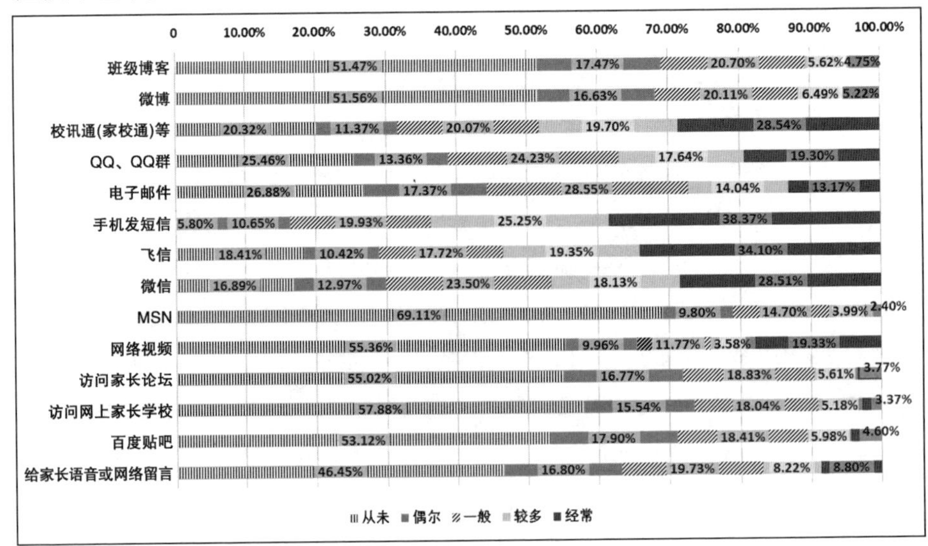

图 4-15　教师通过新媒体进行家校合作的方式及频率

合作。由此可推测若要推动通过网络视频方式进行的家校合作，教师意识转变是需要重点关注的一个方面。

3.教师对新媒体支持家校合作的认同度

董艳等在研究家校合作的微信支持模式过程中，从客观条件、主观条件、心理机制三方面提出了新媒体支持的家校合作认同度的测量维度。[11]123 本研究借助这一维度划分，利用教师对新媒体的认知程度反映教师参与基于新媒体技术互动的客观条件，教师的新媒体应用情况反映教师参与基于新媒体技术互动的主观条件，而教师在学校教育层面的信心则反映教师对参与基于新媒体支持的家校合作的认同；同时，对每一层次的调查结果通过因子分析探索各维度相关的多种表现行为的共性因子，以实现对一级维度内部结构的划分。

4.教师对新媒体支持家校合作的认知

教师对新媒体支持家校合作的认知情况，我们利用“教师对新媒体支持中小学家校合作的认知”问卷进行数据收集，调查问卷共包括 23 个题项，采用 5 点计分方法测量：“完全不符合”计 1 分，“比较不符合”计 2 分，“介于两者之间”计 3 分，“比较符合”计 4 分，“完全符合”计 5 分。通过对调查数据进行因子分析，删除 7 个低因子载荷的题项，最终确定问卷的结构，问卷 Cronbach α 系数为 0.972，表明问卷信度良好。之后进行 KMO 球形检验与巴特利特球形检验，判断参与因子分析的各因素是否相互独立，是否适合进行因子分析，结果显示，问卷的 KMO 球形检验结果为 0.959，且 Bartlett 球形检验结果在 0.001 水平上显著，表明数据呈较好的线性，适合进行因子分析；此外删除低因子载荷题项后的 16 个题项的共同度均在 0.638—0.856 之间，保证了因子分析的有效性。最后，采用主成分分析、正交旋转法进行探索性因子分析，结果显示：教师对新媒体支持中小学家校合作的认知主要表现在新媒体的特征认知、作用认知、应用特征等方面。根据各题项特征，将四项公因子命名为概念认知、作用认知、应用认知和直觉认知。其中，概念认知因子，主要反映教师是否知道新媒体特征并能够区分新媒体的产品形态；作用认知因子，反映教师对新媒体在家校合作中作用的认知程度；应用认知因子，反映教师对新媒体在家校合作中如何应用的认知程度；直觉认知因子，反映教师对新媒体支持家校合作的满意度等直观感受。分析可知，教师对新媒体支持中小学家校合作的认知这一维度中，“应用认知”略高于其余三个因子，占主要地位。从具体题项来看，“概念认知”相关题项中，教师对新媒体特征更加熟悉，了解新媒体是什么，并能够区分新媒体与传统媒体，但教师对新媒体设备的了解程度相对较低；在“作用认知”方面，教师对新媒体能够传递学生校外丰富信息、更了解学生与家长的活动的作用认可度相对较高，但教师在会使用新媒体增加学生在校学习便利性方面的认知还相对较弱；在“应用认知”方面，教师更关心如何利用新媒体帮助家长了解学校政策和参与学校活动；在“直觉认知”方面，教师对新媒体支持的与家长的沟通方式与效果满意认可程度高于新媒体本身的作用，而在新媒体使用途径多样化方面的直观认识还相对较弱。以上结果表明，教师在新媒体的作用如增加学生在校学习便利性、实现多样化沟通途径方面的认知还相对较弱，有待进一步加强。

5.教师在学校教育层面的信心

教师对新媒体的应用情况，我们利用“教师学校教育信心调查”问卷进行数据收集，调查问卷共包括 24 个题项，采用 5 点计分方法测量：“完全不符合”计 1 分，“比较不符合”计 2 分，“介于两者之间”计 3 分，“比较符合”计 4 分，“完全符合”计 5 分。通过对调查数据进行因子分析，删除 10 个低因子载荷的题项，最终确定问卷的结构。问卷 Cronbach α 系数为 0.959，表明问卷信度良好。其中问卷的 KMO 球形检验结果为 0.948，且 Bartlett 球形检验结果在 0.001 水平上显著，表明数据呈较好的线性，适合进行因子分析。因子分析结果显示：教师在学校教育层面的信心主要通过素质认同、问题解决、学生信赖三项公因子来表达。比较各因子均值（M 值）可以看出，教师在“素质认同”方面的信心相对更高。在“素质认同”方面，教师自信学生愿意接受自己的要求与建议，并有办法取得学生的信任，相信如果努力就能够成为一名好老师，同时在与学生沟通方面并无障碍；在“问题解决”方面，教师对自己利用新媒体解决学生问题比较自信，其中对帮助学生解决问题的自信心相对最强，自信在利用新媒体方面,能够经常令学生感到佩服,但在利用新媒体解决教学困难时,教师自信心相对没那么充足;在“学生依赖”方面,教师在学生遇到困难时是否找其倾诉、是否相信教师能够倾听方面自信心相对较高,此外,教师自信能够给学生需要的关爱,并相信自己的学生不会欺骗自己。

6.教师对新媒体的使用情况

教师对新媒体的使用情况,我们利用“教师使用新媒体的情况”问卷进行数据收集,调查问卷共包括 21 个题项,采用 5 点计分方法测量:“完全不符合”计 1 分,“比较不符合”计 2 分,“介于两者之间”计 3 分,“比较符合”计 4 分,“完全符合”计 5 分。通过对调查数据进行因子分析,删除 9 个低因子载荷的题项,最终确定问卷的结构。问卷 Cronbach α 系数为 0.962,表明问卷信度良好。其中问卷的 KMO 球形检验结果为 0.943,且 Bartlett 球形检验结果在0.001 水平上显著,表明数据呈较好的线性,适合进行因子分析。根据统计数据得知,12 个题项的共同度均在 0.786—0.889 之间,保证了因子分析的有效性。采用主成分分析、正交旋转法进行探索性因子分析,结果显示:教师的新媒体使用情况共包括利用新媒体促进学生发展、利用新媒体与家长沟通两项共性因子。其中教师“利用新媒体促进学生发展”因子占主要地位,教师可以通过帮助学生使用手机网上学习信息、自主学习网上教育学生的相关知识与经验促进学生发展,而实际中教师利用网络帮助学生解决学习中的困难以促进学生发展的方式相对较少;在“利用新媒体与家长沟通交流”方面,教师主要利用新媒体征集家长对学校教学、管理的建议或意见,并利用新媒体组织家长参与活动,告知家长学校政策、事件等。

第 2 节　新媒体支持下的中小学家校合作常见活动

约翰·霍普金斯大学的爱普斯坦教授归纳、概括了各级各类学校家校合作的多种活动。他以关怀为核心,将家校合作的所有活动归结为六大类实践形式，包括当好家长（Parenting）、相互交流（Communicating）、志愿服务（Volunteering）、在家学习（Learning at home）、参与决策（Decision making）、与社区合作（Collaborating with community）[32]。

其中，当好家长，指的是帮助所有家庭建立视孩子为学生的家庭环境；相互交流，指的是构建家校双向沟通的有效形式，交流学校教学和孩子的进步；志愿服务，指的是招募并组织家长志愿者帮助和支持学校工作；在家学习，指的是向家长提供如何在家帮助学生的信息和观念，包括帮助孩子做家庭作业、完成课程相关活动、进行学习决策和计划；参与决策，指的是让家长参与学校决策，培养家长领导者和家长代表；与社区合作，指的是识别和整合社区资源与服务，改善学校教学、家庭实践以及学生的学习和成长。

本节以北京市海淀区、东城区和西城区的中小学为例，通过分析北京市三个重点教育片区部分中小学在新媒体平台上的家校合作情况，探讨新媒体支持下的北京市中小学家校合作现状。案例包含北京市教育最发达的 2 个教育先进区的 10 所学校，其中 6 所小学和 4 所中学，具体校名如表 4-13 所示。

表 4-13 调研学校具体信息

行政区	学校层次	学校名称
海淀区	小学	北京市中关村第一小学（以下简称“中关村一小”）
		中国人民大学附属小学（以下简称“人大附小”）
		北京市中关村第三小学（以下简称“中关村三小”）
	中学	北京市十一学校（以下简称“十一学校”）
		清华大学附属中学（以下简称“清华附中”）
		北京一零一中学（以下简称“101 中”）
西城区	小学	北京第二实验小学（以下简称“实验二小”）
		北京市西城区育翔小学（以下简称“育翔小学”）
		北京市西城区三里河第三小学（以下简称“三里河三小”）
	中学	北京市第四中学（以下简称“北京四中”）

新媒体支持下的小学家校合作调研内容包括两部分：①学校使用新媒体支持家校合作活动的丰富度。家校合作活动类型大于等于 4 种（均使用新媒

体支持,即在网站或者微信公众号上有相关信息发布),则该校新媒体支持的家校合作丰富度为强;只有 3 种类型活动即为中;2 种或 2 种类型以下即为弱。②学校使用新媒体支持家校活动的活跃度(对过去一年学校举办活动的统计)。本项指标主要调查微信公众号的发文信息。2017 年 9 月至 2018 年 5 月之间,发布家校合作相关微信数量大于等于 50 条为强,大于等于 30 条而小于 50 条为中,小于 30 条为弱。另外,由于中学家校合作的整体频率与强度都不及小学,因此,本部分中学家校合作仅调研学校使用新媒体支持家校合作活动的丰富度。

一、小学家校活动

(一) 中关村一小

中关村一小又名"葵园",地处中关村自主创新高科技园区,建校于 1949 年,当前,学校一校三址,拥有 100 多个教学班,5 000 余名学生,300 余名教职员工,是北京市一所远近闻名的小学。中关村一小的家校合作活动多样,主要包括家长论坛、家长座谈会、家教讲坛、家长开放日、科普巡展、开放性实践课程等方式。

1.家长论坛

在 2018 年 5 月,中关村一小举办了一场独特的家长会。在微信文章"'葵园家校共同体'一场兼具吐槽大会、经验分享会、名师大讲堂等气质的'对话 · 成长'家长论坛"中,这场家长会被称为"家长们的同学会"。此次家长会并非传统的以班主任为中心的报告会,而是以家长为中心,从家长们感兴趣的话题开始展开交流。首先,家长们通过吐槽的形式,指出自己孩子的缺点和不足。之后,针对孩子不同的情况,家长们各抒己见,将吐槽会又开成了经验分享会。在这之后,家长们就家校衔接的问题提出自己的建议。最后,中关村一小还邀请了北京师范大学等学校的专家现场解答家长们的疑惑。

就此,此次家长会符合家校合作中当好家长、相互交流、在家学习、与社区合作等四种家校合作类型的要求。

2.家长座谈会

在2017年12月,第一学期即将结束的时候,中关村一小开办了一场一年一度的家长座谈会,家长们参加升旗仪式、被授予“好家长”证书,并在座谈会中积极地为学校的发展建言献策。校长听了家长的建议后称此次座谈会是一场充满爱意的座谈会。中关村一小的此次活动在学校和家长之间建立了有效的沟通桥梁,使家长真正地参与学校的决策。因此,家长座谈会符合家校合作中相互交流、参与决策的两种家校合作类型的要求。

3.家教讲坛

中关村一小邀请北京师范大学、社会科学研究院等教育研究机构的著名教育专家,为家长和老师们带来关于学生的“思维训练”“家庭教育”“好习惯的养成”“亲子沟通”等各种主题的论坛会。在论坛会上,家长们学习如何在家庭中建立视孩子为学生的家庭环境,获得在家庭中帮助学生的方法和观念。因此,中关村一小的“家教讲坛”活动不仅符合当好家长、在家学习这两种家校合作类型,还通过邀请教授学者的方式,利用社会资源,体现与社区合作家校合作类型的要求。

4.家长开放日

在开放日活动中,家长和学生一起来到校园,一起听讲,一起制作手工,等等。在活动中,家长们更加了解学校的办学理念、学生在学校的情况。开放日活动符合当好家长、在家学习、相互交流这三种家校合作类型的要求。

5.科普巡展

2018年3月,中国林业文联联合多地野生动植物保护协会,与中关村一小一起举办了“我的一虫一叶一世界暨放眼绿水青山　建设美丽中国”科普巡展活动。此次活动通过联系学校和社会,将社会资源合理地整合到学校教育中,展出一百余幅动植物摄影作品,在向学生普及野生动植物的科学知识之余,激发了学生对大自然的兴趣。

6.开放性实践课程

中关村一小在每一学年中会进行多次开放性实践课程,在活动中学校邀请科学家给学生开展不同的科学课程。在2018年4月的一期实践课中,分别请到了北京麋鹿生态实验中心副馆长郭耕、北京师范大学天文学教授何香涛、北京林业大学博士张玉波三位学识渊博的专家学者给学生带来“魅力观鸟”“寻找另外一个地球和外星人”“野外的大熊猫和它的朋友们”三个科学报告。

在打破学科壁垒的融合课程背景下，中关村一小积极倡导“多元　差异　创新”的课程文化，在一、二年级开展融合课程——期末闯关活动，孩子们会猜字谜、玩数字思维游戏、诵读等，每通过一关，会集到一个印章。闯关结束，胜利者将拿到通关手册。活动组织有序，教师引领，家长志愿者积极参与该项活动。本次对中关村一小的调研结果如表4-14所示。

表4-14　中关村一小家校合作活动类型

家校合作活动 \ 实践活动类型	当好家长	相互交流	志愿服务	在家学习	参与决策	与社区合作
家长论坛	√	√	—	√	—	√
家长座谈会	—	√	—	—	√	—
家教讲坛	√	—	—	√	—	√
家长开放日	√	√	—	√	—	—
科普巡展	—	—	—	—	—	√
开放性实践课程	—	—	√	—	—	√

表中六种类型的活动均有覆盖，中关村一小通过微信平台建立学校和家长、社会之间的联系，在家长论坛、家长座谈会、科普巡展等各种活动开展的过程中，确立了当好家长、相互交流、志愿服务、在家学习、参与决策以及与社区合作等各种以关怀为中心的家校合作活动类型。在门户网站上发表的家校合作各项信息，文后均附有微信公众号二维码，全年通过微信公众号发布的家校合作信息超过50条，其家校合作微信活跃度很强。

（二）人大附小

人大附小是海淀区另一所高知名度小学，成立于1954年，在“全面发展，办有特色”的办学思想指导下，以教学生学会做人为重点，开展德育工作。在文化课的学习上，着力于“打好基础，发展智力，培养能力”。在进行教学改革的同时，举办各种读书活动和知识技能竞赛，激发学生的学习兴趣，增强学生学习的主动性，使学生得到全面的发展。在文体工作方面，开展了大量的活动，寓教于乐。

本次调研发现，人大附小举办了多种活动，包括家校足球联赛、家校合作项目活动、亲子闯关活动、体验毕业课程、七彩社会实践课程、植树节活动、学雷锋活动、研学活动等，类型覆盖较全面。其中很多活动独具创造性，十分有趣。

1.家校足球联赛

在 2017 年 5 月 12 日，人大附小举行了“七彩乐融杯”首届家校足球联赛，参赛双方为教师代表队和家长代表队。相关教师、家长积极地投入到联赛活动准备中，不参加比赛的人纷纷当起了后勤服务人员和啦啦队队员。在足球联赛中，教师和家长增加了对彼此的了解，为相互交流这一家校合作类型添入了创造性的新形式。

2.家校合作项目活动

人大附小家校合作项目活动主要有家校冰雪合作项目和家校绘本合作项目。这种以项目为牵引的家校合作方式得到了业内广泛关注，有关专家称这种合作模式在现阶段家校合作中有着示范性和样本性的作用。

2018 年年初，人大附小亮甲校区成功召开了以“七彩绘生活　喜阅 FAMILY（家庭）”为主题的家校合作项目活动新模式研讨会。在之后的家校合作工作中，亮甲校区继续推进家校合作项目活动模式，并结合校区的特色，启动了以冰雪为主题的全新家校合作项目活动。在一次冰雪大讲堂中，学校邀请原八一队滑雪运动员、高级滑雪教练韩欣悦进行滑雪知识技能的讲授。这一项目活动充分利用校外资源，打开学生的视野，使学生享受运动和学习的快乐，符合当好家长、相互交流、志愿服务以及与社区合作等四种家校合作活动类型的要求。

妈咪大讲堂作为家校绘本合作项目系列活动之一，由家长志愿者给孩子们讲解不同主题的绘本。例如在第八期妈咪大讲堂中，一位妈妈为孩子们带来英文经典绘本《皮特猫：我爱我的白鞋子（*Pete the Cat：I Love My White Shoes*）》，在戏剧表演、手工体验中提升了孩子们对英文绘本的阅读兴趣，很多爸爸妈妈也不由自主地参与其中。妈咪大讲堂这一活动形式符合了当好家长、在家学习、相互交流、志愿服务以及与社区合作等五种家校合作活动类型的要求。

3.亲子闯关活动

至 2018 年 1 月 13 日，人大附小一年级亲子闯关活动已进行了 12 届。人大附小改革了一年级期末考试评价方式，将试卷变为“智力闯关”，家长陪孩子闯关，一同见证孩子的成长。“智力闯关”中，闯关项目丰富，语文科目设有我会听、我会说、我会读、我会写、我会背、我会认、我会讲七关。数学科目设有我是口算小能手、我能解决生活中的问题、我会动手操作三关。此外，还设有语数绘本故事、七彩节日课程等闯关活动，让闯关变得十分有趣。在整个闯关过程中，学生们自主选择先闯哪一关、自主选择题目、自主解答问题、自主兑换奖品等，充分体验个性化活动所带来的快乐。亲子闯关这一活动形式呈现了一种新颖有趣的、注重过程的评价模式，符合当好家长、在家学习、相互交流等三种家校合作活动类型的要求。

4.体验毕业课程

2018 年 3 月到 4 月，人大附小完成了毕业课程中的第二个模块——体验中学生活课程。这是人大附小自 2012 年研发出小学毕业课程后，第七次走进中学。在这两个月里，孩子们先后走进十一学校、海淀教师进修学校附属实验学校、人大附中第二分校、人大附中，完成了走进中学课堂、选修课、社团等七个单元的体验学习。人大附小通过整合社会资源，与中学合作，设计毕业课程，组织学生积极体验，帮助学生们完成从小学到中学这一跨越。

5.七彩社会实践课程

2017 年 9 月，人大附小六年级学生在郊外进行野炊。在课程的准备阶段，学校通过家长会、微信群等形式为家长介绍此次野炊活动。此次活动利用校外资源为学生提供开放的平台，提高了学生的动手能力、组织能力等。

6.植树节活动

2018 年植树节，人大附小亮甲校区的学生进行了关于认识植物的社会课程实践。学校邀请植物专家李松睿和中国科学院植物研究所生态学硕士贾琪分别为学生们带来“种子炸弹”和“探秘‘数学的树’”这两课。学生们课后积极发言：“有谁会想到在植物和动物身上是数学的影子。”“我了解到树木的生长规律，感受到大自然的魅力。”“太神奇了！植物的茎叶和果实都是按照137.5度的模式排列。”学校邀请校外专家，符合与社区合作的家校合作类型的要求。

7.学雷锋活动

2018年3月5日的“学雷锋纪念日”也是人大附小一年一度的“爱心节”。人大附小亮甲校区的学生们积极加入学习、传播、践行雷锋精神的行列。在第三个环节“践行雷锋精神”主题实践活动中，学生们利用周末走入社会，寻找能为社会、为身边人做好事的机会，比如清除楼道和宣传牌上的小广告，打扫街道卫生，进行垃圾分类处理，为共享单车做清洁，为保安叔叔送元宵，等等。学生们在社区中积极践行雷锋精神，为社区的建设贡献自己的力量，打开了学校大门，符合与社区合作的家校合作类型的要求。

8.研学活动

人大附小的研学活动有六年级的学生代表赴西雅图体验男孩课程——职业体验研学之旅，五年级学生抵达上海研学等。在研学活动中，学生们走出校园，与社区合作，与社会握手。学校为学生们提供丰富的学习资源和学习机会，突出体现了与社区合作家校合作类型的要求。

人大附小家校合作活动展现了学校建设的创新性，开展家校足球联赛、家校冰雪合作项目、妈咪大讲堂、亲子闯关等活动，刷新了我国家校合作方式的记录。学校还针对不同年级的情况，通过邀请专家、进行校外活动等多种形式紧密联系社区和社会，多次开展丰富多彩的社会实践课程，突出体现了与社区合作家校合作类型的要求。

本次对人大附小的调研结果如表4-15所示，由于学校微信公众号所公布的活动中没有体现参与决策的内容，故表中缺失新媒体支持下家长参与决策的活动类型。人大附小全年通过微信公众号发布的家校合作信息大于30条，而小于50条，其家校合作微信活跃度属于中等水平。

表 4-15　人大附小家校合作活动类型

家校合作活动 \ 实践活动类型	当好家长	相互交流	志愿服务	在家学习	参与决策	与社区合作
家校足球联赛	—	√	—	—	—	—
家校合作项目活动	√	√	√	√	—	√
亲子闯关活动	√	√	—	√	—	—
体验毕业课程	—	—	—	—	—	√
七彩社会实践课程	—	—	—	—	—	√
植树节活动	—	—	—	—	—	√
学雷锋活动	—	—	—	—	—	√
研学活动	—	—	—	—	—	√

（三）中关村三小

中关村三小始建于 1981 年，地处中关村科技园区的核心地带，目前有 3 个校区，114 个教学班，6 500 余名学生，秉持“家和成学　知行合一　立天地心”的校训办学，虽然年轻但是充满活力，也是海淀区知名度较高的学校。本次调研到的中关村三小家校合作活动主要有四种，包括“家”话、雄安校区六一活动、聚焦家校同心圆、假期志愿活动等。

1.“家”话

“家”话是中关村三小的家校互动平台。在中关村三小的官方微信平台上，编者为“家”话平台提供了这样的解读：陪伴孩子长大的路上，需要老师、家长和社区的合力支持。而那些喜悦、焦虑甚至不满只有家长才懂。我们是一个互助群体，鼓励大家、帮助大家。教育没有绝对正确的方法，如果您尝试了 100 种方法都无效，我们愿意与您一起探讨第 101 种方法。每个孩子的成长都不可替代，我们愿意集多方智慧，为家长提供优质解决方案。最好的 “甩锅”方式，是早年间“学校是学校、家庭是家庭” 的隔离与生疏，而我们，愿意成为家校教育的助手、推手以及能手。平台通过发布文章给家长支招，帮助家长从不同的角度了解自己的孩子，用正确的态度和方法教育自己的孩子。家长和学校在这一平台上体现了家校合作中的当好家长、相互交流、在家学习三种活动类型的要求。

2.雄安校区六一活动

为了欢迎雄安校区的同学融入中关村三小,主校区的学生来到雄安校区,为新伙伴们带来多种多样的节目,进行校区交流。学校和社区也为新同学准备了丰富有趣的社会大课堂,中国园林博物馆、北京鲁迅博物馆、海洋馆等 14 家单位带来了每个孩子都能够深度参与制作或体验的微项目学习,如“模拟脱水机”“体验鲁班锁”“机器人大赛”等。学生们通过真实地体验科技的力量,近距离地感受文化氛围,收获了成长发展的信心。校区合作,与博物馆、海洋馆等机构合作的方式,将学校和社会拉近,实现了与社区合作的家校合作类型的要求。

3.聚焦家校同心圆

中关村三小的红山校区针对“画好家校同心圆”这一主题,在 2018 年 3 月到 4 月,采取“不同学科的老师们进行公开课展示后,家长们走进课堂聆听,课后和老师、校长一同探讨娃儿的教育、学校的建设”的形式完善学校的家校合作。这一活动体现了当好家长、相互交流、在家学习、参与决策四种家校合作活动类型的要求。

4.假期志愿活动

2017 年暑期,学校为学生们制定了“参加一次公益活动”的任务,孩子们的公益活动多种多样,如为社区老人表演节目,参加皇宫社区志愿服务家庭小分队,参加“北京平安地铁志愿者”活动,进行关爱智障儿童公益演出等。这次暑期活动中,学生在校园之外,与社区、社会近距离接触,通过亲身体验明白公益活动的意义和自身的责任。

相较前两所小学,中关村三小的家校活动形式相对较少,但也覆盖了所有六种活动类型,如表 4-16 所示。其中,家长作为志愿者为学校服务的情况可能有,但是在近一年内的新媒体平台上并无相关信息发布。近一年内学校在微信平台上发布家校合作相关信息数量小于 10 条,家校微信活跃度很弱。

表 4-16　中关村三小家校合作活动类型

家校合作活动 \ 实践活动类型	当好家长	相互交流	志愿服务	在家学习	参与决策	与社区合作
“家”话	√	√	—	√	—	—
雄安校区六一活动	—	—	—	—	—	√
聚焦家校同心圆	√	√	—	√	√	—
假期志愿活动	—	—	√	—	—	√

(四)实验二小

实验二小成立于 1909 年,是西城区的一所实力非常强的小学。以“酷爱读书、勇于探索、崇尚文明、追求健美”为校训,有 6 个年级,100 多个教学班,近 4 800名学生。该校的家校活动包括职业体验、“二小朗读者”栏目、“二小 · 家校”栏目、“倡议阅读”主题文章、二次家长会、多彩课堂等。

1.职业体验

2018 年六一儿童节,实验二小一年级的学生到家长所在单位进行职业体验,有的做质检员,有的做公务员,还有的做电视台网络工程师。这次活动使学生明白了家长工作的辛苦,促进了学生和家长间的交流和理解。家长们以志愿者的形式参与到学校教育教学之中,学校也有效地整合了社会资源——家长们的工作经验,对孩子们进行了一次有趣、有意义的职业教育。

2.“二小朗读者”栏目

“二小朗读者”作为家长和孩子一起参与的电台朗读节目,每一期活动都有不同的主题,如“孩子和妈妈关于阅读的书信交流”等。这一平台不仅向大家展示家庭之中的爱与关怀,而且从对一些家庭教育问题的讨论中获得家长的有效反馈,进而顺利建立家庭和学校之间沟通的渠道。

3.“二小 · 家校”栏目

这一栏目中有许多不同种类的活动。例如“春天正是读书天”家长讲堂:一位作为图书出版人的学生妈妈通过和班级中同学们交流有关“小学高年级的多样性课外阅读”问题,使学生们了解了一本书的基本构成,学会了如何通过图书的装帧设计和内文组成来初步判断一本书的品质优劣。再比如"克勤郡王府建筑与文化课堂"：一位妈妈请北京市古代建筑研究所建筑历史研究室主任李卫伟先生来到班级的课堂专门为孩子们讲述北京的王府——克勤郡王府的历史。孩子们在了解王府历史后，历史视野得到拓展，学习的热情和使命感大大提高。在"二小·家校"这一栏目中，家长志愿者们积极地投入到课堂准备之中。家长提高了教育意识，有利于培养孩子在家庭中的角色。类似活动从另一个角度整合社会资源，也体现了与社区合作的家校合作类型的要求。

4."倡议阅读"主题文章

实验二小微信公众号中推有很多专门以"倡议阅读"为主题的文章。例如，在《"爱与陪伴·家庭智慧阅读"倡议书》中，学校呼吁每个家庭开展一次"爱与陪伴·家庭智慧阅读"活动。此类活动，通过开题、交流和评价等形式，实现学校与家庭之间的有效交流，让家长培养和塑造孩子在家庭中的角色。

5.二次家长会

在2018年3月，实验二小微信平台上发布了一篇吸引人的报道：《分层次二次家长会这么搞》。在第一次校级家长会召开之后，实验二小德胜校区五年级(24)班结合校级家长会召开了二次家长会。二次家长会分3次召开，主题分别为"责任""团队""理想"。教师针对不同学生群体，从不同角度设计了谈话内容，有针对性地与家长一同讨论教育重点和教育方法。相比传统家长会，新型的家长会越来越精细，形式越来越多样。二次家长会分3次召开，家长们可以选择内容更有针对性的专场参加，这样的形式也使家长会开得更有深度。

6.多彩课堂

实验二小经常与社区合作，开设多种形式的课程教学。比如2017年11月14日，由德胜街道工委宣传部、社会办、城管科主办，北京加号工作事务所承办，实验二小协办的德胜街道"道德讲堂进校园"活动在实验二小德胜校区会议室举行。此次活动以"爱护环境·做文明街巷小卫士"为主题，实验二小四年级(17)班的师生全程参与。本期道德讲堂结合思想品德教育，以寓教于乐的方式，邀请同学们参与、学习、体验环境治理工作，引导同学们认真对待生活环境的变化，增强环保意识和家园意识，动员同学们积极参加“爱护环境 · 做文明街巷小卫士”活动，共建整洁文明、和谐美丽的德胜。此类活动的多次开展充分体现了实验二小与社区紧密结合，积极与社会合作的办学态度。

实验二小的家校联系活动类型多种多样，比如“二小朗读者”栏目、二次家长会、多彩课堂等。除了与家庭之间建立良好的联系，学校还十分重视与社区合作，通过邀请社会知名专家、学者为学生们带来多种多样的课程，积极联系社区，邀请居委会、消防局等组织机构进入学校讲授相关课程，提高学生的安全意识、环保意识等。本次对实验二小的调研结果如表 4-17 所示，其活动覆盖所有六种类型，新媒体支持下的家校合作活动丰富，过去一年微信平台上发布数量超过 50 条，家校微信活跃度十分高。

表 4-17　实验二小家校合作活动类型

实践活动类型 / 家校合作活动	当好家长	相互交流	志愿服务	在家学习	参与决策	与社区合作
职业体验	—	—	√	—	—	√
“二小朗读者”栏目	√	√	√	√	—	—
“二小 · 家校”栏目	√	√	√	√	√	√
“倡议阅读”主题文章	√	—	—	√	—	—
二次家长会	√	√	—	√	—	—
多彩课堂	—	—	—	—	—	√

（五）育翔小学

育翔小学建立于 1954 年，以“诚实　善学　健美　和谐”为校训，树立“以人为本、严谨治学、和谐发展”的办学目标，提出“科研兴校、科研兴师、科研育人”的办学思想，是西城区实力很强的一所小学。育翔小学的家校活动主要包括育翔永顺班主任沙龙、家长开放日活动、科普专家进校园、安全教育讲座等。

1.育翔永顺班主任沙龙

2018 年 1 月 24 日，育翔小学心理骨干教师走进手拉手学校——北京市通州区永顺小学，开展了班主任沙龙活动。在这一活动中，育翔小学和通州区永顺小学通过校校合作、校校交流、校校联系的方式不断优化自己的教育教学方法，两校家校合作均体现了与社区合作的家校合作类型的要求。

2.家长开放日活动

2017 年 11 月 3 日周五上午，育翔小学德胜里校区组织了一年级家长开放日活动。来自一年级 16 个班的 240 位家长兴致勃勃地走进校园观摩课间操，走进课堂听课。另外，到了午饭时间，观看学生午餐情况，每班均有一位家长代表品尝学生的营养餐。

这次开放日活动是家校沟通的又一举措，通过邀请部分家长参加，使家长看到学生进入小学不到两个月的变化和成长，理解教师和学校付出的努力，未来能更好地配合教师对学生进行教育，成为学校和教师教育路上的同行者。

3.科普专家进校园

2017 年 11 月 27 日，育翔小学三校区师生一起通过闭路电视收看了四楼多媒体教室举行的航天专家进校园科普知识讲座。两个班级作为现场观众面对面聆听了 83 岁高龄的航天专家张厚英院士所做的题为“同学们，你们想做航天员吗？”的航天主题科普讲座。听了张爷爷的讲座，同学们开阔了知识视野，学到了丰富的航天知识，对航天精神有了更深的理解，真切地感受到科技的力量，产生对科学探索的兴趣与热情，坚定了努力学习、增长本领、报效祖国的理想志向。邀请专家来校进行专题讲座，体现了与社区合作的家校合作活动类型的要求。

4.安全教育讲座

育翔小学为了增强同学们的校园安全意识，普及安全防范知识，在 2017 年 10 月 30 日校会上，邀请了北京市青少年法律与心理咨询服务中心副主任为全校三个校区近 4 000 名学生做了一场关于校园安全教育的讲座。邀请专家来校进行专题讲座，体现了与社区合作的家校合作活动类型的要求。

育翔小学家校活动形式相对较少，但覆盖了五种活动类型，如表 4-18 所示。其中，家长作为志愿者为学校服务的情况可能有，但是在近一年内的新媒体平台上并无相关信息发布。近一年内学校在微信平台上发布家校合作相关信息数小于 30 条，家校微信活跃度较弱。

表 4-18　育翔小学家校合作活动类型

实践活动类型 家校合作活动	当好家长	相互交流	志愿服务	在家学习	参与决策	与社区合作
育翔永顺班主任沙龙	—	—	—	—	—	√
家长开放日活动	√	√	—	√	√	
科普专家进校园	—	—	—	—	—	√
安全教育讲座	—	—	—	—	—	√

（六）三里河三小

三里河三小于 1958 年建校，是北京市西城区一所历史悠久的小学。三里河三小现有 34 个教学班，1 400 多名学生，教师 120 余人。学校以“尚德　聪慧”为教育理念，以“学校成为教师成长的心灵家园、学生成长的幸福乐园”为共同愿景，旨在培养“外显有规、内涵有德、热爱学习、积极进取”的学生。家校合作活动主要有家长讲堂、运动会、假期安全通知三种。

1.家长讲堂

2015 年《京华时报》的一篇《三里河三小“家长课堂”开讲》的报道中提到，三里河三小的“成长课程”包括基础性奠基课程、选修类炫彩课程以及隐性课程。其中，家校协同教育是学校课程建设中隐性课程的内容之一。

三里河三小校长邢晓琰介绍，自 2013 年至 2015 年，学校从年级家长讲堂开始，已经形成覆盖所有班级的“家长讲堂”课程。该课程的目的之一在于充分发挥家长资源，让学生在家校协同教育中开阔视野、拓展能力。据悉，有的家长会来学校给学生上寿司制作课，老师则会进行数学、美术等辅助教学，融合多学科内容增进学生对知识的理解和掌握。

三里河三小“成长课程”体系的完善，受益于西城区教委开展的“高校支持西城区小学发展”项目，该项目通过引进北京师范大学、首都师范大学等高校资源，在实践中提升年轻校长专业能力，帮助学校开展诊断评估工作，促进学校的可持续发展。

2.运动会

三里河三小提倡：“为孩子们的健康成长，家校同心一路前行！”在 2018 年 4 月的一场运动会中，学校举办运动会家校沟通协调会，会上家校双方热烈讨论，会后形成了亲密的伙伴关系。家长们不仅参加方队训练，还在运动会前作为志愿者帮忙布置看台。虽然由于雾霾的原因运动会没有如期举行，但从中我们可以看到三里河三小积极的家校沟通态度和家长们成为一名关注学校发展的志愿者的服务热情。

3.假期安全通知

2017—2018 学年的寒假，学校利用微信平台转发《人民日报》关于寒假中小学生的安全提示，包括交通安全、取暖安全、饮食安全、上网安全等。学校通过微信平台，方便、快捷、准确地为家长们发送通知，体现了当好家长、相互交流的家校合作活动类型的要求。

本次调研结果如表 4-19 所示，三里河三小家校活动形式相对较少，仅覆盖四种活动类型。其中，在家学习和与社区合作两种类型均无相关信息发布。近一年内学校在微信平台上发布家校合作相关信息数量小于 10 条，家校微信活跃度非常弱。

表 4-19　三里河三小家校合作活动类型

实践活动类型 / 家校合作活动	当好家长	相互交流	志愿服务	在家学习	参与决策	与社区合作
家长讲堂	√	√	√	—	—	—
运动会	—	—	√	—	√	—
假期安全通知	√	√	—	—	—	—

二、新媒体支持下的中学家校合作活动

（一）十一学校

十一学校创办于 1950 年 9 月，是新中国成立后人民政府在北京建立的第一所公立完全中学，为北京市示范高中学校。以“坚韧自强，尽责感恩，笃学进步，开放创新”为校训。目前学校有高中教学班 20 个，初中教学班 24 个，在校生近 1 600 人。十一学校家校合作互动的活动主要包括课程开放日、校校联系、游学活动等。对十一学校的调研信息主要来源于该校的微信公众号。

1.课程开放日

十一学校有专门的开放日平台公众号——“北京市十一学校开放日平台”。平台界面分为“开放课报名”“开放日课程信息”“校园导航”三个子栏目。平台通常发送简短的关于开放日安排的消息，向有意愿了解十一学校教育教学情况的在校生家长和校外学生家长提供方便快捷的报名途径。

2018 年，十一学校一分校公众号发布文章《4 月 21 日，探秘十一学校一分校——初中课程开放日》，文章介绍了十一学校一分校种类繁多的初中课程和精彩社团。除了常规的物理课程、化学课程、历史课程等，学校还开设了动漫课程、汽车设计课程、机器人编程课程、艺术课程、陶艺课程等。社团有舞龙舞狮社团、合唱团、戏剧社团等。在微信文章里，学校还向家长们呈现了学生们在学校学习生活的状况。

2.校校联系

十一学校初中部的学生与小学部的学弟学妹们交流分享自己的经验，帮助小学弟、小学妹完成小学到初中的过渡。一分校的老师和校外老师组织参观交流活动，分享教育教学经验，整合社区资源，调整教育教学方式。

3.游学活动

十一学校校初中部每学期都有一次游学活动，学生们走出校园，饱览祖国大好山河，体验校外精彩纷呈的欢乐生活。部分家长志愿参加。

如表 4-20 所示，针对十一学校我们所能调研到的新媒体支持下的家校活

动形式相对较少，仅覆盖三种活动类型。

表 4-20　十一学校（初高中）家校合作活动类型

实践活动类型 / 家校合作活动	当好家长	相互交流	志愿服务	在家学习	参与决策	与社区合作
课程开放日	—	√	—	—	—	—
校校联系	—	—	—	—	—	√
游学活动	—	—	√	—	—	√

（二）清华附中

清华附中成立于 1915 年，前身是成志学校；1952 年，成志学校的中学部与燕京大学附属学校中学部合并，更名为清华大学附属中学。清华附中以“自强不息，厚德载物”为校训，当前高中教学班 30 个，学生 1 200 余人；初中教学班 36 个，学生近 1 500 人。清华附中办学实力雄厚，被评为国家级体育传统项目学校、中国数学奥林匹克委员会“中学生数学奥林匹克培训基地”。清华附中的家校合作活动主要包括家长交通志愿活动、校园开放日、水木讲堂、综合实践课程。

1.家长交通志愿活动

2018 年 3 月 5 日是第 55 个学雷锋日，也是中国传统节气中的惊蛰，清华附中初、高中家委会的家长志愿者准时来到学校，开始了新学期的交通志愿服务。借着这个特殊的纪念日，清华附中联合海淀交通支队及 4 个年级家委会代表，开展了家、校、警联合疏导校门口交通的活动。临近放学，32 位家长志愿者身着“交通安全志愿者”荧光背心，带着红色袖标，手里拿着“遵守交通安全”的旗帜，在 3 位警官的指导下，维护校门口交通秩序，劝阻违停等不文明交通行为，引导接孩子的家长不乱停乱放车辆，并向家长朋友发放《清华附中交通安全倡议书》，倡导遵守交通法规，文明出行。交通疏导活动结束后，学校领导、交警支队成员、家委会志愿者等共 40 余人在学校会议室召开了学雷锋家长交通志愿交流会。此次活动立意新颖，既维持了校门口的交通秩序，对孩子而言也极具教育意义。

从家校联系的角度来看，家校合作疏导交通的活动有助于建立良好的家校沟通形式，使家长站在学校的立场上考虑问题。此次活动邀请了交警支队的工作人员，在一定程度上利用社区资源，为学生、家长和学校服务，体现了与社区合作的家校合作实践活动类型的要求。

2.校园开放日

2018年5月5日上午，清华附中2018年校园开放日活动在附中校园内举行，此次校园开放日以“水木湛清华　百年筑脊梁”为主题，面向北京市中小学生和家长开放。在清华附中领导及教师的共同努力下，接待了15 000余人参与校园开放日活动。校园开放日活动内容包括“知无不言解君惑”“清韵华章以待君”“水木清华共君赏”三个板块，内容涉及初中情况咨询、高中情况咨询、学校情况宣介会、集团校情况咨询、校园参观等。

校园开放日是清华附中向社会、家长和学生宣传学校的活动。此外，通过咨询环节、参观学生创客课程等，实现家校之间的双向交流。

3.水木讲堂

清华附中水木讲堂邀请社会各界著名专家学者，为学生们带来精彩纷呈的演讲。比如，2017年11月，国际著名的实验物理学家薛其坤教授做了题为“做一个快乐的追梦者——量子物理研究的经历和体会”的专题报告。2018年5月，国际知名数学家丘成桐先生做了题为“我做学问的经验”专题讲座。

4.综合实践课程

2018年6月，清华附中发布了微信文章《圆明园的多种打开方式——“走进圆明园”综合实践课程结课汇报》。清华附中在初中学段开设“三走进”（即“走进圆明园”“走进科学殿堂”“走进文化经典”）综合课程，包括“走进圆明园”“走进动物园”“走进科技馆”“走进中科院”“走进地球”“走进清华艺术博物馆”“走进创客”“走进戏剧”等课程。这种跨学科的综合实践课程，注重引导学生在实践中学习，在探究、服务、制作、体验中学习，分析和解决现实问题。在真实场景下结合学科知识点，学习技能，将知识点转化为实际技能，提高学生学习兴趣。在此次实践课程结课汇报上，学生分别从数学、外语、语文、政治、美术、生物学和地理 7 个学科对圆明园相关问题进行课题结题汇报。

本次调研结果如表 4-21 所示，清华附中善于结合学校、社区优势，为学生们提供丰富的教育资源，其新媒体支持下的家校活动共覆盖三种活动类型。

表 4-21 清华附中家校合作活动类型

家校合作活动 \ 实践活动类型	当好家长	相互交流	志愿服务	在家学习	参与决策	与社区合作
家长交通志愿活动	—	√	√	—	—	√
校园开放日	—	√	—	—	—	—
水木讲堂	—	—	—	—	—	√
综合实践课程	—	—	—	—	—	√

（三）101 中

101 中建校于 1946 年，时为张家口市立中学，后迁入现址，于 1955 年定名为北京一零一中学，以“百尺竿头，更进一步”为校训。学校共有 72 个教学班，学生 3 000 余人。101 中家校合作互动的活动主要包括参观航天员训练中心、北京城市地理考察等。

1.参观航天员训练中心

2018 年 5 月 31 日，也是全国科技工作者日，为了更好地学习航天知识、树立科研精神，在家委会的悉心安排下，101 中七年级(11)班的师生们于 5 月 30 日走进中国航天员科研训练中心，进行观摩和学习。活动主要有展厅看飞天实物、听专人讲解和观看影片等环节。展厅运用图片、模拟器、影片等多种手段，详细梳理了中国几代航天人走过的艰辛历程，向观众展示了中国航天技术所取得的非凡成就。本次活动由家委会安排组织，学生走出校门进行参观活动，体现了家校合作中志愿服务和与社区合作的家校合作类型的要求。

2.北京城市地理考察

北京城市地理考察是由 101 中地理教研组为高一年级开发设计的人文地理实践活动。2017 年 6 月，地理组老师和学生从学校出发，先后考察了中关村、学院路、金融街、牛街回民聚居区、西单—新街口大街的零售业、鼓楼—地安门—

景山老城中心区、朝阳 CBD、郎园产业园区、丽泽桥在建金融商务区，并在广安门外金中都遗址处、郎园产业园区、永定门公园进行了深入的调研。学生在考察过程中，学习了北京的城市文化，了解了北京的城市空间结构，通过地名、遗址追溯了北京的历史，观察了产业集聚、柔性专业化等经济现象，思考城市空间功能区的变迁，对教材中的人文地理原理和自己的家乡有了更加直观和更加深刻的认识。

本次调研结果如表 4-22 所示，101 中可能私下有微信群交流，但公开信息查询中新媒体支持下的家校活动形式仅覆盖两种活动类型。

表 4-22　101 中家校合作活动类型

实践活动类型 / 家校合作活动	当好家长	相互交流	志愿服务	在家学习	参与决策	与社区合作
参观航天员训练中心	—	—	√	—	—	√
北京城市地理考察	—	—	—	—	—	√

（四）北京四中

北京四中创建于 1907 年，初名顺天中学堂，1949 年改名北京市第四中学。北京四中以“勤奋、严谨、民主、开拓”为校训，当前拥有高中部、初中部、广外校区、复兴门国际校区四个校区，是北京市首批示范性普通高中，也是全国中小学现代教育技术实验学校。北京四中的家校合作活动多样，包括拓展活动、“国博”之行、学农活动、社会实践活动、家长教育讲座。

1.拓展活动

2018 年 5 月，七年级和八年级开展了拓展活动，七年级为真人 CS 体验，学生在身体得到锻炼的同时也收获了在团队中拼搏的快乐，努力地为了团队的胜利而奋斗。八年级拓展活动是越野活动，同学们在奥林匹克森林公园进行 10 千米定向越野的综合实践活动，在活动中学生们体会到了团结、坚持的力量和集体责任感的意义。

2.博物馆之行

2018 年 3 月 22 日，北京四中初中部 2019 届学生来到了中国国家博物馆进行参观学习。本次活动的主题是“从历史中来，到希望中去”。学生们在这次参观活动中学到了很多,每个班都有学生代表发表心得体会。学校通过和博物馆合作进行教育教学工作,整合资源,形成教育合力。

3.学农活动

2018 年 4 月 8 日傍晚,北京四中初中部 2019 届同学从五棵松体育馆出发,前往北京农业职业学院,开启了为期一周的学农生活。学生们在这一期的学农课程之中,积极进行劳动、体验科学课程,自己做饭,收获劳动的喜悦。

4.社会实践活动

北京四中八年级于 2018 年 1 月 25 日和 1 月 26 日开展了各班的自主社会实践活动。有的班去了北京市气象局进行参观,有的班去了“和睦家”复兴门诊所,有的同学去了同仁堂制药厂体验和学习,有的同学去了中国美术馆进行实践活动,等等。这样自主多样的实践活动开启了同学们认识世界的大门。

5.家长教育讲座

2017 年 11 月 3 日下午,北京四中七、八年级的百余名家长如约来到初中部大礼堂,聆听来自美国的青春期教育专家杰弗里·莱肯(Jeffrey Leiken)的教育讲座,主题是“更好地适应青春期孩子的变化,提升家庭教育质量”。在这一活动中,教育专家提出:孩子的青春期有三个阶段,由第一阶段经第二阶段到第三阶段,每阶段都有需掌握的技巧,而一旦掌握了这些技巧,孩子就成为真正成熟的成年人。家长要关注孩子每个阶段遇到的问题,学会如何支持、协助孩子准备好成为独立的成年人,学会何时该帮孩子一把,何时该给孩子更多自由。通过这样的活动,家长们明白了如何帮助学生度过青春期,如何使孩子们在家学习,并与学校积极沟通,建构了家校双向交流的模式。

北京四中的家校合作调研情况如表 4-23 所示,是本次调研中活动种类最多、覆盖类型最多的中学。

表 4-23　北京四中家校合作活动类型

家校合作活动 \ 实践活动类型	当好家长	相互交流	志愿服务	在家学习	参与决策	与社区合作
拓展活动	—	—	—	—	—	√
博物馆之行	—	—	—	—	—	√
学农活动	—	—	—	—	—	√
社会实践活动	—	—	—	—	—	√
家长教育讲座	√	√	—	√	—	√

三、小结

本次调查主要集中在北京市教育水平较高的两个区，选择实力较强的学校进行调研，调研结果如表 4-24 所示。总体而言，北京市小学家校合作活动主要围绕着开展家长课堂、进行社会实践课程、邀请校外专家学者讲座、阅读互动活动等进行，大部分课外活动都会邀请家长参加。中学家校合作基本活动包括社会实践、学农活动、研学活动、博物馆活动等，都围绕和社区合作开展活动，和家长之间的联系、活动的形式与种类都较小学少很多。这也反映了家校合作在不同学段的差异——中学生更注重学生自主学习的引导与学校活动的建设。

表 4-24　中小学"短期活动"调研统计表

行政区	学校层次	学校名称	新媒体支持下家校合作活动的丰富度	新媒体支持下家校合作活动的活跃度
海淀区	小学	中关村一小	强	强
		人大附小	强	中
		中关村三小	强	弱
	中学	十一学校	中	—
		清华附中	中	—
		101 中	弱	—

续表

行政区	学校层次	学校名称	新媒体支持下家校合作活动的丰富度	新媒体支持下家校合作活动的活跃度
西城区	小学	实验二小	强	强
		育翔小学	强	弱
		三里河三小	强	弱
	中学	北京四中	强	—

目前,小学家校联系活动中发布通知频率最高的是小学生每周食谱,每个学校食堂每周更新一次食谱。而中学校园开放日活动多以学校向各界宣传介绍学校教学管理情况为主,与小学的开放日活动相比,有交流单向性、开放对象广的特点。

第3节　新媒体支持下的家校合作教师工作案例及评析

在新媒体支持下,中小学教师积极使用新媒体探索家校合作的新途径,获得了新的经验。

一、单一媒体的深度应用

在数字时代的环境下,人们已经习惯在生活和工作中使用智能手机上的移动应用程序进行沟通,教师这一群体也不例外。相比传统的发通知短信、打电话、让学生口头传达信息等交流手段,教师们更倾向于使用诸如QQ、微信等更为便捷的移动应用程序与家长们沟通。在这个沟通过程中,教师们纷纷深挖移动通信应用的潜力,使其在各方面弥补传统通信手段的短板,以获得更便捷有效的家校沟通效果。

以下两个案例是教师利用微信促进家校合作的心得体会。

案例1:利用微信辅助教学

记得小时候坐在讲台下,看着老师在玻璃板上写下一个又一个的生字,然后用投影仪投射出来,我们感兴趣极了,争先恐后地读着!那时候心中萌生出一个小小的梦想:“我长大后也要成为一名教师,也要用这个教学生知识!”现在长大了,成了一名教师,站在讲台上,可以利用的技术手段不计其数,不再仅仅是一台投影仪。我们生活在一个科技日益发达的时代,学生们的视野更加广阔,知识面更广,需要沟通交流的欲望更加强烈。传统的教育教学已经远远不能满足学生发展的需要,这时更需要信息技术以其方便、快捷的绝对优势拓宽班级建设领域,使班级管理既可以在教室内实时进行,又可以在教室外适时跟进。作为班主任,更应该与时俱进,将“互联网+”思维应用到教育教学以及班级管理中,开拓具有信息时代特色的教育,提升班级管理水平与实效,从而更好地为学生服务。

现在手机中最受欢迎的软件是什么?我想一定是微信。几乎每个人的智能手机中都会有微信这个软件,它可以实时地发送图片、视频、语音等,更能使一群人在一起同时进行交流。当然,我也利用微信这个软件与家长、学生进行交流。就这样,微信搭建起了我和家长们沟通的桥梁。

班级微信群,架设家校沟通的桥梁

2017年我成为一年级孩子的班主任,每天面对的是30多个天真可爱的“小豆包”,我能感受到家长们对他们的担心:孩子刚刚走进校门,他(她)适应吗?中午饭吃没吃好?与同学交流有没有问题?他(她)上课坐得住吗?他(她)的水喝了没?……为了让家长们放心,开学后不久我建立了班级微信群,邀请每位家长加入。

我从点滴小事做起,关注孩子们的成长变化。一年级的孩子需要从头教起,当孩子们学会坐着,当孩子们学会举手回答问题,当孩子们学会站队,我都把这些小成绩记录下来,每天发到微信群里,让家长看到孩子们学习了什么,生活得怎么样。这一天我把孩子们中午吃饭井然有序的情景、饭后孩子们自己打扫卫生的画面记录下来,发给家长。多数孩子在家都是不劳动的,可是在学校孩子们不但能够自理还能帮助他人,看到孩子们的成长,家长们非常感动。

家长纷纷留言:

“老师您对这些孩子真是太用心了,把孩子交给您我们放心!”

“看到孩子们的表现终于放心了,孩子在家门口上了一所好学校,真是太幸运了!”

“孩子们能遇上这么认真负责的老师,真是他们的幸运!”

班级微信群就像一座桥梁,连接了这头的我和那头的家长与孩子,我也感受到被信任的快乐,有了这样的连心桥,家长理解并支持我的工作,这对学生良好习惯的养成,自然而然也起到莫大的促进作用。一年级是孩子们记忆的黄金期,我和孩子们约定每天回家背诵古诗,每周组织一次班级“小诗王大赛”,孩子们个个跃跃欲试,但是孩子们太小了,大多数孩子是心气儿高,实际行动力差,听很多家长反映:孩子一到家就把任务抛到九霄云外,他们都不知道怎么调动孩子的积极性,对这种情况很是苦恼。而有孩子也跟我反映:爸爸妈妈总玩手机,他一听见这个游戏声音就也想玩,所以背不下去。看来家长和孩子都需要引导。于是,我设计了一个表格,把每天要完成的任务罗列出来,这张表格需要请家长和孩子互相评价,先需要孩子把任务单上的任务完成,根据完成情况给自己画星星,然后家长根据孩子当天在家中的表现给孩子评星,孩子也要给爸爸妈妈营造的家庭氛围评星,比如他学习时,家长不玩手机、不看电视,保持安静,等等,以此给家长评星。一周后进行汇总,看看哪个学生的星星最多、哪位家长的星星最多,并评选出“班级之星”,最后再分享到微信群里。家长们看到孩子们学习兴趣高涨,很高兴,自己不再玩手机了,与此同时还认真记录下孩子在家的练习情况发到群里。孩子们互相比着学,更有动力了,我也了解到了每个孩子在家的学习情况。一段时间后,我们评出“优秀家长”。家长们得到肯定后也非常高兴,看着孩子给自己拿回去的奖状,纷纷在微信朋友圈展示。

琪琪妈妈:“今天放学回来琪琪就说有礼物送我,三份(够多的吧)中的一份就是这个奖状,琪琪自己也得到了表扬信,今天又认真完成了各项学习任务,感谢老师想出这么好的激励办法!看到群里孩子们积极发送作业,老师们利用课余时间积极进行指导，真的感谢老师辛勤的付出！周末还要组织孩子们活动，更理解老师的不容易。遇到这么好的老师真的很幸运，心存感恩，共同进步，快乐前行。”

依依妈妈：“哈哈，下班到家宝贝说送我两份礼物，第一份就是这个奖状啦。感谢老师对我每晚陪伴孩子学习的认可，付出终会有回报。第二份就是今天宝贝认真地完成了各项学习任务。感谢老师！这种激励办法真的能让孩子自觉学习了！”

让孩子、家长之间互相评价，调动了孩子学习的积极性，也使得家长更加重视家庭学习氛围的营造，引导家长关注孩子的学习习惯培养。看！一张小小的评价卡让学生养成了良好的学习习惯，一个微信平台让家长看到了孩子的成长、老师的付出。

微信悄悄话，解除孩子的交往烦恼

一年级的孩子刚刚走进校园，融入一个新的集体环境，他们渴望结交更多的新朋友，逐渐学会与他人分享，但在这个过程中会出现一些小问题、小误会、小矛盾。而面对自己一些不当的处理方式时，他们往往羞于当面承认自己的错误，这时微信就能发挥它的作用了。我引导孩子们发送语音、文字甚至是图片表达自己的想法。

一天，我们班梦梦同学的生日到了，中午吃过午饭后，我们在班里一起为她过生日，就在分蛋糕时，班里的孩子都期待着梦梦快点把蛋糕送到自己的手里，唯独琪琪拿出一本课外书自己看着，当梦梦把蛋糕送给她时，琪琪拒绝了并且说：“我不喜欢吃，我不吃！”梦梦尴尬地站在琪琪面前委屈得一下子不知道说什么好。我赶紧走过去摸了摸梦梦的头说：“没关系，可能琪琪中午吃得比较多，现在吃不下蛋糕，你先把蛋糕送给其他同学吧！好吗？”梦梦点了点头，看到这儿，我似乎猜出了为什么琪琪会这样。琪琪和梦梦是好朋友，可是梦梦却没有把第一块蛋糕送给她，她一定是为此生气了。对此我没有要求琪琪一定要接过蛋糕，而是等分蛋糕结束后，悄悄把琪琪叫到前边，对她说：“琪琪，中午为什么没有吃蛋糕呢？是不是因为你觉得你和梦梦是好朋友，所以她应该把第一块蛋糕分给你呢?”琪琪点了点头。我接着说:“可是你有没有想过,如果其他同学都这样想,都不吃蛋糕,梦梦会不会非常难过呢?想一想,前几天你过生日的时候,如果大家都不吃你的蛋糕,你会开心吗?还有,老师觉得既然你们是好朋友,就更应该帮着她先把蛋糕分给其他小朋友,对吗?”琪琪听了我的话,低下了头。“你看梦梦生日这一天是不是应该对她说一声生日快乐呢?”“是,可是,可是我不好意思!”“如果你觉得当面说不好意思,你可以选用其他方式,比如发微信给她啊?”琪琪听了高兴地点了点头。

晚上,琪琪妈妈就发来微信告诉我,琪琪一回到家就把当天发生的事情告诉了她,并且说她觉得自己做得不对,自己要画一幅画作为生日礼物,让她帮忙用微信发给梦梦,并且告诉梦梦,自己还想与她成为好朋友。梦梦收到微信后,非常开心,两个小伙伴聊了好一会儿呢!两位妈妈也为孩子的进步感到高兴。

就这样,两个小朋友的烦恼解决了!有时候,小小的他们也会有自己的自尊心,觉得不好意思,也因此在他们成长的道路上,我们要采取一些特殊方法保护他们小小的自尊心,让他们更加阳光地成长。

发微信朋友圈,激励孩子养成好习惯

微信的沟通交流方式不仅仅只有私聊、群聊这两个方面,朋友圈也是其中特有的一种方式,使用者可以在微信朋友圈中发文字、图片、视频向自己的微信好友展示任何内容,达到“自媒体”的效果。我也充分利用我的微信朋友圈帮助孩子们取得进步。

六七岁的孩子正处于渴望得到大人夸奖和肯定的阶段,在生活、学习的过程中,他们想要听到老师和家长们的表扬,想要自己的行为得到肯定,在老师和家长的夸奖和表扬中,他们获得极大的自信,从而取得更大进步。

步入一年级,孩子们需要掌握更多的生字,为了看看他们是否真的掌握了生字的书写,我每天都会做听写练习。开始,对听写全对的孩子我及时在班中进行表扬,被表扬的孩子脸上洋溢着笑容,可是时间一长我发现那些生字掌握薄弱的孩子对我的表扬并不太关心,我在班里的表扬并没有“刺激”到他们。后来我就在班中说:“孩子们,老师觉得那些能听写全对的孩子太厉害了!我真是太为他们骄傲了！老师的微信中有咱们班的很多叔叔阿姨，我相信他们如果看到谁完全掌握生字了也一定会为他‘点赞’的。所以，从今天开始，我要每天帮听写没有错误的孩子拍照片，然后发到我的朋友圈中，向所有的家长和老师的朋友传达这个好消息。你们想不想把自己的照片发到老师的朋友圈啊？”“想！想！”孩子们一听所有的叔叔阿姨都能看到自己听写全对，自己的照片又能被老师发到微信朋友圈中，都兴奋极了！这得多神气啊！我赶紧对他们说：“要想让其他人看到，只有一个办法，那就是多多练习生字，认真书写，争取听写全对。有信心吗？”“有！”教室里传来雷鸣般的声音，孩子们表现出自信满满的样子。

果然，从我宣布这个消息后，我们班听写全对的人越来越多，孩子们的生字掌握情况也越来越好！家长们都向我反映，每天放学回到家中后，不用家长督促，孩子们都能主动地拿出语文书自己复习当天学过的生字。

朋友圈的“晒成功”，让我们班的孩子找到了自信，找到了动力，取得了进步。

在现如今的时代背景下，我们可以利用的信息技术产品丰富多彩。作为一名年轻的班主任更应该开展具有“互联网+”时代特色的教学管理工作，提升班级管理水平，从而更好地促进学生全面而富有个性地发展。

案例2：借助“微交流”完成家校沟通的工作

当李克强总理在政府工作报告中提出“互联网+”行动计划，一夜之间，这个词便成为热词，开始影响中国各行各业的发展。教育也没有落后，甚至在某些方面成为“互联网+”的典范。作为一线教学的班主任，我深刻感受与享受着互联网带来的便利。家校联系本来是被家校通、飞信取代，紧接着QQ群、微信群又后来居上，成为老师和家长联系的重要阵地。这样的“微交流”，语音、视频均可发送，免费、方便、及时，沟通直接，拉近了我们和家长的距离。家长可以第一时间看到孩子在学校的点点滴滴。作为老师，我们也可以零距离地了解到学生在家的学习和生活情况。慢慢地，我和家长都爱上了这种“微交流”，现在的班级微信群俨然成为我的“新宠”，成为班级管理的有效“利器”。

让“微交流”促进班级的建设与管理

让微信群成为班级建设与管理的服务窗口，交互与沟通是微信群的核心功能，能够随时随地发布与接收消息。作为班主任，利用微信群的这一功能，既可以发布学校、班级活动的通知，例如公布定校服、体检、调课等通知，也可以为学生布置家庭作业、辅导家庭作业、检查家庭作业，方便快捷、功能多样。同时，微信群还能够帮助教师和学生获取相关教育教学信息的咨询与查询，方便学生的学习与教师的教学。另外，充分利用微信群的功能，在班级管理中可拉近师生间、老师与家长间的距离，从而加强班级管理。本学期的班级工作中，我就组织学生和家长在微信群中为自己喜欢的班级活动进行投票。孩子和家长们参与的热情度极高，大家经过谈论、沟通、协商，评出了校内实践课程——“今天听我的”为班级之最，即参与度最广、积极性最高、收获最大的班级活动。孩子和家长们在微信群里表达了自己的感受，谈了自己的收获，同时提出了改进的意见，一石激起千层浪，活动达到了学生和家长能够真正地参与到班级的管理过程中来的目的，我甚感欣慰。这样的“微交流”实现了班主任、家长与学生对班级进行共同管理的目的，加强了学生、家长与班主任之间的联系，对班级教学活动的开展起到积极的促进作用。

让“微交流”成为家校沟通的彩虹桥

“微交流”之所以这么有生命力，就在于它强大的沟通功能。教师与家长、家长与家长、学生与老师、学生与学生等，可以集体交流也可以私聊。如果是比较普遍的问题，老师就群发。如果是个别问题，老师就跟家长私聊。在这样的“微交流”中，我有认识，有成长，也有收获。小 S，就是我进行“微交流”过程中变化最大的一个学生。

我曾经接了一个三年级的班，因为我的个性热情活泼，和学生亦师亦友甚至是伙伴，因而班级的师生关系极其融洽，孩子们与我有着深厚的感情。但是，就是在这样一个温馨和谐的班集体中，也有不合群的孩子，他，就是小 S。

从前任班主任那里我了解到，小 S 是个聪明但胆子很小、戒备心很强的孩子。和同学们一起生活两年了,他依然无法融入集体生活。在活动中他也总像是“旁观者”“局外人”一样,不喜欢与同伴交往,不喜欢参加集体活动,对他人反应冷淡。可以说,上学两年,他没有一个朋友。刚接班的我对小S很好奇,总想借机和小S聊两句,引导他学会和人沟通。但是固执的小S对此视而不见,听而不闻,让人无耐。于是,我又想从小S的家长那找突破口,了解一下小S。但令人意外的是,每天接送孩子的小S妈妈,表现得也很沉默,对于我热情的沟通没什么反应。后来我才了解到,原来在小S很小的时候,爸爸就抛弃了他们母子。妈妈很伤心,受了比较大的刺激。孩子从记事起,就总是看到妈妈哭,妈妈还总是教育小S不要相信任何人。之后,在班级中我采用共情、关注、鼓励等方法帮助小S,但是效果不大,我十分苦恼。

我知道,要让小S彻底打开心门,最需要的就是小S妈妈的配合。但是,几次的面谈让我感受到小S妈妈的抵触情绪。我开始走第二条路,打电话。通过电话,我联系到小S的妈妈,电话那头只是只言片语,根本就感觉不到她的交流意愿。无奈之下,我开始用微信的方式不断地把小S在学校的情况发给她,哪怕是一点点儿的进步,也会第一时间发给她。有时是文字,有时是语音。尽管她几乎没有回复我,但我仍然坚持着。终于,在一次发送信息后,竟然收到了小S妈妈的回复,尽管只有“谢谢”两个字,但这足以打开我和她之间的屏障。因为这简单的“谢谢”,我兴奋得几乎一夜没睡好。

从此以后,我更加关注小S,甚至拍照片、拍视频发给他的妈妈。白驹过隙,一学年快结束的时候,在一次班级活动中,我看到小S脸上露出的笑脸,便快速抓拍下来,发给了小S妈妈。那晚,我接到了小S妈妈致谢的电话,我鼓励小S妈妈也把孩子在家里的情况用文字、照片、视频的方式发给我,让我更多地了解孩子。我们还约定,每天放学后交流孩子情况。从此,每天放学后就成了我和小S妈妈的分享时间。随着时间的推移,小S妈妈甚至开始和小S一起读书,一起锻炼,一起逛街……渐渐地,我发现,小S变得开朗多了,和同学、老师的交流也多了。看着孩子不时露出的笑脸,我从心里替他高兴,从心里感谢“微交流”带给我的收获。

让“微交流”成为孩子展示自我的秀场

家长最热衷交流的话题往往是孩子，所以，班级微信群还可以成为学生、家长的秀场。可以把孩子在家好的表现和参加的活动以图片的方式展示，这样既鼓励了获奖的孩子，也让其他孩子看到身边的榜样。教师也可以将孩子们优秀的课堂作业、家庭作业用手机照相机拍下来发在群里共享，让大家相互观摩学习。

每当孩子们看到自己的表现被老师和各位家长点赞，自豪之情便油然而生。例如，北京冬季雾霾，学校安排孩子们回家自学期间，我给班里的学生布置了两道家庭作业题。其一，每天选择适合自己的锻炼方式进行锻炼，拍照或视频分享，还可以在群里给大家推荐有效的锻炼方法。其二，学做一道家常菜。然后，要求学生用图片或者视频的形式将自己制作家常菜的过程分享到班级微信群。这两项活动计划在微信群里发布之后，家长反应强烈，纷纷称赞这是对孩子们的自理能力、动手能力和道德教育的一种很好的锻炼方式。家长也参与其中，分享了很多高效的方法和拿手的家常菜，孩子和家长齐参与，共进步，活动收效甚好。事后，有许多家长建议今后利用微信这个平台，多开展诸如此类的活动，这种教育手段远远强于空洞的理论说教。这种新颖的家校沟通形式，一定会成为孩子们健康成长的“加油站”，他们会循着正确的人生轨迹良性发展，为促进他们全面发展、健康成长奠定良好的基础。

让“微交流”成为传递正能量的阵地

去年我带六年级，做了一节市级的禁毒教育课，这节课是可以邀请家长来参加的，但是由于是工作日，很多家长没有时间来。于是，我就把有孩子们精彩表现的小视频、传递“珍惜生命，拒绝毒品”的相关视频，以及采访已经毕业的孩子们和家长们的录音放在了微信群里，供没能来参加活动的家长们观看和学习。家长们看到孩子们的汇报视频，纷纷点赞，感叹孩子们的自我学习能力超乎想象；听到孩子们对未来初中生活的美好展望，给予祝福与鼓励，表示要和孩子一起奋斗，引领孩子创造更加美好的未来；看到视频里的青少年因为学业、交友等问题走上歧途，导致吸毒误终身时，发出了深深的感慨。不断有家长反思，表达了自己在人生观、价值观、世界观上对孩子引导的缺失，认识到自己只追求成绩的提高，忽视了对孩子心智的培养，并表示此后会从内心重视起来，不功利、不急躁，有恒心、有毅力地引导孩子、教育孩子、培养孩子，让孩子在更安全、更健康的环境里生活、学习。

虽然很多家长们没有到现场来参加我们的禁毒教育课，但是通过微信这个平台，我们分享，我们交流，我们反思，我们成长，我和学生及家长一起迈步向前。我想，教育传递无须拘泥于形式，只要是有利于孩子、有利于家长的，我们都可以充分利用起来。而“微交流”这种形式，就让我们的班级充满了正能量。

将微信平台的“微交流”引入教育教学和班级管理是时代发展的必然趋势，必将给教育教学和班级管理带来革命性变革。作为一种全民通用的社交软件，我深信，随着微信系统的不断升级，功能的不断完善，微信平台所带来的家校教育合力将会体现得更加淋漓尽致。我们教师应跟上时代发展的脚步，主动学习和充分利用互联网技术，让自己的教育教学水平更上一层楼。

微信，是我国著名互联网公司腾讯推出的一款现象级应用软件。微信的存在，让腾讯公司奠定了寡头的地位，获得了通往移动互联时代的“站台票”[33]277。在互联网史上，微信是截至目前人数增速最快的在线通信工具，从上线到同时在线用户数突破1亿仅用了433天。相较而言，为达成同样目标，QQ用了近10年，Facebook用了5年半，Twitter则用了4年。截至2015年6月，微信与WeChat合并，月活跃账户数达到6亿[33]288，而中国2015年移动网民整体数量才6.2亿[34]。可以说，在中国只要是拥有智能手机的网民几乎都装有微信这款应用程序。

微信的前身来自对一款跨平台即时通信软件KiKi的模仿，但是KiKi是一款只能发送文字和照片，不能发送其他附件的极简通信软件。而升级后的微信可以同时一对一、一对多发送文字、图片、声音、视频、文档等多种类信息，实现全方位信息交互；可以通过“红包”功能进行资金流动，实现交易、激励、活跃气氛等作用；可以通过“朋友圈”功能实现一对多的公开宣告，他人也能通过“点赞”与“留言”对公告进行反馈；等等。通过不同版本微信的升级，围绕着这款最初的即时通信工具构建出了半公开的社交区域。对家校合作来说，在这个半公开的社交区域中所有教师、家长、学生都能充分展示自我，从多方位多维度进行沟通与合作。案例 1 与案例 2 中的教师均使用了微信这一新媒体工具促进家校合作。

案例 1 中的教师经常将孩子的动态视频记录下来发放至微信群，尽可能让家长直观了解孩子在学校中的生活状态。在过去，家长只有在一学期仅举办数次的家长参观日等活动中才能直接了解孩子的学校生活。现在，只要教师愿意传递信息，家长几乎每天都能直观感受到孩子的学校生活。同时，教师设计了家庭任务表，要求家长和孩子在家自评与互评，这不仅帮助教师了解家庭教育的进展，也帮助家长们了解彼此之间的家庭教育情况，方便家长之间互相取长补短。第一，相对使用传统媒体的时代，新媒体支持下的家校合作大大丰富了家校双方信息传递的内容，提高了效率。第二，教师充分利用了微信的隐私功能，避免儿童社交尴尬，能更有效处理儿童社交问题。第三，教师对朋友圈的使用，拓展了有限时间与有限空间对儿童的长期限制，使得尽可能多的学生在一长段时间内受到不是来自教师一个人，而是来自大众的肯定，有效激励儿童学习并长期约束行为，进而培养他们的好习惯。案例 2 中的教师则进一步将微信当作为缺席家长“补课”的平台，通过微信教育孩子，也教育家长。

二、多种媒体的有效结合

在应用新媒体支持家校合作的过程中，许多教师觉得单一的微信、QQ 等即时通信工具建立的社交区域并不能满足自身的需求，因此纷纷通过寻求其他的社交平台，如公共博客、学校自建教育信息管理平台来弥补单一媒体的不足，获得家校合作中更长时间范围、更丰富形式的交流合作。以下 4 个案例（案例 3、4、5、6）是教师们将微信与其他新媒体工具结合使用以促进家校合作的经验与心得。

案例 3:“网红”效应

以前提到老师,大家都会想到这是太阳底下最光辉的职业。可是在网络时代,这种评价可不多见了,很多时候网络平台上对于老师的评价竟然都是负面的,以下这位微博发布者就是一位老师,她说出了很多老师的辛酸。

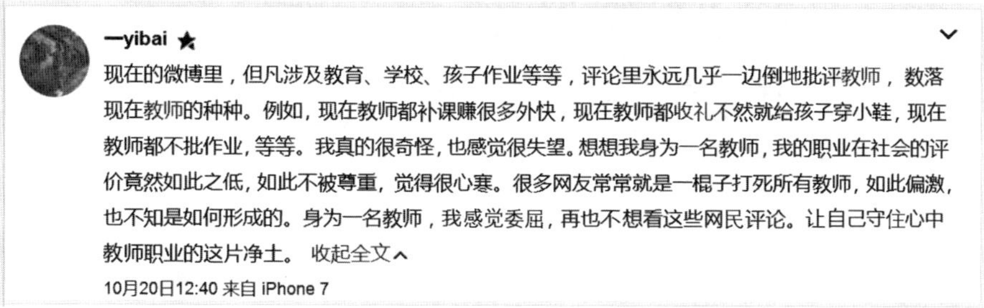

一yibai

现在的微博里，但凡涉及教育、学校、孩子作业等等，评论里永远几乎一边倒地批评教师，数落现在教师的种种。例如，现在教师都补课赚很多外快，现在教师都收礼不然就给孩子穿小鞋，现在教师都不批作业，等等。我真的很奇怪，也感觉很失望。想想我身为一名教师，我的职业在社会的评价竟然如此之低，如此不被尊重，觉得很心寒。很多网友常常就是一棍子打死所有教师，如此偏激，也不知是如何形成的。身为一名教师，我感觉委屈，再也不想看这些网民评论。让自己守住心中教师职业的这片净土。 收起全文

10月20日12:40 来自 iPhone 7

图 4-16　某老师微博发言

不仅仅是这位老师,我想看到这段言论的每一位老师都会觉得很委屈,觉得自己的努力真是都白费了,这种言论不但伤人,最可怕的是会让一些不明真相的家长带着戒备的心理看待我们老师,会对我们产生一种不信任感。最直接的表现就是孩子一旦在学校有任何问题,家长第一反应就是认为孩子可能受到了不公平待遇。有一位老师曾对我说,她最害怕的就是家长的电话和信息了,因为往往那就是因为一些小事却给老师打来抗议的电话,搞得很多活动她都不敢开展了,就怕家长有这样或那样的质疑。

可是大家有没有想过社会上的人为什么会有这样的想法,根本原因就是他们对教师这个职业不了解,只片面地看了网络上的一些负面消息,就武断下结论。如果我们能把自己的工作展示在他人面前,那么这些消极的言论自然就没有生长的土壤了。

我最近关注了一个微博的博主,她就是一位普通的六年级班主任,她每天在空间里做的事情就是把自己在班里解决孩子纠纷的小案例在微博上发布,分享给其他人。

这就是她分享的一个小案例。

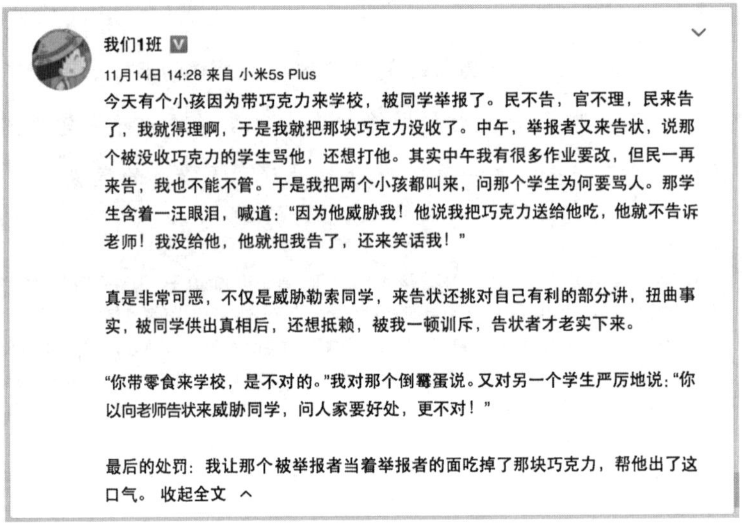

我们1班

11月14日 14:28 来自 小米5s Plus

今天有个小孩因为带巧克力来学校，被同学举报了。民不告，官不理，民来告了，我就得理啊，于是我就把那块巧克力没收了。中午，举报者又来告状，说那个被没收巧克力的学生骂他，还想打他。其实中午我有很多作业要改，但民一再来告，我也不能不管。于是我把两个小孩都叫来，问那个学生为何要骂人。那学生含着一汪眼泪，喊道："因为他威胁我！他说我把巧克力送给他吃，他就不告诉老师！我没给他，他就把我告了，还来笑话我！"

真是非常可恶，不仅是威胁勒索同学，来告状还挑对自己有利的部分讲，扭曲事实，被同学供出真相后，还想抵赖，被我一顿训斥，告状者才老实下来。

"你带零食来学校，是不对的。"我对那个倒霉蛋说。又对另一个学生严厉地说："你以向老师告状来威胁同学，问人家要好处，更不对！"

最后的处罚：我让那个被举报者当着举报者的面吃掉了那块巧克力，帮他出了这口气。 收起全文 ^

图 4-17 教育学生案例

她处理学生关系的方法十分有趣，得到了很多人的赞赏，同时也被很多人称为有想法的好老师。在她的微博下我看到了很多家长的留言，他们不但认同老师的做法，还对老师的认识有了很多的改变，也有一些人分享了自己小时候遇到的好老师的故事，他们由衷地感谢这些教授了他们知识、培养了他们正确的人生观和价值观的恩师们。

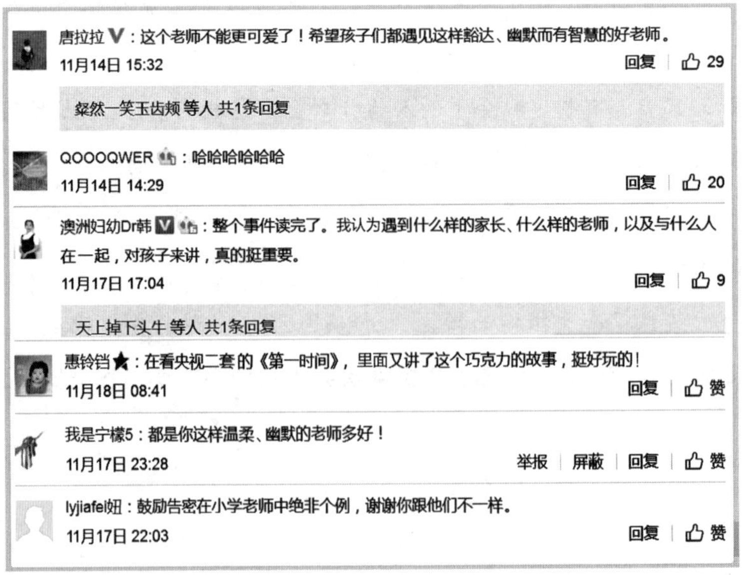

唐拉拉：这个老师不能更可爱了！希望孩子们都遇见这样豁达、幽默而有智慧的好老师。
11月14日 15:32 回复 | 29
粲然一笑玉齿频 等人 共1条回复

QOOOQWER：哈哈哈哈哈哈
11月14日 14:29 回复 | 20

澳洲妇幼Dr韩：整个事件读完了。我认为遇到什么样的家长、什么样的老师，以及与什么人在一起，对孩子来讲，真的挺重要。
11月17日 17:04 回复 | 9
天上掉下头牛 等人 共1条回复

惠铃铛★：在看央视二套的《第一时间》，里面又讲了这个巧克力的故事，挺好玩的！
11月18日 08:41 回复 | 赞

我是宁檬5：都是你这样温柔、幽默的老师多好！
11月17日 23:28 举报 | 屏蔽 | 回复 | 赞

lyjiafei妞：鼓励告密在小学老师中绝非个例，谢谢你跟他们不一样。
11月17日 22:03 回复 | 赞

图 4-18 网友对"网红"博主的留言评论

看着评论者对老师这种职业的理解和认可,我由衷地感到欣慰,由此我不禁想到,我们现在做的一切和这个老师不是一样的吗?可是我们为什么要“害怕”家长们呢?因为我们没有让家长们看到我们在做什么。他们不了解我们为了孩子付出了什么。我们何不像这位“网红”博主一样,把自己为孩子做的一些事情展现在他们面前呢?当家长们看到我们做的这一切都是为了孩子以后,他们自然就不会再被那些毫无根据的言论所蒙蔽了。在这里,我就以我自己为例,给大家讲一讲我是如何在班级中做一个“班红”的。

建立班级博客,架设沟通桥梁

和很多老师一样,每接到一个班级我就希望能把这个班级带好,让孩子们养成好习惯,成为优秀的人,因此,我绞尽脑汁地想了很多方法。自己花钱给孩子们买奖品,比别的班级开展更多更丰富的班级活动,耐心解决孩子遇到的每一个问题。作为一年级语文老师,我还积极参加教学改革,和教研员一起尝试更加有效的教学策略,为此我还花了很多钱做了一些教具。我觉得我做得很好,付出了很多,可是不久后我就发现了问题。

尽管每天作业都提醒,可是每次上课孩子的生字卡片都带不齐,甚至有时只有十几个孩子带,我当时有些生气,觉得我做的一切都白费了。家长们难道连制作几张卡片的时间都没有吗?于是我向组里的老师吐槽,组长笑着和我说,要是我是孩子的家长我也不愿意给你做这个卡片。我疑惑了,不禁问:“为什么?这可是为了孩子认识更多的字啊,而且还可以边游戏边认字,多有意思啊!”组长反问我:“那么你告诉家长们这种识字方法好在哪里了吗?在家长们眼里,你这就是给他们找麻烦啊,书上不是有字吗?干吗还非要再做卡片呢?”组长的话让我无言以对,是的,我是经过了培训才明白低年级孩子需要手、眼、脑一起动才会记忆深刻的,可是家长们不知道啊,在他们眼里,我可不就是没事找事吗?那要怎么把这个信息传递给家长呢?于是第二天,我在上语文课时给孩子们拍了几张照片。把孩子们学字时最快乐的笑脸展现在照片里,然后在我们学校新关联的一个家校互动平台——希望谷上发布了这样一个内容。

2015-09-15 11:51:29 李秀君
今天，学校姜校长和高主任以及其他老师来听我们班的语文课《欢庆》，在这里要感谢家长们为孩子们准备了生字卡片，我们这种全员参与识字的方法也再次得到了老师们的认可，同样给孩子带来了乐趣，让他们在游戏中学习了生字知识。

图 4-19 《欢庆》课后感受

没想到这次博客更新的第二天，班上居然只有两个孩子没有带卡片了，而且其中一名同学的家长还给我打电话说他们买了最好的卡纸，但是还没有邮来，希望我能谅解。

这次的成功真是意外之喜，为了验证这种方式是否能得到家长们的认同，我决定趁热打铁，再继续更新博客。

正好，接下来一周我们班要进行升旗仪式，需要进行班级诗文背诵展示，这其实挺让我感到头疼的，在学校因为时间紧，几乎没有时间让孩子们背诵，而且我们班背诵诗文一直是个难题，每次学校抽背时我们班表现情况都不太乐观，于是我发布了以下这篇博客。

2015-09-16 13:51:23 李秀君
下周周一是忙碌的，因为我们（6）班将在下周一早晨8点第一次担任升旗的任务，为了这个升旗仪式，我们同学已经练习了好几天，每个同学都回家去背诵《弟子规》，为了那天的5分钟班级风采展示。好样的，孩子们！继续加油！相信我们会看到闪光的自己！

图 4-20 升旗排练感想

这次班级博客更新之后，效果就更明显了，以前总不愿意背诵的孩子，第二天竟然背下来一大半，有些孩子还对我说，妈妈陪她一起背的，叫她一定要为班级争光，因为升旗是特别光荣的事情。

于是一周后的周一升旗结束时，我再次发表了这样一个内容。

2015-09-21 16:45:13 李秀君
升旗仪式上，我们的《弟子规》背诵在校会上得到了高主任的表扬，校领导让全校同学学习我们班同学背诵，我们可是压力不小，要继续坚持啊！在此也感谢各位家长这一周来陪伴孩子们背诵！今天的荣誉也有您的一份！

图 4-21 升旗活动总结

发表完这篇博客，我回家后惊喜地发现，居然有家长在博客下面留言了：

“二(6)班成了家长口中的榜样，早已听说今天是你们的升旗日，在这特别的日子里，我随同校外的几位家长一睹你们的风采，鲜艳的五星红旗高挂旗杆，带我回忆儿时的美好。在悦耳的晨诵中感受你们的认真，在欢快的体操舞曲中感受你们的快乐。这一切似乎有些意犹未尽，期待下一个今天！同样感谢你为我带来一个别样的早晨。加油孩子们！加油李老师！”

几篇短短的博客，居然比十几次的作业提示还管用，这让我很惊讶，也尝到了甜头。于是我一发不可收地写起了班级博客，把每天班级的重要事件发到班级博客，在家长和学校之间建起了一座沟通的桥梁。

一开始我发布的博客内容大致可以分为以下两个方面：

第一是和家长沟通教学、教育评价标准。

我们的语文生字的评价标准更有趣了，大家都来抢星星啦！
一星：书写正确
二星：不涂改
三星：书写漂亮
四星：及时完成

图 4-22　作业标准

孩子们会把作业拿回家，家长们就会关注教师对作业的批改情况，这个时

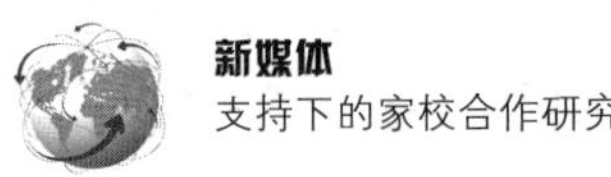

候我们就可以把自己对孩子作业的评价标准在博客上告诉家长们，一来是让家长在辅导孩子作业时和学校的评价标准一致，二来更是传递给家长一个信息，老师批作业是用心的，是为了孩子的发展的，可不是画个勾那么简单。

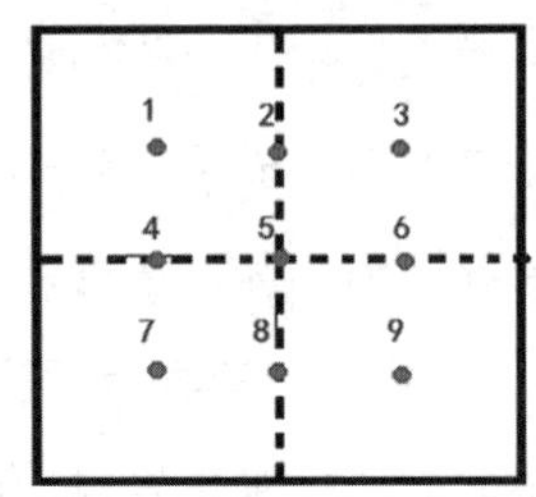

九点法是教研员根据一年级孩子书写时字体结构不容易掌握的特点所用的方法，它把田字格人为分成多个部分，方便孩子看范例。

在练习书写时先让孩子说一说范例的笔画起笔、落笔在哪个点上，再进行临写。

图 4-23　九点法介绍

现在的教育理念更新很快，一些先进的教学方法和技术工具会被运用到教学中来。因为是新事物，且专业性比较强，自然会有一些家长对此表示不理解，甚至会觉得这些教学方法很可笑，久而久之，就会对老师的专业性有所质疑，这个时候，我们就应该把这些好的教学理念也发表出来，让家长们看到它的效果。当家长认同了老师的教学方法，见识到了它的好处，辅导孩子时自己也就会学着用了。

第二是表彰班级的荣誉，给家长信心。

上周本班被评为纪律优秀班集体和卫生优秀班集体。同学们你们真棒！继续努力！

图 4-24　晒班级荣誉

利用班级博客一段时间后,家长们比以前更加关注孩子在学校的学习生活了,班级博客的阅读量也在不断增加,这个时候我就想到加强这个班级家庭凝聚力的时刻到了,于是我会在班级参加学校活动时拍一些照片,尤其是获得学校奖项时,我要让家长们知道自己孩子所在的班级是十分优秀的,自己的孩子在这样一个班级中没有什么好担心的,这样做不仅仅是让家长对老师有信心,也大大减少了家长之间因为孩子问题产生纠纷,因为它传递给家长一个信息:班里的孩子都是好孩子,出现一些纠纷很正常,自己家孩子不会受委屈。所以这个班级三年来,没有一起学生间纠纷闹到家长那里去的。

就是这样,大到我的教育理念、学校的各种活动安排,小到孩子课间的一件件有趣的小事、一次次小小的进步,我都会坚持记录下来。而且我发现有些家长也开始在平台上写起了博客,很多时候都是关于一些很棒的家庭教育方法的分享,真是意外之喜。此外,一些家长开始自觉地维护我了,每一次留作业有家长不明白的地方,总是有其他家长第一时间站出来为我解释,说这个作业李老师一定是有目的的,咱们配合就好了。

恰当选用网络媒体,实现家校共育

我想很多老师都用微信这个网络平台和家长进行沟通,实际上我在平时教学时也是班级博客和微信一起用的,而且合理地选用不同网络媒体能使家校沟通更加全面,也能更好地实现家校共育,下面我来分析一下这两种网络媒体的优缺点。

班级博客的优点是,可以图文并茂地编辑展现一篇较完整的博客,随时可以查阅。它适合对某项教育活动进行介绍和总结性评价。但它的缺点是,不是很快捷,对于突发事件不能及时发布。

微信的优点是,发布信息很及时,家长查阅比较方便。但它的缺点是,信息零散,容易被覆盖,不适合发表完整的班级教育见闻。

家长熟悉了班级博客和微信这两个沟通平台,我就想着能不能利用它做更多的事情。于是我想到了是不是也可以让家长们参与进来,这样更有利于班级管理。这个想法是由一次和家长面谈促成的,有一个非常内向的孩子的家长找到我,说希望能每天和我聊一聊孩子在学校的表现,因为孩子在家里一句话也不愿意说,言语间有对孩子在学校情况的担心,怕孩子在学校受欺负,老师不关注。

我很理解这位家长,而且知道班里也有其他家长想知道孩子在学校的情况,可是担心打扰到我,便不好意思天天询问孩子的情况。我想何不利用班级博客和微信把我们班级建设管理的一些措施展示给家长们呢,这样一方面我可以和家长们配合管理班级,另一方面家长也可以对自己的孩子在学校的学习生活状况有一个了解,在家里则能更好地引导和教育孩子。

低年级孩子的家长对孩子的关心是最多的,因为家长和孩子一样,对于进入新环境都有期待和担心,我抓住这一特点,就想让家长时刻能够了解孩子在班级的情况。于是我做了一个尝试,让家长打开微信群就能及时了解到孩子每天每节课的学习情况,方式也简单易行。做一个不记名的小组榜,让孩子回家告诉家长自己的座位在哪里,然后和科任老师配合对孩子每节课的学习状态做一个评价:对于课上积极发言、认真学习的同学,老师会在他的小组榜上加五星;课上不违反纪律,能好好学习的就加一星;而在课上有不听讲情况,违反纪律的就没有星星了。一周以后,我会对本周在小组榜上得五星较多的同学进行奖励,评出一周在学习、纪律、卫生、礼仪、体育方面表现较好以及有进步的同学,并且评他们为“班级五星少年”。

图4-25　班级评价榜展示

这样家长们只要想看就能随时知道孩子在学校各节课的情况了，在班级博客中，我是这样介绍这种评价方法的：这个小组榜除了让家长了解孩子的在校情况，最重要的作用就是让孩子关心自己，管理自己，这样他在学校学习就有了目标。所以很多时候，对于被扣星的孩子，我都会问其原因，然后会因为他认识到问题再给他加回去，就是让孩子来和我交流，这样，我觉得比批评孩子有用。

于是学生就建立了一个小集体，在组长的带领下在学习、卫生、纪律等各个方面为小组争光，各小组还有自己的管理制度和奖励措施。每天我都会利用 10 分钟对这一天的小组榜进行反馈，让一天中得到五星最多的孩子与大家分享一下他们比较成功的做法，让得星最少的组说说自己小组存在的问题，并发动大家帮他们找出解决问题的方法，然后让每个组针对这天的情况，结合之前听到的他人之长，修订好次日的目标及做法。

一开始这个小组榜是教师来进行评价的，随着时间的推移，我开始慢慢把这项工作交给了小组长们。

为了公平，我还选出小组榜的监督员，负责给同学们解释评价标准，避免误会和纠纷。慢慢地小组长评价走上了正轨，甚至不用老师费心，每天的管理活动进行得有效、有序，大大提高了班级管理水平。

利用微信私聊，消除家长误解

当然，任何新事物的出现都难免会伴随着质疑的声音，虽然很多家长对于小组积分榜很认同，觉得自己的孩子真的很有进步，能主动回家学习了，但还是有一些家长对此不太理解，尤其是得知小组榜开始由孩子评价以后。

一开始看到这位家长的微信消息，我也有些头疼，一瞬间自己都对我的这种教育方式有了怀疑。不过看到其他家长对我的认同和鼓励，我还是相信这种做法没有错，于是决定从这个内向的孩子身上入手，帮助这位妈妈真正理解我的做法。我觉得这是一个很好的契机。我很早就注意到这个孩子很喜欢读书，于是每周五的“侃书会”会让他先来讲故事，并把他讲故事的过程录下来，给他妈妈看。每次小组榜上这个孩子有加分，我就单独拍给那位妈妈，然后告诉她这个加分是什么原因。

慢慢地，这位家长也发现了孩子的变化，于是就发微信给我分享这个好的

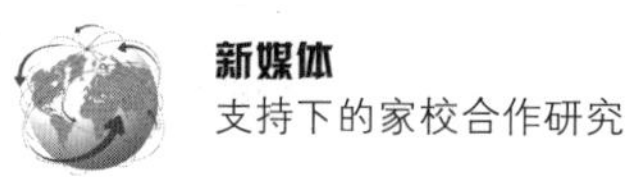

消息，我也祝贺学生，并告诉学生妈妈，我会继续为孩子们付出。

又过了两个星期，孩子靠着自己的努力，得到了“五星少年”的称号，我在班级博客发布了孩子的获奖照片，他的妈妈第一时间给我发来了微信。

网络平台介入教学可能会让我们这个职业面临更多的非议，面临更多的监督，但是又何尝不是给我们带来了更多的便利呢！只要我们利用好它，它就能成为我们的万能钥匙。最后我想再次用那名“网红”班主任的一个微博内容做结尾，也给我们每一名教师鼓鼓劲！

我们1班

11月24日 12:46来自小米5s Plus

昨天一个朋友问我，为什么这么执着地想做一个小学班主任？这个工作又忙碌又琐碎，很有乐趣吗？我对她说，我喜欢公平公正的生活，虽然渺小如我，改变不了整个世界，但我可以在我的班级里营造这样一个小小的世界：作恶就要被惩罚，善良就应该被保护，每个人脸上都没有受过欺负的瑟缩和委屈，每个人的心都是光明的，每个人的灵魂都是自由的。前段时间，我们语文学习的单元主题是鲁迅，在这单元课文结束的时候，我给学生们念了鲁迅的这一段话：“愿中国青年都摆脱冷气，只是向上走，不必听自暴自弃者流的话。能做事的做事，能发声的发声。有一分热，发一分光，就令萤火一般，也可以在黑暗里发一点光，不必等候火炬。”我也带他们一起念了这段话。这便是我的教育信仰。我愿意永远做一个小学班主任。收起全文

收藏 3986 1092 14381

图 4-26 “网红”班主任的教育心得

案例 4：新媒体环境下家校合作的实施

班主任工作琐碎繁杂、千头万绪，但与家长沟通是班主任必须要做的工作之一。苏联著名教育实践家和教育理论家苏霍姆林斯基说：“如果没有整个社会首先是家庭的高度教育素养，那么不管老师付出多大的努力，都收不到完美的效果，学校里的一切问题都会在家庭里折射出来，而学校复杂的教育过程产生的根源也都可以追溯到家庭。”老师与家长之间关系处理得好坏，一方面会通过老师直接影响到师生关系，另一方面会通过家庭教育这一渠道影响学生。在这个教育信息化的时代，如何利用新媒体互动平台，让家校合作为学生的健康成长营造良好的氛围，为班主任工作开启方便之门，从而促使班主任提升班级管理水平呢？以下是我在班级管理中利用新媒体进行家校合作的一些方法

与感受。

交流渠道畅通，方便解决问题

家校和谐是班集体顺利开展各项学习与活动的前提。新媒体为家校交流，构建和谐班集体提供了很好的抓手。每一位家长都想了解孩子在学校的表现如何，但大部分学生的家长平时工作都比较繁忙，很少有时间能来学校细致地了解孩子在校的表现，甚至有些家长常年出差，与孩子聚少离多，对孩子的成长了解非常少。考虑到这些实际因素，以及大部分家长常用的交流工具，利用年轻人常用的QQ、微信、飞信、微博等新媒体开展家校交流成了一种快捷有效的沟通方式。我将关注到的学生学习与生活的细节及时利用校园平台或微信反馈给家长，并在微信中指出孩子的问题，提出解决问题的方法，让家长了解问题的同时得到正确的指导方法；指出孩子进步的地方，与家长沟通取得进步的原因，给家长信心的同时也让家长感受到教育孩子的动力。

我们班有一位特殊的听损儿童，由于小时候接受了人工耳蜗手术，家长对孩子尤其关怀备至。在刚刚接触一位新班主任时家长有很多的担心，特别强调让孩子坐在班级第一排的正中间位置，一定要及时关注孩子有没有不舒服的感觉，担心孩子在班级里面受欺负……而孩子在班里的表现其实非常好，与同学相处也很融洽，但是学习习惯不太好，而且见到妈妈就会变得脆弱。为了让家长了解到孩子在班级的状况，解除家长对孩子的担忧并将注意力放在教育孩子上，我时常将孩子在校的表现以图片和文字的形式发送给孩子母亲，让她知道每一位老师都很关注这个孩子，同学们也都非常友善。我还把孩子母亲的担心传达给班级家委会成员，家委会的妈妈们也自发地经常与孩子的妈妈谈心，让孩子的家长感受到班集体的温馨，从而对孩子放心，成功地将关注点从消极一面转到积极一面，孩子的成绩有了大幅度提高，也变得比以前更开朗了。

世界万物都是相互依存、相辅相成的。和谐的家校关系是社会和谐的重要组成部分，和谐的家校关系能实现教育效益的最大化。学校和家庭就像水渠的两壁一样，能够引导学生走上健康成长、发展之路，恰当利用新媒体进行家校沟

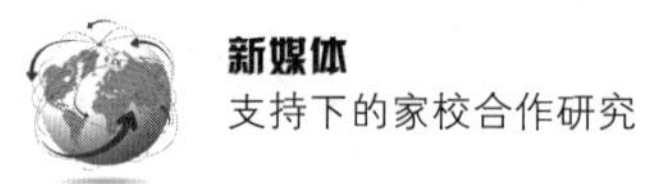

通,能更好地促进家庭、学校的教育,从而促进学生的全面发展。

记录成长,印下足迹

微信是我们班最常用的家校沟通方式,班级共建立了三个微信群,分别为:阳光三班畅聊群(以下简称“畅聊群”)、阳光三班公告群(以下简称“公告群”)、阳光家委会群(以下简称“家委会群”)。最常用来进行家校沟通的就是畅聊群。当学校或者班级有活动,我都会拍下精彩的一瞬间上传到班级畅聊群里,让家长们感受孩子在活动过程中的努力、自信与快乐;当天气发生变化,如看到预报有雨的消息,我会在畅聊群里提醒家长及时给孩子准备好雨具、增减衣物;当课堂作业反映出一些共性的问题时,我会拍照并及时上传错题图片、分析错误类型,同时和家长们共同探讨学习方法。

结合学校开发的综合素质平台,我鼓励家长们将孩子小学阶段有意义的事情配图记录在综合素质平台上,家长们可以在平台上浏览自己的孩子和别人的孩子的成长足迹,家长们在互相欣赏中共同交流和进步,而综合素质平台里的图片也将会是老师工作中选取素材的重要来源。

这些资料的上传与交流不仅让家长对学校的情况有了一定的了解,还让家长通过对比知道了自己家的孩子在哪些地方有不足,从而有了前进的方向。这样的新媒体交流平台,给家长们提供了重要的学习机会和正式的学习场所,更

张嘉湉 2年3班 8小时前

上传人: 张嘉湉

所属栏目: 赏曲

2018年5月20日,练钢琴1小时。

自评: 自觉练琴棒棒哒!

作评价 发证据 发活动 我的

图 4-27 综合素质平台活动展示

新了家长的教育观念，解答了家长在家庭教育中的困惑和某些困难，在无形中提高了家长的教育水平。这些充满关爱的图片与留言，让家长感受了班主任的责任心，自然而然，家长对老师的信任度提高了，老师和家长共同记录下孩子们成长的印记，家校距离无形中越来越近。

新媒体促家校联手，达成同一个目标

接下来我想介绍一下我们班的另外两个微信群的功能应用。公告群用来发布一些公告和通知，目的是让家长们不错过班级重大事件，家长们平时不在里面交流想法，有任何想法可以在畅聊群里面发表见解。班级家委会的代表组织成立了家委会群，我们班的家委会群成员主要分为家委会主席、生活部长、文艺部长、财务部长、宣传部长。这些家长是班主任工作过程中主要面对的家长群体，他们大部分都不工作，全身心投入在孩子身上，经常参与到班级活动中来，在班级活动中献智献勇、出谋划策。这些家长每次都会先领会班主任的思想，他们代表班级家长在班级上发言，有时也会站在班主任的角度和其他家长沟通。

为了既节省家长们的时间，又能及时进行相互交流，我和家委会代表们每个月利用微信群的语音功能进行一次语音短会议。当我在语音会议中反映现在的家庭大部分都是独生子女，很多孩子都缺少和伙伴一起玩耍的体验，缺少正确游戏指导时，家委会成员便在班级群里共同商讨如何让孩子们更融洽地相处，更快乐地成长，结合每个月的班级主题设计了伙伴同行的班级活动。家长们在交流中越来越熟悉，心与心的距离越来越近，谈话对班级成长越来越有帮助。家委会成员会在会议结束后以“一传一”的方式将班级发展规划和家长沟通，在促进班级成长的同时，拉近了老师与家长、家长与家长之间的距离。

案例5：数字化平台拉近老师、学生、家长的距离

我校是一所九年一贯制学校，通过建设个性化学校，实现成就个性化教师和培养个性化学生的教育目标。学校提倡为每个学生的全面发展提供最适合的教育，为每个学生的个性培养提供最有特色的教育，努力打造办学个性化、施

教科学化、校园数字化、规模集团化、学习国际化的首都名校,争做朝阳区人民最满意的学校。

近几年学校在校园数字化方面进行了全方位的信息化改造,传统的家校互动方式已不能满足学校与家庭之间的沟通需要,我们正日益频繁地运用家校互动平台、QQ、飞信、微信等网络沟通工具进行家校间的互动活动。作为一线班主任,我们从与家长的沟通和与学生的互动入手进行了深入的研究和实践探索。

搭建家校互动平台,促进家长和学生共同成长

我从事的是低年级段的教学,孩子们初入小学,家长们最关心的就是孩子平时在学校的生活情况、上课表现之类的信息。所以一开始我就建立了班级通知群和家长互动群。在班级通知群里我经常会向家长发布一些家庭教育的小知识和相关链接,让家长和孩子共同学习成长,同时对于一些对家庭教育有错误认识的家长,及时地将一些新的教育方法、教育理念传授给他们,让他们也能够在学习中成长。我还及时通过班级通知群向家长告知学生在学校的活动情况和相关信息。班级通知群拉近了学校和家长的距离,即使家长出差在外也能第一时间看到孩子参与的活动和学习方面的收获。

但我也知道班主任在运用新媒体与家长进行沟通时,一定要尽好自媒体的把关责任,要积极地在群中传递正能量,牢记师德规范,在家校合作中合理、规范地使用新媒体技术传播经验和智慧。

利用校园综合素质平台,打造家庭和学生个性生活

我校于2017年2月结合《陈经纶中学嘉铭分校“全人教育”实践手册》和北京市初中生综合素质评价电子平台研发了北京市陈经纶中学嘉铭分校综合素质评价平台,全校所有年级的师生都可以在平台上记录学生的学习生活情况,真正实现了综合素质评价“九年四段”全覆盖、全推广。

电子综合素质平台包括四大模块:紫藤花开、身心健康、校园活动、学业成就。孩子或家长通过手机就能随时上传在校参加的各种活动,并发表个人感受。教师通过教师平台对学生参加的活动进行评价和给予星章奖励。同学们

也可以用星章进行互相评价。学生看到了老师和其他同学及家长对自己的关注,很容易得到鼓励,学习就会更有动力和信心。

学校通过各大传统节日和国家特殊节日发布主题活动。比如寒假时平台发布了构建经纶学子健康生活方式的“八大处方”学习要求;5月25日是“我爱我”心理关爱日,在这一月中学校在平台上发布了心理健康问卷,并通过后台对学生暴露出的心理问题进行分类,每位同学都会得到个人的心理分析报告……

学生在综合素质平台上展现了自我,让其他同学了解到更全面的自己。

创建班级公众号,助力家校合作持续发展

我相信“1+1>2”的教育协同效应。我的班级一直实行家校共育的班级管理模式。家校共育,总的来说是为了孩子的健康成长,让孩子充分享受来自老师和家长的关怀,享受教育给孩子带来的欢乐。每新接一个班级我都会成立家长教师协会,我班的家长教师协会分为“家长助学团”“志愿服务团”“发展规划团”。每个学期初我会召开家长教师协会会议,我把我本学期要培养学生养成怎样的习惯和达到什么样的能力告诉家长,我们共同设计适合学生的校内外活动,让家长、孩子快速融入大家庭中。学校、家庭、社会三方面教育在方向上达到一致,时空上密切衔接,作用上形成合力,教育的整体效果也就达到了最大化。我把学校的办学理念传达给家长,我们共同制定了班级愿景。我班的班级愿景就是“在成长中获取知识,在知识中快乐成长”,我班的班训是“诚心、细心、真心、开心”,即做人诚心,学习细心,待人真心,生活开心。

我的家校工作也积极运用新媒体技术,以求丰富家校合作的形式,拓展家校互动的功能,建立家校合作的支持网络,共享集体智慧,助力孩子成长。家长委员会为班级创办了班级微信公众号,记录孩子成长的点点滴滴,每次的特色活动都被图文并茂地呈现在公众号文章中。学期末家委会为孩子制作班级成长手册,记录班级一学期的活动,总结孩子们一学期的收获。

通过探索新媒体在家校沟通中的运用,逐步加强了家校沟通的有效性,家校合作取得明显的成效。学校教育和家庭教育是缺一不可的,学校教育需要家长的支持,家庭教育需要学校给予科学的指导。只有学校教育与家庭教育步调一致、相互补充、形成合力,教育才能发挥出它最大的作用。

案例6:新媒体·新班级

我们都经历过信息不发达时代,那时经常出现家长和教师的沟通断层,学生在校生活和在家生活的状态无法得到很好的转变,教师只能通过电话联系、家访、家校沟通本来进行沟通交流。随着社会的不断发展,教育体制的改革和教育理念的不断更新,作为教育工作者的我们更应该适应时代的潮流,登上信息科技飞速发展的列车,运用多种新媒体工具来开展具有信息时代特色的班主任工作,提升班级管理水平和效果,从而更好地促进学生身心发展。

方向与功能定位

互联网新技术催生各类新兴平台,移动视频直播、知识社区、网络电台等带来传播革新的同时,新媒体正在重塑网络舆论格局,为受众提供了更多表达方式和渠道。

在方向上,班级新媒体应力求“三化”,即多元化、圈群化、视听化。尝试以图片、视频、音频组合的多元表达,与家长实现学生在校状态的便捷分享和交流;以班级通知群、回复群为纽带,建构起同一目标、多种策略的交流模式;以微视频为重要载体,使班级日常活动在家长眼中更加透明化、清晰化。

定位上,班级新媒体应体现四大功能,即信息公开、活动协同、舆论治理和服务沟通。也就是提供信息时加强对家长们需求的调研,知晓家长对于学生教育的需求清单和问题清单,强调家校之间的协同,让沟通和引导更有效果。

具体应用方法及策略

建立家委会。班级家委会的建立是为了密切班级与家庭的联系,充分发挥家长对学校及班级工作的参谋作用,协助班主任做好教育工作,努力让班内孩子全面发展,让家长相互学习,营造家长、老师和学生之间互动的教育氛围,形成教育合力。而运用微信建立的家委会群使家长们的沟通变得日常化，每当班级中有需要家长们进行配合的各项活动，如亲子运动会统计到场人数、调整班级内学生的座椅高度、六一儿童节展示活动等等，家委会都会成为协调学校和家长利益关系的桥梁和纽带。

日常沟通的必要性。微信的语音功能和朋友圈使人们的交流变得更加方便快捷，我们在家校联系和工作中建立了通知群和回复群，班级的任课老师也加入到群中，这样学生、家长、老师就紧密地联系在了一起。我们通过通知群，发送学校的重要教育教学活动、学生的学习情况、班级组织的各项活动、部分学生在校期间出现的问题或者现象等信息给家长和学生。为了避免消息覆盖，我们还特别建立了家长回复群，在回复群中，每个家长都能提出自己的疑问、询问学生学习的状态、发表对于科任教师的看法、讲述教育孩子时所产生的困惑或者好的方法，大家相互交流，一起参与到班级管理和孩子教育的讨论中，出谋划策，共同解决问题。

开展班级各项活动。传统的班级管理烦琐而复杂，自从微信这个新媒体工具出现后，我们就可以通过该平台来实现升级版的班级管理。在班级需要组织活动时，参与活动的人数可以通过班级微信群内的报数回复来进行，清晰高效。在活动中拍摄的大量照片也能够通过微信群进行及时的分享，家长和学生们也都能通过这个渠道来讲述自己参加活动的感受。活动结束后，家委会还会组织家长利用"美篇"进行活动总结，大量的照片还能够存放在网盘中，随时都能够进行查看和下载。

在"带蚕宝宝回家"这个活动中，从孩子们最开始见到蚕宝宝时的既兴奋又小心翼翼的神情，到第一次触摸到蚕宝宝时的害怕和激动，学生们描画绘画日记时的认真和仔细等都能够及时地被一一记录下来。在家中，学生如何照顾蚕宝宝，家长们冒着雨去采摘桑叶等活动，让学生懂得了只有努力才会有回报。这些都是通过微信、网盘等方式来实现了班级数字化管理的活动。

特殊学生特殊联系。对于班级内的特殊学生，传统模式中教师会进行家访或者电话联系，而在如今新媒体发展十分迅速的情况下，利用班级数字化平台，教师能够及时给予家长相关反馈,及时记录孩子的变化,有效地进行家校沟通,达到“5+2>7”的效果。

班级中有一个发育迟缓的孩子,主要表现在与人沟通能力较弱,语言表达能力不强。针对这个孩子的特殊情况,在学校时教师保持关注他与其他学生的沟通情况,出现偏差时及时进行纠正并与家长进行沟通交流,而当学生家长在教育孩子出现问题时,也能够通过图片、语音等方式及时与教师沟通。在孩子阅读课外书时,因为孩子客观原因,学生父母意见不统一,在小而精的背诵还是大量阅读的选择中难以取舍,这时教师及时介入提供更加专业化的意见,使学生和家长获益良多。

学科融合促进成长。多学科融合关联本质上就是以一条线索为主干,建立一个树状的、根系发达、枝叶繁茂的知识结构。这个线索可以是一个学科的知识系统或学生的生活经历、经验、体验,甚至是几首歌、一串数字等。由于有了电脑技术与大数据技术的支持,这几年,多学科融合关联有了长足的发展。

对于语文教师,在班级建设中,学科融合更是不可忽视的,每天早读时学生书声琅琅的《三字经》,语文课上的课文故事,数学课上的计算技巧,科学课上的大自然,课间活动的浇花、折纸、看书、魔方都是在进行着潜移默化的学科融合,而这些都离不开新媒体的支持。

微信、微博、网盘这些新媒体不仅在生活中为我们提供了便利,更是在如今的教育中占据了不容忽视的地位,作为青年教师的我们,更应该善用这些新媒体,使它们能够以多种形态助力学生的综合发展。

博客,英文名为 Blog,是一种可以由个人申请管理、随个人需求发布公开半公开信息的网站。博客是继 MSN(微软公司旗下的门户网站)、BBS(俗称网络论坛)、ICQ(一款即时通信软件)之后出现的第四种网络交流方式。博客可以分享文字、图像、音乐、视频、其他网站的链接等,其他博客管理者通过产生有阅读价值内容的方式获得反馈与关注,读者也能以互动方式留下交流意见。在互联网上发表博客的构想始于 1998 年,但直到 2000 年才开始流行，至今博客这种新媒体平台，艺术、文化、政治等多个领域已催生出许多知名博主，也即俗称的“网红”。国内比较著名的博客平台有新浪、网易、天涯、搜狐等。

微博，英文名为 Microblog，是一种允许用户即时更新简短文字(通常少于140 字)并且可以公开发布的微型博客形式。相较于可以长篇大论的博客，微博更具有便捷性，以及背对脸的创新交互方式、演绎实时现场的能力等特点，代表性微博网站有 Twitter(美国的一个社交网站，全球互联网上访问量最大的 10 大网站之一)、新浪微博等。

网盘，又称网络 U 盘、网络硬盘，是一项在线存储服务，由服务器机房为用户划分一定的磁盘空间，为用户免费或收费提供文件的存储、访问、备份、共享等文件管理功能。用户可以通过网盘存储各种信息资源，不担心信息丢失，也可以通过将网盘地址发送给他人来实现文件的共享。国内网盘的代表性应用有百度网盘、360 云盘、115 网盘、华为网盘等。各院校也常常自己购买服务器，为学校内部和学校相关人士提供网盘服务。

学校自建的教育信息管理平台一般属学校为了单一或者综合的教育目的自主建立的具有信息发布、交流、管理的独特线上平台。这些平台一般为封闭状态，仅供学校人员与家长们使用。

案例 3 中的教师是多种新媒体的熟练使用者，她通过博客和微博等工具获取同行业教师的教育教学信息，一方面学习优秀教育教学案例，另一方面通过获取公众对教育教学案例的直接反馈寻求反思并开拓新道路，创设解决自身面临教育教学问题的新方案。通过对比现有身边的新媒体——微信与班级博客的优劣，综合应用不同媒体来促进家校共育。案例 4 中的教师通过微信在一个班级中创设了多个不同的社交群，每个群承担不同的功能。其中，畅聊群承担日常闲聊功能，信息更新最快，信息量也最大；家委会群仅与部分家长实现班务共管，不定期进行部分信息交流；而公告群只发布统一公共信息，信息更新相对最慢。不同功能群的建立通过人工方式弥补微信聊天信息难以归类、难以直接在公共群内限定人群进行隐私信息交流等缺陷。更规范、更正式的学生记录，则在学校提供的教育信息管理平台上完成。案例5中的教师主要通过学校搭建的教育信息管理平台——综合素质评价平台的各个特色模块来推进家校合作。案例6中的教师则尝试使用网盘来存储共享体积更大的文件信息(微信文件传输限制在50 MB以内),使用新媒体关注特殊儿童教育,并对多学科融合的理念提出了自身的认识。

三、小结

本节主要选取了有代表性的教师使用新媒体进行家校合作的案例进行研究。案例中中小学教师凭自己的智慧利用新媒体去解决传统手段解决不了的家校合作问题,他们均取得了一定成果。教师们首先会选择手边最方便、应用范围最广的新媒体工具——微信来进行家校合作,当他们发现单一媒体的不足和局限时,也会根据现实条件(考虑学校是否有自建教育信息交流管理平台)来选择多种其他新媒体工具来辅助家校合作。教师将新媒体促进家校合作的应用范围拓展得很广,几乎替代了传统媒体的所有功能,同时又尝试了新环境下新理念的实现——利用新媒体进行多学科融合。近年,在教育部的要求下,北京市响应号召,落实责任,强化学校家庭教育工作指导,丰富学校指导内容,先后实施移动课堂、家长学院、实施推广父母学院等,为加强家庭教育工作提供条件和基础。最后,值得一提的是,案例中的教师使用新媒体支持家校合作多用于信息交流以促进沟通,对针对家长的教育内容的分析和介绍相对还比较欠缺。

参考文献:

[1]邓琳.如何利用微信建立家校合作[J].中小学班主任,2017(2):53-54.

[2]傅维利.论家校微信交流冲突中教师的角色担当[J].中国教育学刊,2017(10):26-30.

[3]郁琴芳.家校合作视角下教师新媒体素养:内涵、结构与价值[J].教育

发展研究,2015(24):80.

[4]王敏婕.社会分层在家校合作中的表现及其影响:美国家校合作的最新研究[J].外国中小学教育,2005(1):21.

[5]张皓."宅"时代下大学生沟通能力研究[J].教育与职业,2013(18):182.

[6]闫妍.家长参与高校学生管理模式创新研究[J].广西民族大学学报(哲学社会科学版),2014(2):188.

[7]王盛峰.家校教育网络合作机制研究[J].教学与管理,2015(25):15.

[8]梁云真.基于"校讯通"平台的家校沟通研究[D].开封:河南大学,2009.

[9]马金金.网络家校合作的家长满意度研究[D].上海:上海师范大学,2008.

[10]张琼.信息平台在小学家校合作中应用现状的调查研究:基于长沙市六所小学的调查[D].长沙:湖南师范大学,2015.

[11]董艳,王飞.家校合作的微信支持模式及家长认同度研究[J].中国电化教育,2017(2).

[12]米炳灿.以X园为例探究"微信订阅号"在"家园共育"中应用的现状[D].保定:河北大学,2016.

[13]潘振娅.影响家校合作的家长因素研究:基于对上海YH中学的调查分析[D].上海:华东师范大学,2008.

[14]闫佳坤.APP平台技术下的小学家校合作[J].教学与管理,2017(23):13-15.

[15]王朋娜.班级博客促进中小学家校合作的策略研究[D].保定:河北大学,2010.

[16]KARTHER D E.Schools and families:creating essential connections for learning[J].American Secondary Education,2001,30(3):84-87.

[17]张国成.微信的现状和问题研究[D].成都:四川省社会科学院,2014.

[18]任雪梅.基于微信公众平台的中小学家校合作的研究[D].成都:四川

师范大学,2015.

[19]张竹林.开拓家校合作渠道,提升家校共育成效[J].好家长,2016(33):86.

[20]沈晔.基于班级博客的家校合作实践研究[D].宁波:宁波大学,2013.

[21]董艳,武欣欣,王飞.班级博客对家校合作的支持途径研究[J].教育科学研究,2016(6):64.

[22]吴佳兴.基于安卓平台的家校合作移动端的设计与实现[D].沈阳:沈阳师范大学,2017.

[23]安文华,田夏彪.家校互动视角下教育媒介应用的选择定位[J].教育文化论坛,2017,9(2):30.

[24]陈忠强.基于SSH框架的中小学家校互动系统的设计与实现[D].咸阳:西北农林科技大学,2017.

[25]HENDERSON A T,BERLA N.A new generation of evidence:the family is critical to student achievement[M].National Committee for Citizens in Education,Washington,DC.,1994:174.

[26]GREENWOOD G E,HICKMAN C W.Research and practice in parent involvement:implications for teacher education[J].The Elementary School Journal,1991,91(3):279-288.

[27]孙孝花.谈美国家长参与学校教育[J].内蒙古师范大学学报(教育科学版),2004,17(6):67.

[28]满建宇.论现代学校治理体系中的家委会建设[J].中国教育学刊,2014(9):45.

[29]杨惠兰.小学家长参与学校管理的问题及对策研究:基于福建省Q市的调查[D].重庆:西南大学,2017.

[30]张培,孙承毅.利益相关者理论视野下的家长参与学校管理问题探究[J].当代教育科学,2009(23):45.

[31]于洋.网络环境下小学教育家校沟通模式的调查分析:以乌鲁木齐地

区学校为例[J].新课程(小学),2016(6):65.

[32]EPSTEIN J L,SHELDON S B.学校、家庭和社区合作伙伴:行动手册[M].吴重涵,薛惠娟,译.南昌:江西教育出版社,2013.

[33]吴晓波.腾讯传(1998—2016):中国互联网公司进化论[M].杭州:浙江大学出版社,2017.

[34]中国互联网络中心.第41次中国互联网络发展状况统计报告[DB/OL].http://www.cac.gov.cn/2018-01/31/c_1122347026.htm.

展望篇

创新结果被分为：合意和不合意的、直接的和间接的、可预料的与无法预料的。

结论 1：创新扩散结果通常会使体系中的早期采用者与后期采用者之间的社会经济地位差距扩大。

结论 2：创新扩散结果通常会使体系中的上层阶级与下层阶级之间的差距扩大。

结论 3：扩散推广人员经过一定的努力，可以使社会体系中的贫富差距缩小，或者至少不会使差距再扩大。

——E.M.罗杰斯《创新的扩散》

第5章 家校合作新样态

第1节 技术发展的新方向对家校合作的影响

父母是孩子的第一任老师,也是最重要的老师,从价值观、人生观以及生活中的方方面面都对孩子的决策能力、学习态度等产生着影响。所以如果父母对信息化智能时代的新技术在教育教学中应用表现出热情和重视,孩子们也会受到感染,用更加积极主动的态度去对待科学技术。2015年《科学》(*Science*)发表的研究表明,如果家长使用智能手机应用程序,且在家庭亲子互动过程中融入一些数学知识,家里小学生的数学能力便能够几个月内得到提升。如果家长非常在意孩子的数学成绩,并且能够将这种担忧和重视转化为实际行动,那么他们孩子的数学成绩通常会得到显著的提升。[1]

下面我们将结合增强现实技术、创客教育以及STEM教育等在教育教学中的实践情况进行探讨,了解学生家长对这些新技术在教育教学中应用的态度,以及智慧教育时代家校合作所可能出现的新样态。

一、增强现实

增强现实(augmented reality,简称AR)技术是虚拟现实(virtual reality,简称VR)技术的延伸,是运用计算机技术将现实世界中较难体验到的视觉、听觉、味觉、触觉等信息虚拟化后叠加于现实环境，从而通过电子设备屏幕将虚拟世界和现实世界套叠并形成互动，创造全新感官体验的技术形式。[2]78这种基于现实世界、由虚拟数据增强的交互手段，给教育者提供了全新的表达方式，也用最贴近自然的交互方式为学习者搭建了一个自主探索的空间。AR技术具有五方面的特征，它在教育中的应用潜力主要体现在：抽象的学习内容可视化、形象化；支持泛在环境下的情境式学习；提升学习者的存在感、知觉和专注度；使用自然方式交互学习对象；传统学习与新型学习相结合。[3]

AR技术在教育领域中的应用主要是用户将电子终端设备上的摄像头对准印刷品上的某一特定区域的图案或标记进行识别和计算，在电子终端设备的显示器上生成虚拟的信息化对象，而此虚拟的信息化对象又叠加于现实环境中，从而达到虚拟和现实同时存在的效果。国内外现有的研究证实了AR技术在互动方式、提升阅读兴趣和认知效果等方面的优势，[4]这对该技术的发展和使用起到了重要的支持和鼓励作用。近年出现的绘本图书也是对AR技术的一种扩展应用。绘本教育是儿童教育的一种特殊教育形式，其主要内容包括：①绘本阅读，幼儿通过阅读绘本中的文字内容，观察绘本中的细节，学习绘本中呈现的知识与文化，同时培养幼儿的语言能力；②绘本绘画，通过在绘本上进行绘画描写，充分发挥幼儿的想象力及创造力，培养幼儿的绘画能力；③绘本教学，家长和教师可以利用绘本形象生动的画面以及精简凝练的句式，对幼儿进行知识的讲解；④绘本游戏成为绘本教育的新形式，亲子间可以针对绘本学习内容开展相应的亲子游戏。AR技术提供的全新的展示方式与交互方式，都极大地拓展了传统教育内容的展现形式，也增强了各个年龄阶段儿童的学习兴趣和积极性，能够与教育教学内容有效地进行深度融合，也将为发展亲子绘本教育提供新的设计思路。然而在实际教学中，家长对AR技术的态度究竟如何，还有待进一步深入探究。

例如刘晓晔和孙璐通过对46名5—6岁儿童家长的访谈，了解到了AR技术应用于科普童书的优势和挑战。该研究采用随机取样的方式，以自愿参与为原则,以学生家长为调查对象,学生家长的选取倾向于学历较高、亲子阅读经验较为丰富的、更加理性的群体,以防他们被技术的外在特征所吸引,而未关注到技术的适宜性。通过对亲子共读 AR 科普童书之后的家长访谈,分析家长对 AR 技术应用的态度。研究结果表明学生家长对 AR 技术应用于科普童书总体上表现出认可的态度,并且也都表现出一定的购买意愿。同时,家长一方面能够意识到儿童在未来的生活中离不开电子设备,另一方面也难以摆脱技术滥用所带来的恐慌,因而他们在对儿童使用电子设备的态度上表现得极为矛盾。例如:较为理性的家长能够敏锐地察觉到 AR 技术应用于科普童书与儿童科技教育的密切关系,指出 AR 技术可以帮助儿童形象化地学习科学,同时认为这种利用电子设备的方式也可以有效地避免儿童一味沉迷于电子游戏,且在电子设备运用与儿童的学习之间建立了良好的桥梁。还有一些家长则对 AR 技术的使用可能给儿童健康带来的影响表示担忧。他们强调由于 AR 技术需要借助摄像头、手机、电脑等电子设备实现,因而势必会对儿童的健康产生影响,从而拒绝或者犹豫是否应该使用该科普童书。调查中也发现,家长担忧和拒绝购买的主要因素是担心该产品对儿童视力、语言发展、亲子交往存在负面影响及其可能会导致电子产品沉溺等问题。[2]81

苏梅婴在研究中结合 AR 技术的特点,对亲子绘本阅读与亲子绘本游戏进行了剖析,对活动组织模式、交互手段和内容进行了重新设计,并且基于 AR 技术的应用平台,以实际的绘本为例,开发了幼儿亲子绘本教育的 AR 应用 APP,开展了教学实验,使用量化数据对新形势下的使用效果进行了评估。结果表明使用 AR 技术应用的角色扮演式绘本阅读收到了很好的效果,受试者对绘本内容的理解更加深刻,也能够准确地抓住人物形象的特点,运用 AR 技术的绘本深受家长与孩子的喜爱。AR 技术为亲子绘本教育提供了更多形式的学习资源,包括三维立体模型、多媒体资源、AR 场景等丰富多彩的学习内容。语音交互、触控交互、手势与表情交互、虚拟交互等高科技的交互形式,充分调动了儿童的视觉、听觉等多感觉器官,有效地培养了儿童的语言能力、思考能力、想象力和创造力,促进儿童的多元化发展。[5]

国外研究者卡斯卡莱萨(Cascalesa)和康特罗(Contero)等探索了学生家长对学前教育中应用 AR 技术的态度,结果表明家长对 AR 技术在学前教育中的应用持肯定态度,他们表示将 AR 技术融入学龄前儿童的学习可以提升儿童的学习动机,增强他们的想象力和创造力等。而且,AR 技术的使用与儿童的学习成绩呈现显著正相关,例如阅读和写作能力的提高。[6]另外有研究者通过邀请孩子和家长共同阅读一本使用了 AR 技术的书,了解家长对 AR 技术应用于学习的态度。结果发现学生家长普遍认为 AR 技术融入学习能够增强学生对学习内容的印象、提升学生的学习动机、促进学生对学习内容的理解。但是仍然有一部分父母表现出不同的看法,他们对 AR 技术在学习中的应用持怀疑态度或否定态度。[7]

郑琨鸿(Cheng)于 2017 年又通过访谈的形式单独调查了学生家长对 AR 学习的理解和所采取的相应措施。此次调查共选取了 90 个家庭,其中台湾南北部各 45 个,家长的年龄介于 31 岁至 50 岁之间,对移动设备如智能手机或者个人平板电脑比较熟悉,但是没有 AR 技术的相关应用经历。而学生的年龄介于 7 岁至 14 岁之间,男女生比例基本持平,他们都是台湾某小学的学生。调查结果表明家长对 AR 学习的概念理解可以分为 8 个层次类别,分别是增加存在、引起注意、培养动机、扩展内容、获得深入理解、增强互动、阻碍阅读和想象力减弱。而家长与他们的孩子在阅读融合了 AR 技术的书籍的过程中,所采取的相应的措施可以概括为 6 类,分别是陪同、协助、演示、提示、指导、与孩子进行讨论等。进一步的深入探究发现,拥有更复杂概念的学生家长更加倾向于使用深度的方法与子女阅读融入了 AR 技术的书籍,反之亦然。[8]

从上述文献中也可以发现,对于 AR 技术在教育教学中的应用,学生家长普遍持肯定态度。例如:有的家长表示 AR 技术可以为那些不能去艺术画廊的孩子提供观看艺术作品的机会,另外,将 AR 技术融入书本中,学生可以通过便携式设备观看到更多的信息,这将对他们的学习有很大的帮助。然而也有少数的学生家长持否定态度,他们认为该技术的使用会阻碍学生真正地阅读,同时也会限制学生的想象力和创造力。例如:有的家长就表示使用了 AR 技术后,学生们不再关注书本上的其他细节内容，相反，他们将注意力集中在平板电脑上，积极地探索使用平板电脑还能玩什么。也有家长表示阅读纸质书籍可以帮助子女培养丰富的想象力，而使用了 AR 技术之后，孩子们看到了虚拟的实际物体，这对他们的创造性思维并没有太大的帮助。

未来研究应探讨如何使得 AR 技术更好地与教育教学相融合，促进学生阅读以及其他学科学习，以消除学生家长的诸多顾虑，真正发挥智能时代信息化技术给教育所带来的革命性影响。

二、创客教育

创客（Maker）一般是指不以营利为目的，利用 3D 打印技术以及各种开源硬件，努力把各种创新创意转变为现实的人。创客既是一群喜欢或享受创新的人，又是一种自由、开放、民主、草根传播的社会文化，一种无所不能、不走寻常路的人生态度，一种动手操作、探究体验式的学习方式。[9] 祝智庭等认为创客教育是以信息技术的融合为基础，传承了体验教育、项目学习法、创新教育、DIY 理念的思想；[10] 而郑燕林等则提倡“基于创造的学习”，更加强调学习者融入创造情境，投入创造过程。[11] 杨现民等基于此提出创客教育是一种融合信息技术，秉承“开放创新、探究体验”教育理念，以在“创造中学”为主要学习方式和以培养各类创新性人才为目的的新型教育模式，是适应知识经济时代发展的以能力为导向的教育。创客教育继承了项目教学法、做中学、探究式学习等以学生为中心的教学思想，并借助与信息技术的融合开拓了创新教育的实践场地，具体来讲，创客教育在我国的教育实践具有如下几个优势：一是创客教育贯彻了以学生为中心的教学思想；二是创客教育为学生提供了互动和合作的空间；三是信息技术在外部为创客教育提供了发展的环境，在内部促进了成员的交流；四是创客教育强调的创新精神和综合运用知识技能解决问题的能力，是将来学生在求职和就业中必不可少的能力；五是创客教育有助于培养和发展学生的动手能力，培养他们“尚技重工”的文化。

中小学创客教育发展势头强劲。例如温州实验中学作为温州市首批青少年创客基地之一,创建了创客空间,为学生提供动手制作、交流的平台,鼓励学生参与多学科综合性的研究项目。为促进学校创客教育的发展,温州实验中学还开设了一系列创客教育课程,包括“多媒体编程”“电子制作”“机器人”“网页编程”等,并且有教师专门负责对创客空间进行指导和管理。北京景山学校也在实践中积极推动学校的创客教育,建立了创客空间,开设了涵盖小学、初中和高中的创客教育课程。另外,北京景山学校还积极联合校外资源,与新车间、机器人战队、北京创客空间的创客们一起研发了面向少年儿童的创客课程设计模式,重新调整原有的机器人课程,更加注重培养学生的创造兴趣、能力及习惯。

“爱家创酷”中国家庭创新教育行动由中国儿童中心首倡,自从 2016 年 6 月举办以来,已经吸引了全国多个省市校外教育机构和家庭、学校的参与。它侧重于建设并探索新的家庭创客教育模式,着眼于将社会创新与家庭个人创意有机结合,弥补当前全民创新热潮中社会基础创新细胞——家庭缺失的局面,通过构建家庭创客空间,利用亲子互动互学、家庭成员一起做、酷娃玩具自造等方式,创建家庭创客空间,让家人一起动手创建美好生活,成为儿童学习成长、提高生存能力及社会适应能力的新起点,使家庭成为万众创新浪潮中创客们可持续生长的摇篮,使环保、创新、实践成为家庭的文化基因,让动手做成为家庭的一种时尚生活方式。

例如:有一些陪孩子参加创客活动的家长就表示,在启发式的教学环境中,孩子们往往能够突发奇想,提出一些平时我们会忽略掉的看似“违背常规”的设计方案。但是在这里,无论是老师还是家长,都不会否定孩子们的想法,而是和孩子们一起讨论,并提出建议,甚至是帮助孩子寻找相关的资料,协助孩子带着问题去学习。特别是在孩子操作失败的时候,家长们更多的是给予鼓励,与指导教师一起商量改进的方案,并陪同孩子们不断地尝试。真正做到了家长、教师与学生共同学习,共同成长。

有的教师就表示创客制造的过程是用来练习失败的过程。例如:台湾一位做媒体工作的母亲,在《练习失败的创客夏令营》中概括了创客活动“过程大于成果”的理念，让很多的创客教育者为之点赞。毕竟创客活动是面向真实世界的学习，真实世界总是错综复杂的，失败不可避免。有位家长在带孩子参加创客活动后，也觉得一次次失败的经历锻炼了孩子的心理承受能力。有一次带孩子参加“姆潘巴现象”的数字探究实验，因为仪器设备的原因，总会有一个传感器失灵，导致实验失败了很多次，孩子委屈地哭了好几次。但是家长觉得这个过程并没有什么不好，正是因为这些失败，才锻炼了他的心智，让他明白并不是每次都能成功，成功都是以一次次的失败为铺路石的。

尽管有多数家长都对创客在教育中的实践表示支持，但是也有一部分家长在参与过一些创客教育活动之后，对此存在一些担忧，例如：家长对创客的东西不懂，该如何给孩子提供帮助？孩子们在创客教育中是否真正学到知识？创客教育是否真正对孩子们的成长有帮助？这些可促进人们对创客教育进行新的思考。

三、STEM 教育

STEM 是科学（science）、技术（technology）、工程（engineering）、数学（mathematics）等四门学科英文首字母的缩写，其中：科学在于认识世界、解释自然界的客观规律；技术和工程则是在尊重自然规律的基础上改造世界，实现对自然界的控制和利用，解决社会发展过程中遇到的难题；数学则是技术与工程学科的基础工具。STEM 与教育教学相融合，重点是加强四个方面的教育：一是科学素养，即运用科学知识（例如物理、化学、生物科学和地球空间科学）理解自然界并参与影响自然界的过程；二是技术素养，也就是使用、管理、理解和评价技术的能力；三是工程素养，即对技术工程设计与开发过程的理解；四是数学素养，也就是学生发现、表达、解释和解决多种情境下的数学问题的能力。从实践来看，STEM 教育并不是简单地将科学与工程组合起来，而是要把学生学习到的知识与机械运转过程相结合，转变成为一个探究世界相互联系的过程，通常是基于真实问题的探究性学习，更加强调学生在复杂情境中发展解决问题的能力。[12]

STEM 技能对发展其他多元技能至关重要,当孩子们有机会收集证据并解决科学问题时,他们也在积累着更加强大的技能,而这些技能可以以多种方式运用到现在及未来的生活中。美国一项最新研究表明,父母如果经常和孩子讨论沟通与数学和科技相关的信息,则会在潜移默化中帮助孩子提高学习竞争力和对相关职业的兴趣。这也就意味着如果父母掌握了有效传达 STEM 的方法,他们的孩子不仅在数学和科学方面的成绩能够提升 12%,还会对 STEM 职业产生浓厚的兴趣,并且可能会在大学里选修 STEM 课程。总而言之,父母是潜在的尚未开发的资源,他们能够很大程度上提高孩子们对 STEM 的认识和兴趣。美国威斯康星大学开展了一项超过 10 年的研究项目,调查父母对子女选择 STEM 课程的影响。研究中实验组比对照组的学生多选修了近一学期的 STEM 课时,结果表明,实验组不仅数学和科学在 ACT 考试中的成绩提高了,而且大学选修 STEM 课程、从事 STEM 相关职业以及全面认识 STEM 领域的价值的学生数量都有所增加。该研究成功挑战了社会上公认的命题"父母与孩子谈论数学和科学无用论",并且也为联邦政府决策者提供了新的视角,即通过父母来培养孩子 STEM 信念的重要性。

已有研究表明,课外环境下的学习活动能够有效巩固孩子在课堂上学习的科学概念和做过的实践活动,同时丰富 STEM 课程的学习。此外,课外学习活动还能够增强孩子们对 STEM 课程的兴趣,增进孩子们的理解和认识,不但有利于孩子们的校内学习,还能把 STEM 课程渗透到日常生活中。每个孩子都是不一样的,尽管人的大脑具有可塑性,但是有些孩子比其他人更容易理解和接受科学知识,而有些孩子则可能需要花费更多的时间和精力,但并不意味着学不好。作为父母,需要的是发现孩子的优势和劣势,支持和帮助孩子健康成长,而不能只制造压力,暗示他们擅长什么,或不擅长什么。家长可以在家庭中创造 STEM 环境,例如:和孩子一起观看科学纪录片或者电视节目,并一起进行讨论;定期参观科技馆、博物馆等,参与他们的相关活动,培养孩子对 STEM 的兴趣。另外,为顺利开展 STEM 教育,家长还应该帮助孩子学习和掌握一定的批判性思维能力,教会孩子如何观察事物、提出问题、做出假设并且去验证它,教会孩子自己利用相应的工具去寻找答案,这也是从事科学活动的基础。而当孩子在实践过程中遇到问题,应该鼓励他们试着自己去寻找答案,这个发现真理的过程,会激发孩子对科学的兴趣。几乎所有的学生都从中受益,因为该项目教授的是独立创新、允许学生运用所学技能对所有学科进行更为深入的探索,而这也正是孩子们能够为未来所储备的最重要的,甚至是唯一必要的技能。

国外研究者甘恩(Gann)和卡彭特(Carpenter)调查了29位采用在家教学帮助孩子进行学习的家长,了解在教授孩子STEM课程的过程中所使用的教学策略,结果说明,家长们使用的教学策略主要可以概括为个性化教学、掌握学习、自主学习、与同龄人和成年人的合作学习以及与实际生活相联系等。其中个性化的教学主要强调家长根据学生的需求灵活调整和分配资源,主要是一对一的辅导;掌握学习则是依据行为主义的观点,将信息分解成碎片,并且要求学生在学习下一组知识之前先掌握前一组的知识;自主学习主要是学生根据自己的实际情况安排自己的学习进度,并及时调整计划,完成学习任务;合作学习则主要是指参加社区活动或者和自己的同龄人进行合作活动,如合作社课程、小组项目及俱乐部等;与实际生活相联系是指要求学生能够在实际的日常生活中学会学习,如参与STEM俱乐部活动和机器人竞赛等,通过真实的案例来帮助孩子理解相关的概念,并真正从STEM教育中受益。[13]这些家长在STEM教育中所使用的教学策略能够很好地为国内家长提供启示,较好地解决家长们在帮助孩子学习过程中所遇到的问题。

国内研究者董宇通过实证研究的方式得出结论:对学生早期STEM兴趣产生最大影响的人物,排名前两位的就是老师和父母。小学一年级至四年级,父母的影响最大;随着学生年龄的增长,接受学校教育的年限增多,朋友和老师的影响日益凸显;到了中高等教育阶段,影响STEM兴趣的因素中,排第一的是老师,其次是朋友,最后才是父母。家长是孩子学习的榜样,更是孩子的老师。无论教育改革如何发展,发生变化的都只是学生6—8个小时的学习时间,一天中的其他时间都会受到家长言传身教的影响。这种影响尽管是看不见、摸不着的,但是却真实地反映在学生的教养和素质上。尽管家庭领域内的教育属于私人的领域，但是教育系统对学生的评价并不会因此就只限制在公共领域（学校）中，毕竟学生素质是两种教育环境下的产物。所以，重视家庭教育，才能赢在教育的起点。STEM 教育也是如此，如果能够从小就尊重学生自己的选择，鼓励并支持学生在 STEM 方面的兴趣，那么学生在学校教育中则会更加投入，这对他们学业成绩的提高有着重要的作用。所以，从这个角度上来说，家长们一方面要不断提升自身素质，注意言传身教，另一方面也要重视家庭与学校教育的配合，多与学校老师沟通交流，鼓励并积极支持学生的 STEM 兴趣。通过进一步的多元线性回归分析发现，父母的支持态度对孩子的 STEM 学习兴趣和 STEM 素养都产生显著影响。父母的学历也对孩子的 STEM 兴趣产生影响。总体来讲，父母的学历越高，学生的 STEM 素养就越高。家庭教育不仅仅是指父母对学生进行知识上的教育，更重要的是情感上的鼓励和支持，是一种爱的教育。父母的尊重与支持能够使学生在校学习没有心理负担，并且选择自己喜欢的东西，学习自己喜欢的东西，甚至可能会因为这份鼓励和爱的存在而能够更加快乐地享受自己选择的东西。因此，父母在 STEM 教育方面的态度对学生 STEM 的兴趣和素养的影响都不容小觑。学生家长可以从以下两个方面进行提升和改进：一是不断提高自身的素质，加强学习，关注言传身教的力量；二是尊重孩子的选择，多鼓励学生，让学生有面对未来的信心和勇气。[14]

从家长对 STEM 教育的态度来看，我国应该继续坚持 STEM 教育，在基础教育阶段大力开展课程教学，促进 STEM 教育在学校的顺利实施。如果国家的相关政策（尤其是资金的支持）、学校制度（尤其是科学教师的培养）能够与父母的教育形成三位一体的大好局面，那么我国的科学教育将会形成一个新的局面，我国公民的科学素质也必将迈上一个新的高度。

无论是哪种新技术在教育教学灵活使用，多数的家长都会对此表示支持，希望自己的孩子可以从中学习到更多有用的知识和内容。但是有的家长仍然会存有一些顾虑，如新技术的使用是否真的能提升学生的学习效率，是否真的可以提高学生的学习能力，是否会增加学生或家长的学习负担，以及是否需要支付部分的开销，等等。这些新技术在学校中的应用还需要进行深入的探索，以求更好地发挥其功能,为教育教学提供周到的服务。

当前机器人也大量进入到教育领域,并快速形成一种新的技术应用。家长在进行家庭教育时,可积极主动学习相关知识,并与学校开展的教育活动相结合,激发孩子学习兴趣,给孩子的学习提供相应帮助和支持。

第2节 新媒体支持特殊教育中的家校合作

教育的目标是让每个人能够全面、自由地发展。为了实现这个目标,学校和家庭需要考虑不同学生的能力和学习需要,并给予适当的辅导和帮助。因此,在教育当中我们需要特别地重视一个群体——特殊儿童。此外,在新媒体时代,各种信息新技术的不断发展、演变,也为特殊教育提供了巨大的支持。

一、特殊教育概述

特殊教育(special education)是教育的一个组成部分,它是使用一般的或经过特别设计的课程、教材、教法和教学组织形式及教学设备,对有特殊需要的儿童进行的旨在达到一般和特殊培养目标的教育。[15] 1994年联合国教科文组织召开的世界特殊教育大会中通过的《萨拉曼卡宣言》提到每个儿童都有其独特的特性、志趣、能力和学习需要,教育制度的设计和教育计划的实施应该考虑到这些特性和需要的广泛差异。因此,在特殊教育中,对于特殊儿童的界定及心理分析是一项十分重要的工作。

(一)特殊儿童

一般而言,特殊教育的对象是特殊儿童(exceptional child)。不同国家和地区对特殊儿童的界定和划分往往有不同的标准。

从狭义上讲,特殊儿童专指残疾儿童,即在身心发展上有缺陷的儿童,又称"缺陷儿童"或"障碍儿童"。它包括诸如智力残疾、听力残疾、肢体残疾、视力残疾、精神残疾、多重残疾等。而从广义上来说,特殊儿童是指在智力、感官、情绪、身体、行为或沟通能力上与正常情况有明显差异的儿童，其中不只包含低于发展正常的儿童，也包含高于正常发展的儿童及有轻微违法犯罪行为的儿童。我国的特殊儿童分类标准是在狭义概念的基础上增添部分广义概念内容而形成的。[16]

此外，英国 1978 年发表的《沃纳克报告》(*the Warnork Report*)中首次提出了“特殊教育需要儿童”(child with special educational needs，简称 SEN)的概念。特殊教育需要儿童是指因个体差异而有各种不同的特殊教育要求的儿童，这涉及心理发展、身体发展、学习、生活的各个方面，长期或一定时间高于或低于正常儿童的要求，其中不仅包括对某一发展中缺陷提出的要求，也包括对学习有影响的能力、社会因素等提出的要求。[17] 美、英等国的特殊儿童分类标准大多基于“特殊教育需要儿童”的概念设定。

（二）特殊教育的形态

目前，国内外存在的特殊教育主要有两种形态：特教学校教育以及随班就读教育。[18]1-16

1.特教学校教育

特教学校教育是指让特定类别的残障儿童在专门建立的学校接受教育。我国设置了三类特殊教育学校：盲人学校、聋人学校和培智学校。这些学校的教育具有针对性，能够针对特殊儿童的特殊情况调整教育方针和目标，但往往缺少与正常社会群体接触的空间。

2.随班就读教育

随班就读教育是指将特殊儿童安置在普通学校的班级中接受教育的一种形式。随班就读教育要求教师在课堂上进行差异化教学，并建立支持保障体系，确保为特殊儿童提供合适的教育。

这两种教育形态各有优劣，是目前国内外针对特殊儿童进行教育的主要途径。

二、信息技术支持下的特殊教育

在信息化社会中，信息技术对教育产生了十分重要的作用，其中特殊教育更是受到了极大的影响。

（一）新媒体时代特殊教育新形态

现代信息技术与先进的康复设备，为特殊儿童扩宽了生存和发展空间，提高了其康复水平，改变了其学习方式，也加快了他们社会化的进程。信息技术支持下的特殊教育为教师和家庭提供了多种技术支持，他们可以利用多媒体资源、学习软件等，运用更为生动、形象的图像信息和声音信息刺激特殊儿童产生学习动机，帮助孩子建立学习兴趣和信心；也可以通过先进的技术手段帮助先天感官功能缺失的儿童更好地感知世界。此外，利用信息技术可以帮助特殊儿童进行早期干预，帮助他们逐步恢复健康。

信息技术在特殊教育中的应用具有以下几个特点：[19]①个别性。信息技术可以弥补传统教学媒介功能的不足，有针对性地解决特殊儿童个体信息接受差异的问题，实现个别化教学。②多样性。信息技术为教师提供了多种多样的资源，特殊儿童可以根据自己的兴趣和需要选择不同的学习路径，也可以借助这些资源在教师的辅助下进行探索，培养对生活和学习的信心。③直观性。信息技术能够提供集图、文、声、像于一体的资源，将抽象理论形象化，对特殊儿童感官进行有效刺激，激发学习兴趣和思考能力。④合作性。信息技术能够利用其强大的网络互动功能，帮助特殊儿童与同伴更好地沟通合作，加快社会化进程。⑤辅助性。信息技术可以作为检测、评价工具，帮助教师实时监测特殊儿童的状态，建立个人档案，从而进行更有效的评价和帮助。⑥无障碍性。信息技术使教学不受时空限制，在特殊儿童有特殊需要却不在学校时，仍然可以为其提供个性化的教学服务，并能够远程协作，多向互动。⑦特殊性。信息技术的应用需要教师掌握更多的理论和技能，为特殊儿童探索、构建出一套合适的教学模式，才能够发挥其作用。

（二）信息技术支持下特殊教育中的家校合作

特殊儿童往往在教育方面需要给予更多的关注，且由于身心健康问题，需要对其身体、心理状态做到及时掌控、处理。因此，特殊教育中的家校合作需要家长、学校、社会机构（含相关政府部门）三方面的帮助和支持，也需要三方更深入的合作。在新媒体时代下，信息技术为特殊儿童家长、学校提供帮助的同时,也对其沟通合作产生了更高的要求。因此,在特殊教育家校合作中,三方应当明确自己的角色和责任,以帮助特殊儿童更好地学习和成长。

1.家长角色

特殊儿童家长对特殊教育能否有效实施起着关键性的作用,他们是孩子习得情感、态度的根源,极大程度影响着孩子的心理状态。作为特殊儿童的家长,一方面应当积极帮助孩子参与到教育进程中,履行家长的权利和义务,保证孩子得到合适的教育;另一方面应当在日常生活中注意与孩子的沟通、交流,通过家庭教育与陪伴主动引导孩子走出负面情绪,融入社会生活。

特殊儿童的家长主要承担着以下几个角色和职责:

(1)监护与陪伴

特殊儿童家长首先是“家长”的角色,应当履行家长的权利和义务。特殊儿童家长一方面应当对儿童行使监护权,维护他们的身心安全和健康,并帮助他们积极争取其应有的权益,提供其接受教育所需的支持;另一方面对特殊儿童的教育具有知情权、选择权、决策权和监督权,应当积极了解儿童的教育进程。此外,特殊儿童往往会产生较重的负面情绪,此时作为家长应当对孩子表示接纳和喜爱,并积极陪伴孩子走出负面情绪,拥抱正常人的生活。

然而,在现实生活当中,特殊儿童家长往往由于工作等原因无法做到一直陪伴在孩子身边。在新媒体时代下,这一问题可以得到解决,特殊儿童家长能够利用更为先进的智能系统监测孩子生活和学习状态,或是利用智能机器人、智能家居满足孩子日常需要。

(2)参与教育和教育决策

在特殊儿童的教育过程中,学校(或机构)及家庭两方面应当是同样重要的。

首先,作为特殊儿童的家长,应当积极利用各种渠道(学校咨询、网络搜索等)了解相关政策信息,参与学校教育决策,及时为学校提供孩子的相关信息,并参与评估结果认定。此外,家长还应当积极参与孩子的个别化教育计划制订工作,配合校方(或机构)探索出更适合孩子的教育方式。

其次，作为特殊儿童家长，若在可能条件下，应当积极参与家长教育活动，了解家庭教育的相关问题和方法策略，了解如何把控孩子的心理状态，并在家庭生活中引导孩子学习，进行家庭作业辅导等家庭教育活动等。

最后，特殊儿童家长应在了解到孩子的身体状况时，开始积极开展早期干预，帮助儿童获得更好的、更多的身心发展的机会。

(3)娱乐及社会化

家庭娱乐对于儿童来说十分重要，儿童可以从中获取知识、人生观、价值观等，特殊儿童更需要以娱乐的方式来帮助疏导情感、建立自信心等。此外，家庭及社区作为儿童社会化的第一场所，应当由家长作为主导者来帮助特殊儿童进行社会交往行为，辅助其完成社会化的进程。在新媒体时代下，移动互联网工具能够帮助家长更有效、更便捷地完成这一工作。

2.校方角色

当前我国特殊儿童教育方式主要包含特殊儿童学校、特殊教育班和随班就读三种形式。而在这三种形式中，学校方面都同样承担着特殊儿童教育的重要任务。学校方面主要应当提供以下三方面的教育服务：

(1)为特殊儿童提供特殊的教育服务

首先，学校应当为特殊儿童定期进行教育筛查诊断，建立个人成长档案，帮助教师进行对照分析。其次，学校应当对特殊儿童制订并实施个别教育计划，再针对其实际情况进行特殊的教育训练，如身体矫正、言语训练、行为矫正、心理辅导等。最后，学校应当对特殊儿童进行学习辅导，帮助特殊儿童完成课堂学习任务，实现教学目标。例如，学校应当为因故缺课的特殊儿童进行在线远程辅导，帮助他们完成学习进度。

(2)为教师提供支持性服务

一方面，学校招聘要求教师(专门设立的特殊教育学校及特殊教育班中的教师)应当具有特殊教育专业背景，或对没有专业背景的教师(随班就读的教师)展开特殊教育相关培训，帮助教师了解特殊教育中需要注意的问题和相关的教学方法；另一方面，学校应当定期举行研讨会，组织教师沟通交流教学中出现的问题和解决的方法,并邀请家长参与其中,以确保特殊儿童教育活动的良好开展。在新媒体时代下,这一工作可以通过网络课程、网络会议等形式更快更好地实现。

(3)为儿童家长提供服务

首先,学校应当为特殊儿童家长提供咨询服务,解答家长关于孩子的学习、学校生活等方面的问题,并为家长提供家庭教育的建议和方法;其次,学校应当组织家长学习特殊教育的相关法律法规,以及最新的帮扶政策,从而更好地帮助孩子;最后,学校应当为家长开展培训,包括如何培养特殊儿童的信心、如何开展家庭教育活动、如何做好日常防范工作等。例如,校方可以通过制作系列特殊儿童家庭教育 MOOC 课程,帮助家长在空闲时间了解特殊儿童家庭教育的相关知识。

3.社会支持

特殊儿童的家庭往往因为经济、社会关系等多方面因素很难完成其职责内的所有工作,而学校方面也往往会因为相关职责部门不齐全而无法形成全面的支持体系。因此,对于特殊教育来说,社会/政府方面的支持系统显得十分重要。

社会支持系统主要分为三个组成部分:[18]99-102

(1)社会支持

社会支持是指来自社会舆论、法律、法规、政策和经费方面的支持。一方面,需要社会主导价值观对特殊儿童形成包容、关怀的态度,杜绝歧视;另一方面,社会机构(如基金会、慈善组织)会为有需要的特殊儿童家庭提供部分经济支持,以帮助他们维持日常生活和正常参与教育活动。

(2)自然支持

自然支持是指来自特殊儿童自己、家庭、学校人员、社会其他人员的非正式、非专业、低成本、可持续的支持。即利用人际关系将闲置资源梳理、整合,帮助特殊儿童,或在日常生活中为其提供帮助和便利条件。

(3)专业支持

专业支持是指来自具有某种学科专业背景的专业人士的支持。特殊儿童往往需要专业人士对其身体健康、心理状态进行检测和调整,如早期干预治疗,这需要来自社会专业力量的帮助。

总的来说,社会支持系统对特殊儿童教育的帮助作用是很大的。然而,目前我国仍缺乏对特殊教育进行支持的系统化组织,多为单一、片面的资助行动。这也是我们下一步需要改进的方向。

4.三方沟通合作

特殊儿童的培养需要家庭、学校、社会三方的共同努力。其中,家庭是特殊儿童成长的中坚力量,需要对儿童的身心状态有很好的了解,并培养其成为一个积极向上的人;学校是特殊儿童文化教育的场所,但同时也肩负着特殊儿童的心理教育责任,需要掌握良好的教育教学方法,提供合适的教育教学环境;社会是特殊儿童的坚强后盾,为特殊儿童提供支持和鼓励。

在特殊教育的过程中,家长作为代表特殊儿童行使权利的决策者,一定要积极配合和辅助学校、机构开展各种工作,有能力的情况下更可以遵循专业人员指导,对特殊儿童进行进一步干预治疗。此外,家庭作为受帮助者也应当积极配合学校和社会工作,积极宣传特殊儿童教育,并参与相关政策法规制定时举行的听证会,协助组织相关活动,帮助学校争取建设资源等。只有在学校、家庭、社会三方的共同配合努力下,特殊儿童才能够健康、快乐地成长和学习。新媒体时代为家庭、学校、社会的三方合作提供了灵活多样的方式,也使得三者在特殊儿童教育的问题上联系得更为紧密。

三、新媒体时代特殊教育家校合作实践探索

在新媒体时代,有许多的技术不断涌现,如虚拟现实技术(VR)、增强现实技术(AR)、语音识别技术等,都能够极大程度帮助特殊教育顺利开展。下面我们介绍新媒体时代下的特殊教育家校合作实践探索。

(一)仁爱学校信息化教学实践[20]

苏州工业园区仁爱学校建立于 2012 年 9 月,作为苏州工业园区的特殊教育中心,该校主要招收中重度智力障碍、自闭症、脑瘫及多重残疾儿童少年。经过多年实践,该校在利用信息化辅助特殊儿童教育、实现家校互动等方面取得

了比较丰富的成果。

1.缺陷诊断与评估系统

仁爱学校依托国家 2007 年制定的特殊教育课程标准，制定了由 256 项评估条目组成的评估标准，并形成了课程评估平台。该平台包括学生在智能发展领域（动作能力、感知能力、认知能力、语言沟通、数理运用、自我引导）、社会适应领域（情绪情感、人际关系、社区参与、社会权责、安全防范、实用常识）及生活实践领域（日常生活、卫生健康、生活娱乐、信息运用、职业能力）等方面的培养内容，能够在线评估、制定学生课程，跟踪记录每个学生的认知发展过程。同时，该平台为家长开放了端口，方便家长及时快速地了解孩子的各方面情况，从而自觉主动参与到教育活动中来。

2.利用多种新媒体工具开展教育活动

仁爱学校利用交互式电子白板、iPad 教学、3D 虚拟教学等方式帮助学生感受教学材料，培养其生活技能，支持其开展社会实践活动。此外，学校还建成了 3D 虚拟训练室，利用游戏化学习来帮助学生获得更好的学习体验，促进技能的提高和认知的发展。

图 5-1　iPad 的课堂使用

图 5-2　3D 虚拟教学

（二）移动 AR 技术在聋哑教育中的应用[21]

1.移动 AR 技术为聋哑人提供无障碍信息获取手段

移动 AR 技术利用自然交互功能，可以使人们随时利用网络、手机摄像头和 APP 完成对真实场景的信息叠加处理，能够帮助聋哑人快速获取文字、视频、动画等信息，使其同其他人一样顺利进行学习。值得一提的是，这种技术不仅在学校中可以使用(手机扫描书本或学校场景),也能够在旅游景点、路边标识牌等处使用,符合泛在学习理念,也为特殊儿童(不仅仅是聋哑人)在信息获取方面提供了巨大的支持。

另外,值得注意的是Google公司开发的增强现实头戴式显示器,可以将声音信号转变为图像和文字信号,提供给有听力缺陷的聋哑人士,并通过视距测算等功能帮助他们获取更多的信息,满足他们的各方面需要。

2.移动AR技术为聋哑人教育提供了全新的交流方式

聋哑学生往往比其他学生更渴望交流,移动AR技术借助增强现实信息,可以帮助交流有困难的学生进行交流,如可以识别手语信息或语音信息,并转换为文本内容,帮助双方实现更快更有效的交流。

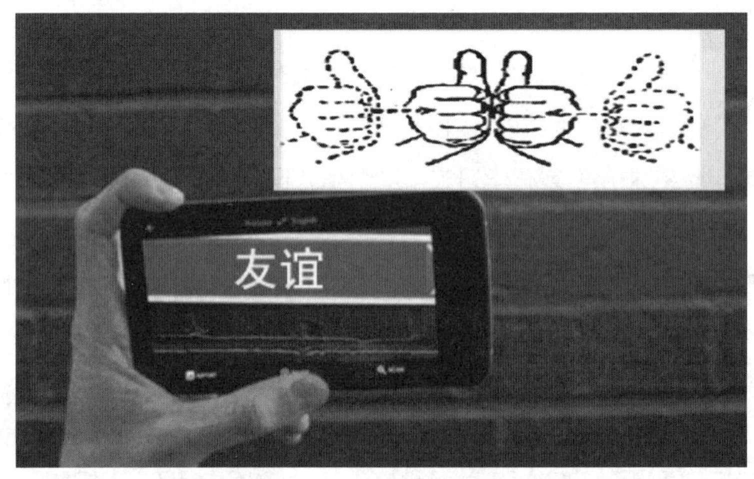

图5-3 AR手语翻译应用

(三)"AR+概念图"策略帮助自闭儿童学习社交[22]

Lee等人利用增强现实技术(AR)和概念图策略(CM)对自闭症频谱紊乱(ASD)儿童的社会互动行为进行了干预实验(ARCM训练)。实验中,研究者向被试儿童提供了AR软件,通过在物理环境地图上利用AR技术显示虚拟人物,并通过交互完成与虚拟人物的社交对话,来帮助自闭儿童学习社会互动行为。此外,研究者在系统中提供了由概念图策略设定的社交网络地图,通过同心圆的大小或箭头指向表现出社会关系的亲密程度,从而帮助自闭儿童了解自身的基本社会关系。随后记录其行为表现并由治疗师和特殊教育专家进行评估。

在四个阶段的干预及测试后，研究者发现 ARCM 训练对自闭儿童具有很好的干预效果。首先，自闭儿童能很好地记住通过 ARCM 训练所学习到的知识，他们对社交行为的认识提高了；其次，利用 AR 技术作为学习媒介能够帮助引导自闭儿童的注意力，使他们能够进入到学习的过程中——接受测试的儿童开始尝试询问治疗师一些相关的社交行为问题；最后，概念图策略不仅直接让自闭儿童认识到了社会关系的分布，还间接帮助治疗师区分了容易混淆的内容，从而使他们更好地帮助自闭儿童进行治疗。

四、新媒体时代下特殊教育家校合作新形式

特殊教育领域始终是一个操作难度大、问题种类繁多、个体情况复杂的领域，对特殊儿童的教育也往往需要家长、学校和社会采取多样的措施帮助其进行治疗和学习。而在这样一个复杂的问题情境下，新媒体技术往往能更好地帮助家校双方展开高效的、个性化的帮扶措施。

（一）新媒体时代下的干预治疗

特殊儿童往往由于自身心理因素会产生与他人交往不顺的问题，甚至拒绝与外界沟通。然而特殊儿童自然具备儿童的一些基本特征，如好奇心强、喜爱娱乐等，我们仍然可以利用这些特质对他们进行干预。

新媒体时代下，诸如 VR/AR、人工智能（AI）、机器人技术等新技术为特殊儿童的早期干预治疗提供了契机。例如：通过 VR/AR 技术设计的教育游戏，可以在利用游戏吸引特殊儿童注意力的同时，引导他们进行学习；利用 AI 智能系统对特殊儿童的语言、动作、表情进行识别，能够帮助家长与特殊儿童更好地进行沟通；利用机器人来陪伴儿童，或是帮助活动不便的儿童进行一些日常性活动；等等。

较之传统的干预方式，新媒体技术作为对特殊儿童的干预途径，一方面能够让特殊儿童减轻与人直接进行社交的心理压力，帮助特殊儿童逐渐融入学

习、交流情境中去,从而逐渐摆脱不良心理状态;另一方面能够通过实时数据了解干预情况,以辅助家长、学校以及治疗团队的干预活动,再通过数据调整实施下一步的干预措施,从而达到高效干预的目的。

(二)新媒体时代下的学校看护

特殊儿童的学校看护,无论是在特殊教育学校还是在随班就读学校都是一个需要极度重视的问题,他们的身体情况、心理情况、学习进度都需要教师、家长随时掌控,这在传统的教育活动中也是一个比较困难的问题。在互联网大数据时代,利用 AI 系统可以对儿童的行为情况进行识别记录,并通过网络实时反馈给教师和家长,从而解决这一问题。此外,利用新媒体技术还可以就每一个特殊儿童的身体情况、家庭情况、受教育情况,为其制订个别化教育计划并建立电子档案,存储在数据库及其随身佩戴的移动设备中,以便在转学、升学或发生特殊情况时,使特殊儿童能快速融入环境或得到周围人的帮助。

在特殊儿童的学校看护工作中,新媒体技术主要起着两个作用:一方面是辅助作用,利用新媒体技术帮助家长、学校对特殊儿童进行看护和教育;另一方面是记录作用,帮助记录特殊儿童的各种情况。此外,这些记录下来的数据不仅可以在特殊情况下提供帮助,也可以在征得家长的同意后,用来对特殊儿童进行深入的分析,从而更好地对其实施帮助,或通过大量的数据得到帮助某一类特殊儿童的一个普遍性策略措施等。

(三)新媒体时代下的家校合作

在特殊教育的家校合作方面,存在的比较突出的问题有两个:一是沟通的及时性,二是在家学习问题。互联网及新媒体的出现能够促进和帮助这两个问题得到有效的解决。

在沟通方面,家校之间不仅可以通过社交软件利用照片、视频等实时取得联系,而且可以通过智能档案系统达到及时沟通的目的。一方面,家长可以利用先进的医疗技术与新媒体技术结合的一些产品(类似手环等健康监测设备),将特殊儿童的身体情况数据实时发送到移动端,以便在儿童出现紧急情况时能够及时发现并联系学校、医疗单位等;另一方面,学校可以通过新媒体技术提供的学校看护数据，就儿童在校表现与家长进行实时沟通，以达到尽早发现特殊儿童的身心、学习问题的目的，从而实施帮扶措施。

至于在家学习方面，远程教育则能够打破时空的界限，帮助解决这一问题。在特殊儿童遭遇身体不适或心理出现问题需要留家观察时，学校可以利用远程教学视频、微课程、网络习题等帮助特殊儿童完成在家观察期间的学习，避免特殊儿童中断受教育的尴尬情况发生。

总而言之，在新媒体时代下，特殊教育家校合作能够展现出更多的新姿态、新方法，新媒体工具的利用也能够帮助特殊教育领域的进一步探索和发展，为特殊儿童的未来提供更多的保障。

五、小结

在新媒体时代，特殊教育的发展也应当有新的态势。一方面，政府应当积极立法，保障特殊儿童权利，促进特殊教育家校合作的进一步开展，完善社会支持体系；另一方面，学校和家庭应当明确立场和职责，为特殊儿童提供更优质的教育环境和资源。

此外，新媒体技术应用的案例展现了它在特殊教育中所能发挥的强大作用。新媒体技术应用于特殊教育的各种场所环境，能够为学校、家长和儿童提供有力的支持，其潜力是巨大的、可挖掘的，这也是我们接下来应当研究的一个重要方向。

第6章　总结与展望

第1节　新媒体支持下的家校合作模型构建

家校合作的研究具有多学科视角。社会学的研究对其起了较大的推动作用,切入点包括社会资本、社会分层与流动、家庭社会职能等。根据社会学理论,家庭和学校是儿童社会化的两支最重要的力量,只有加强两者之间的合作,才能突出各自的教育特点,促使儿童顺利社会化。若只有学校而没有家庭,或只有家庭而没有学校,则两者都不能单独地承担起塑造人的细致、复杂的任务。而在管理工作者看来,家长参与监督和决策,则能够增强家长在学校管理中的责任感,提高教育质量。

一、传统家校合作的典型理论模型——交叠影响阈理论

约翰·霍普金斯大学家长与社区项目的主持人爱普斯坦(Epstein,J.L.)认为社区与学校、家庭一样,在儿童成长过程中发挥作用,三个环境从经验、价值观与实践等方面或者独立或者共同对学生产生影响。他提出了交叠影响阈理论(overlapping spheres of influence),模型如图6-1所示。

该理论认为当家庭、学校、社区都对儿童成长设立相同目标,承担共同任务,并经常性开展高质量的沟通与互动,使得儿童能从不同环境中接收到学习的重要性等各方面信息,对儿童的成长

将十分有益。因此,需促使学校、家庭与社区合作,在他们之间发展一种新型的伙伴关系。在这个关系中,学生是三者交叠影响的中心,学校作为教育的制度化机构起着主导作用。根据客观情境的差异,三个环境的重叠度可能较高,也可能较低。重叠度表示了三个环境对儿童所产生影响的差异。总体而言,家庭、学校与社区对学生的影响,随着时间的变化而变化(重叠面积改变)。

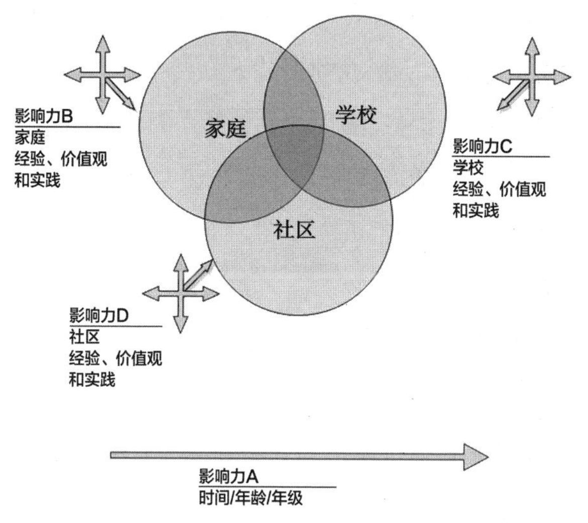

图 6-1　交叠影响阈理论模型

尽管家庭与学校、社区建立的新型伙伴关系并不一定能保证学生学习成功,但研究表明,家庭与学校的伙伴关系越密切,跨界行动越频繁,越能改进学校教育质量。[23]

随着媒体以及新媒体的出现,家校合作出现了新的特征。一方面是在这个新媒体如日中天的新时代背景下,社会中的各个元素在不断地发生着演变;另一方面是新媒体自身所具有的特色,促使家校合作向着更广泛的方向和更大的范围发展。为此,本研究尝试在交叠影响阈这一理论模型的基础上来构建新媒体所支持的家校合作的模型。

二、新媒体支持家校合作的模型构建

家校合作在教育实践中历史悠久,然而家长对学校教育的参与却一直仅凭教师或家长的个人志愿,并未形成家校合作的长效机制。这受限于教育思想,也受限于家校之间的通信交流手段。随着教育思想的进步与各类信息技术的发展,以新媒体的出现为转折点,家校合作进入新的局面。新媒体是在新的技术支撑体系下出现的媒体形态,如数字杂志、数字报纸、数字广播、手机短信、移动电视、网络、桌面视窗、数字电视、数字电影、触摸媒体等。相对于报刊、户外、广播、电视四大传统意义上的媒体,新媒体被形象地称为“第五媒体”。而新媒体环境就是相对于传统媒体所形成的新的大众传播的环境。新媒体环境允许两人或多人即时传递文字、语音、图片等多种形式的信息,如个人独立发布内容的 QQ 圈、微信朋友圈,个人和组织低成本发布公共宣传活动信息的微博、公众号等,让家校合作的频率、效率都大大提高。

(一)模型构建

在新媒体环境下,爱普斯坦的理论模型已不能全面支持家校合作的新格局。在爱普斯坦的模型中,一方面缺少媒体力量,使得家校合作的沟通方式和渠道较为单调,也无法阐述新媒体环境下家校合作的新特点;另一方面,在这一模型中学生作为家校合作内容的接受方,并没有表现出学生自身对家校合作的作用。因此,在原有模型的基础上,我们构建了新媒体时代下的家校合作交叠影响阈模型,如下图 6-2 所示。结合该图形的特色,我们将其命名为四维时空模型。

新媒体环境下的交叠影响阈理论模型(四维时空模型)认为,在学生学习和成长的过程中,主要包含四个维度的空间,即家庭空间、学校空间、社会空间、场所空间;一个核心主体,即中小学学生;除了前面的四维空间,还有两个能对核心主体产生影响的要素,即时间(年龄、年级)、新媒体 & 网络。从时间角度来看,学生自我年龄和所处的年级学段都会给学生带来不同的影响。而新媒体和网络不仅影响着学生,同时也因为随着时间的推移,它们给学生提供了个人在生活和学习方面的社交虚拟空间。

从空间来看:首先,家庭和学校仍然是家校合作中最重要的力量,对学生的发展起着决定性的作用;其次,较以往的重叠影响阈模型来看,新媒体时代下社

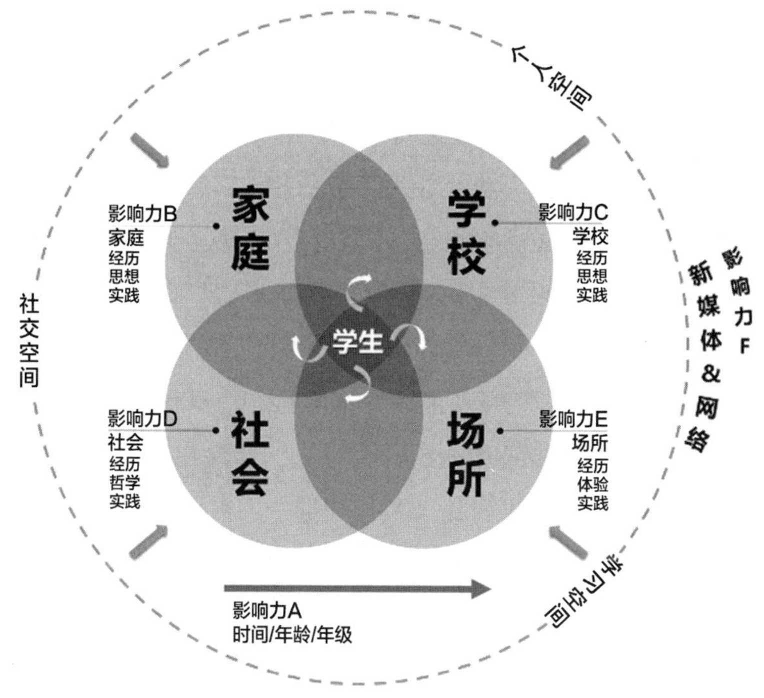

图 6-2　新媒体时代下的家校合作交叠影响阈模型(四维时空模型)

区这一要素经由网络作用其影响力得以扩大,整个社会都可以利用新媒体工具直接或间接参与到教育、家校合作的过程中去;最后,互联网及新技术支持着非正式学习的快速发展,社会上新建的一些教育场馆(如博物馆、科技馆等场所)成为学生们经常光临的场所,它们的存在不仅开阔了学生的视野,拓展了学生的学习活动范围,也成为家校合作的一个重要组成部分。

从主体来看,原交叠影响阈模型将学生作为主体,阐述了家校合作的三股力量对学生的影响,而在新媒体时代,由于网络强大的双向交互能力和信息挖掘能力,学生对家校合作中任一过程、任一个体的意见也得以及时反馈,学生对家校合作的过程同样具有了一定的影响力,这使得他们可以作为教育的主体真正融入自己的受教育活动中去。

以下是促进学生发展的六大要素,这些要素不仅从空间环境方面,还从时间推移过程上,给学生提供了不同的影响。

第一,时间/年龄/年级。随着学生的学习时间、年龄、年级的变化,家校合作的力度也会有所变化。

第二,家庭。家庭为学生提供的经历、思想和实践,会对学生的发展产生不同的影响,从而对家校合作产生促进或抑制作用。

第三,学校。学校同样为学生提供经历、思想和实践,也是学生接受知识、产生思想的主要场所,学校供给能力的不同也会对家校合作的力度产生影响。

第四,社会。社会会为学生带来经验和能力,社会舆论也会对家校间的合作进程产生影响。

第五,场所。非正式学习场所能够增加学生经历、体验,也是家庭、学校教育中的一个交叉地带,能够帮助家校合作得到进一步深化。

第六,新媒体 & 网络。新媒体 & 网络包括个人空间、学习空间、社交空间三个部分,新媒体 & 网络能够在虚拟环境中为学生提供更多的学习机会。同时,新媒体 & 网络也为家校合作沟通的时效性、便捷性方面提供巨大的帮助。此外,新媒体 & 网络在为家校合作带来了诸多新形式、创造了便利条件的同时,也对这些要素产生了反作用力。新媒体 & 网络的出现使得家庭、学校、社会、场所之间的沟通交流变得更加便捷、通畅、紧密,但同时也将导致四个要素之间进一步趋同、融合,在各自的职能划分方面将会愈加模糊,“跨界”的现象将会越发明显。

(二)实践框架

新媒体时代下的家校合作交叠影响阈模型以当前时代下的家校合作发展为背景,一方面着重体现了在学生教育中的主体地位,另一方面阐明了新媒体时代下的家校合作新格局及新媒体 & 网络发展对家校合作产生的重大影响。根据这一理论模型,并结合新媒体时代下家校合作的诸多成功案例及经验,在爱普斯坦的交叠影响阈理论实践框架的指导下,实践框架呈现新的内涵:

1.在家学习(home schooling)

在新媒体 & 网络的支持下,学校、家长可以利用移动 APP、MOOC 等平台工具支持学生在家学习。一方面,学校和家长可以利用这些新工具就学生的课后作业、疑难问题和他们进行进一步的学习讨论;另一方面,家长也可以利用相关的教育APP培养孩子的音乐素养、口语表达、社交能力等诸多方面的技能。在家学习起着非常重要的作用，不仅能够让家庭成为学校的“后援团”，也能让家庭成为学校教育的“先遣部队”。

2.沟通渠道多样化(communicating)

新媒体时代下，家校合作的沟通方式更加多样化，家校间不仅可以利用社交软件进行文字、语音的传送，达到实时沟通的目的，还能够通过大数据分析技术了解学生的当前情况、发展趋势等，从而更深入地进行沟通和交流，制定个性化的培养方案。

3.家长志愿服务(volunteering)

除为学校活动筹集资金和提供人力、物力等方面的支持外，家长还可以利用互联网为学校提供直播课程，利用虚拟实验室等技术为学生展示社会工作中的场景，从而帮助学生了解社会生活、建立职业意识。此外，新媒体技术使得家长不必再亲自参与到学校观摩中，他们可以与教师、学生沟通，在任何时间、地点了解到学生的情况。

4.非正式学习(informal learning)

新媒体技术为教育提供了新的道路，教育场馆引入的新技术将为学生提供更多的实践经验，是一种典型的体验式教学。在新媒体时代的家校合作中，家校间应当重视教育场馆的教育价值，积极利用教育场馆帮助学生开展非正式学习，丰富学生的思维和情感，建立更直观、更清晰的知识框架。

5.学校决策公开化(open school decisions)

在新媒体时代，学校方面应当及时将学校决策利用互联网公开，并收集来自家庭、学生、社会专业人士的意见和建议，积极调整方针策略，以利于学生更高效地学习和更好地发展。

6.家长教育(parents' education)

新媒体时代下，学校、社会、政府等方面应当积极利用互联网对家长开展教育，一方面帮助家长熟悉新时代的家校合作过程和方法，另一方面帮助家长了解如何更好地帮助自己的孩子，帮助他们树立正确的教育观。

这六种实践模式展现了新媒体时代下家校合作的变化，在这六种模式之中，家庭与学校之间的联结都是双向的，需要相互了解、相互支持，并积极利用场所、社会的力量，运用新媒体手段和互联网工具，才能使教育"活"起来，促使学生获得成功。

第2节　当前我国家校合作的问题与对策建议

当前，在政策利好与社会文化进步的大环境下，我国的教育研究者、实践者以及其他领域相关人士都开始关注家校合作这个领域，但是相比于其他国家和地区，我国的家校合作发展还需要从多个方面进行努力。

尽管在很多区域和学校，家长和教师已经开始采用新媒体方式进行合作，但从反馈来看，众多家庭和学校在利用新媒体合作的过程中还存在着一些突出的问题。

一、当前我国家校合作存在的主要问题

（一）新媒体在促进家校合作方面的目标和途径比较单一

从实际看，当前新媒体在促进家校合作方面的目标和途径均比较单一，甚至是单向交流。在目标方面，家校之间利用新媒体仍以沟通联系或反馈学生问题为主，缺乏深层次的合作目标。而国外在研究家校如何利用新媒体促进学生学习方面已有深入探索。在方式上，自从微信出现，家校之间的联系迅速从原先的腾讯 QQ 转移到微信方面，各种各样的群和朋友圈的信息铺天盖地，甚至都忽略了 QQ 所提供的一些特别功能。未来，应以更加丰富的方式来推进这一合作。

（二）新媒体毕竟属于新技术环境，部分家长和教师还无法熟练应用

在家校合作方面，教师与家长缺乏必要的新媒体技能和素养，包括新媒体应用的一些技术问题、礼仪问题等。这些技能和素养会影响到家校之间的协作

沟通。教师虽然有相关的学科领域知识,但对于家校合作如何更有效地进行、如何为每一个孩子制定个性化的发展方案,仍然缺乏足够的认识。

(三)在新媒体如何促进学生有效学习方面,家长和教师欠缺必要的理论指导

新媒体不仅是一种沟通的手段,也可以变成认知的工具。但当前在新媒体如何促进学生的学习方面,一方面家长不敢把手机、Pad交给学生自由使用,怕他们上瘾;另一方面他们对新媒体如何支持学生学习缺乏必要的技能,而只认为这些工具仅提供娱乐功能。除了提供技术支持和创建线上学习机会,家长还应规范其子女使用信息和通信技术的程度和方式,从而对学生的学习成果和课外学习动机产生有意义的影响。但这样的活动,在我国大多数家长身上还很难实现。

(四)新媒体在促进家校合作便捷的同时,越界现象突出和严重

新媒体在促进家校便捷合作的同时,有时超越了正常的家校沟通和合作范围,出现越界现象,导致家校双方甚至学校都受到负面消息的影响。

在有限的合作途径中,往往都是通过学校向家长单方面地传递信息,忽视了家长的接受与反馈过程,也忽视了家长资源在教育中的重要作用,使得学校与家庭间共享信息量极小,这也是造成合作失败的重要原因之一。然而,这也与我国教师资源的匮乏、班级学生基数较大等现状有关,需要从多方面、多角度共同解决这一问题。

(五)即便在新媒体时代,家校合作双方的角色地位仍处于不平衡状态

由于长期以来形成的家校之间的角色不对等,即便在当前的新媒体时代,仍有许多家长在面对学校教师时胆小、怯懦,不敢和老师大方沟通。尽管父母的角色在日常教育活动中变得越来越重要,这些活动强调在家庭和学校使用信息通信技术,但在此环境里儿童信息和通信技术的使用情况还没有得到足够的理论支持。而对于家长来说,很多家长认为自己本身受教育少,缺乏教育技能,与教师、孩子沟通的技巧不够,使得他们不愿主动与学校进行交流。这也是我

国家校合作发展缓慢的一大原因。

教师是家校合作中的重要人物之一，是家校合作的纽带，如果教师对家校合作认识不够、热情不够，家校合作很难得到推行和发展。在我国，学校对教师的考核非常严格，家长对教师在教学工作上的期待非常高，致使教师工作压力很大，不由得把快速提高学生学习成绩看作教育活动中的重中之重，而不愿将时间和精力过多地花费在与学生家庭的沟通交流上。而家长也由于工作的关系，大多有着较大的社会压力，对孩子的学业关心也仅仅只能通过成绩、家长会等方式体现，很少有时间能够更多地参与到孩子的教育中去。

二、对策建议

从当前世界各国家、地区家校合作发展现状来看，我国在家校合作方面仍有很大的发展潜力和空间。在新媒体时代，技术渗透进人们的生活，新媒体技术的应用展现了它在教育领域中所能发挥的强大作用，吸引人们将其应用于家校合作活动。新媒体支持下的家校合作力争做到家长与学校是真正的合伙人，为了一致的目标和共同的利益，共同努力，积极地沟通和配合，建立起合作教育机制，家庭全方位地支持学校教育工作，学校尽全力帮助家长解决在教育子女过程中遇到的各种问题。教师做好班级的管理工作，热心辅导家长参与学校活动和班级活动，使家长协助教师开展教育活动，帮助学生学习，并积极参与学校的其他工作。同时，教师也能够和家长共同协商拟定学校教育发展规划，随时了解学生在学校的行为表现，进一步指导家长开展家庭教育。

为了实现这样的和谐共育图景，本书从以下几个方面提出建议，为有效开展新媒体支持下的家校合作提供帮助。

（一）学校方面主动营造良好的家校合作氛围

虽然家长和教师的目的都是使学生获得更好的教育，但是如何让两者能够配合而不是各自独立发力，首先就得让家长乐于配合教师进行教育活动。所以学校应当主动营造一种良好的家校合作氛围，大方接纳家长作为学校教育的伙伴身份，让家长能够积极主动地参与学校组织的各项活动，协助教师进行教育。

而不是动不动就令家长产生一种抵触和抗拒的心理。

同时,作为与家长直接接触的教师,也需要端正自己的态度,与家长进行交流时,双方是平等的,不是上下级的关系。因此,教师的语言和态度要让家长容易接受,让家长感受到他/她是作为我们的朋友来进行子女教育的,而不是来学校接受教师教育的,所以要想办法让教师和家长成为朋友,更要让家长和学生、教师和学生成为朋友,这样才能更加真实地了解学生的想法,才能更好地对学生实施教育。新媒体时代的教师已经不再是信奉师道尊严的"一言堂"式的教师,而更应该是一名点火者般的支持者。

学校营造一种良好的氛围,才能够将教师、家长和学生联系起来,不断增强教师与家长、教师与教师、家长与家长、教师与学生、家长与学生之间的沟通和交流,才能达到和谐教育的目的。

(二)避免越界,明确家校合作中各自的权利和义务

家长和教师要明确自己在家校合作中的权利和义务,只有各自都明确了自己在家校合作中的权利和义务,才能更好地履行自己的权利和义务。也只有这样,家校合作才能顺利地开展。家长在家校合作中具有的权利主要是:知道子女在学校的学习情况和行为表现,了解学校是如何教育子女的,了解学校的政策和计划并提出意见和建议。家长的义务主要是:为子女营造良好的家庭学习环境,保障子女获得同等的教育机会,为学校提供必要的资料和条件,积极配合学校进行教育。学生作为家校合作的主体和对象,享有受教育的权利和获得与同龄人同等教育的权利,但也有其应该履行的义务:必须遵守学校的各项规章制度,服从教师和家长对其进行的合理合情的教育,积极主动地参与教育活动以提升自己的能力,帮助自己更好地成长。教师在家校合作中作为教育活动的主要实施者,有让学生获取平等的、完整的教育的义务,需要帮助学生完成蜕变,引导学生建立正确的人生观、世界观和价值观,且必要时,教师还要指导家长进行子女教育,使学校教育能够真正落到实处。家长、教师和学生只有都明确了解自己的权利和义务,才能各司其职,相互协调,使得家校合作顺利开展。只有不越界的家校合作,才能达到相应的目的。

（三）两手抓：同时建设传统沟通渠道和网络化合作平台

家校合作的目的是进一步优化教育学生的方式和方法，通过新媒体的引入，让家长和学校教育工作者之间能够畅通交流渠道。从以往的经验看，传统的家校合作模式往往表现为被动地、单向地交流，缺乏主动性和互动性。要解决这种沟通不畅的问题，就需要学校在传统沟通渠道的基础上，探讨新方法、制定新措施。随着互联网技术的快速发展，当前社会已经进入了新媒体的传播时代，智能手机普及到家家户户，移动、联通以及电信公司都开通了数据流量，并相互竞争落实费用优惠政策。这也方便学生家长轻松便捷地使用智能手机通过网络来搭建家庭与学校之间的联系渠道。[24]在新媒体迅速兴起的今天，网络打破了学校与家庭联系的时空限制，为家长和学校教育工作者实现实时互动交流提供了便利，同时还可以大大降低家校互联的成本，更大程度地拓宽家校合作育人的渠道。[25]

搭建可以直接交流互动的合作渠道。传统家校合作方式，特别是面对面的家校合作，可以加强合作参与者之间的情感交流，加深家校之间的相互了解。而体验式参与则可能会更深地触动家长的内心，增强家长对家校合作的理解。学校、教师可以拓展思路，精心设计家校合作活动，丰富开放日、家长会的形式和内容，或开设家校论坛，为家长搭建直接参与学校教育的渠道。

搭建基于新媒体的网络化合作平台。学校可以自主或借助第三方力量，利用新媒体的即时性、快捷性、开放性、灵活性等优势，构建基于新媒体支持的家校合作平台，建设相对独立的网络系统，扩大家长参与家校合作的方式和途径。在建设基于新媒体的家校合作平台的同时，不能忽视传统的家校合作方式，要将二者有机结合，实现人文与科技的统一，提升家长参与家校合作的效率和质量。

（四）利用新媒体的平台优势，开展教师与家长的系列培训

学校可以在建成的网络沟通平台上，开发网络课程，开展教师与家长的培训工作。针对教师，可以开设家校合作相关培训课程，内容可以包括“家校合作法律法规”“家校合作方式方法（教师版）”“家校合作典型案例”等；针对家

长,也应开发“家校合作法律法规”“家校合作方式方法(家长版)”“家校合作典型案例”等相应课程,鼓励家长学习。家校双方都应该坚持用新思维,将传统和现代方法相结合,发挥各自的优势,取长补短,创新家校合作育人新机制,不断提高家校双方参与学校教育、教育对象成长成才的主动性和自觉性,不断提高家校合作的能力和水平,为新形势下教育改革的理论和实践做出新的贡献。

参考文献:

[1]BERKOWITZ T,SCHAEFFER M W,MALONEY E A,et al.Math at home adds up to achievement in school[J].Science,2015,350(6257):196-198.

[2]刘晓晔,孙璐.增强现实技术应用于科普童书的优势与挑战[J].科普研究,2016,11(6).

[3]蔡苏,王沛文,杨阳,等.增强现实(AR)技术的教育应用综述[J].远程教育杂志,2016,34(5):27-29.

[4]吴瑶,何志武.增强型儿童电子书:新媒体语境下儿童的“阅读”革命[J].出版发行研究,2014(12):54-57.

[5]苏梅婴.面向幼儿亲子绘本教育的AR交互设计研究[D].武汉:华中师范大学,2017.

[6]CASCALESA,PÉREZ-LÓPEZ D,CONTERO M.Study on parent's acceptance of the augmented reality use for preschool education[J].Procedia Computer Science,2013(25):420-427.

[7]CHENG K H,TSAI C C.The interaction of child-parent shared reading with an augmented reality (AR) picture book and parents' conceptions of AR learning[J].British Journal of Educational Technology,2016,47(1):203-222.

[8]CHENG K H.Exploring parents' conceptions of augmented reality learning and approaches to learning by augmented reality with their children[J].Journal of

Educational Computing Research,2017,55(6):820-843.

[9]杨现民,李冀红.创客教育的价值潜能及其争议[J].现代远程教育研究,2015(2):23-24.

[10]祝智庭,孙妍妍.创客教育:信息技术使能的创新教育实践场[J].中国电化教育,2015(1):15.

[11]郑燕林,李卢一.技术支持的基于创造的学习:美国中小学创客教育的内涵、特征与实施路径[J].开放教育研究,2014(6):43.

[12]王如君.美国"STEM教育"注重全面发展[N].人民日报,2017-11-07(022).

[13]GANN C,CARPENTER D.STEM teaching and learning strategies of high school parents with homeschool students[J].Education & Urban Society,2018(5):461-482.

[14]董宇.我国大学生STEM学习兴趣调查研究[D].南京:东南大学,2016.

[15]朴永馨.特殊教育辞典[M].北京:华夏出版社,2006:42-43.

[16]华国栋.特殊需要儿童的心理与教育[M].北京:高等教育出版社,2004:2.

[17]刘春玲,江琴娣.特殊教育概论[M].上海:华东师范大学出版社,2008:2.

[18]许家成.特殊教育概论[M].北京:中央广播电视大学出版社,2016.

[19]黄建行,雷江华.信息技术在特殊教育中的应用[M].北京:北京大学出版社,2015:7-9.

[20]郭炯,何亚会,钟文婷.特殊教育学校信息化发展的个案研究:以苏州工业园区仁爱学校为例[J].现代教育技术,2016,26(3):53-59.

[21]杨斌,高海燕.移动AR技术在聋哑教育中的应用探索[J].工业和信息化教育,2016(5):86-90.

[22]LEE I J,CHEN C H,WANG C P,et al.Augmented reality plus concept

map technique to teach children with ASD to use social cues when meeting and greeting[J].The Asia-Pacific Education Researcher,2018,27(3):227-243.

[23]张俊,吴重涵,王梅雾.家长和教师参与家校合作的跨界行为研究:基于交叠影响阈理论的经验模型[J].教育发展研究,2018,38(02):78-84.

[24]刘艳丰.高校家校合作育人新模式的应用探究[J].赤峰学院学报(自然版),2016,32(18):194-195.

[25]胡足凤.当前高校家校双向合作育人机制存在的问题及对策[J].长春大学学报,2014(6):830-833.

附录　调查问卷

调查问卷 1：新媒体支持下的中小学家校合作情况调查

第一部分

1.学校所在的区或县是　　________

2.学校名称　　________

3.孩子家长角色　　□母亲　　□父亲

4.孩子的性别　　□男　　□女

5.孩子父亲的学历是
□小学及以下
□中学
□专科
□本科
□研究生及以上

6.孩子母亲的学历是
□小学及以下
□中学
□专科
□本科
□研究生及以上

7.孩子父亲的职业是　　________

8.孩子母亲的职业是　　________

9.学生就读年级　　________

10.您的家庭月收入状况是
□3 000 元及以下
□3 001—6 000 元
□6 001—9 000 元
□9 001—12 000 元
□12 001 元及以上

第二部分

11.请在相应方框中勾画父亲每周参与下列事情的频次

	0次	1次	2次	3次	3次以上
(1)送孩子上学	□	□	□	□	□
(2)接孩子放学	□	□	□	□	□
(3)与孩子讨论他/她的学习	□	□	□	□	□
(4)陪孩子一起进行户外活动	□	□	□	□	□
(5)陪孩子参观室内活动场馆	□	□	□	□	□
(6)在家辅导孩子做功课	□	□	□	□	□
(7)陪孩子上课外辅导班	□	□	□	□	□
(8)到校参加家长会(每学期)	□	□	□	□	□
(9)到校参加家长开放日活动(每学期)	□	□	□	□	□
(10)参加家长委员会活动	□	□	□	□	□
(11)给老师打电话或发短信	□	□	□	□	□

12.请在相应方框中勾画母亲每周参与下列事情的频次

	0次	1次	2次	3次	3次以上
(1)送孩子上学	□	□	□	□	□
(2)接孩子放学	□	□	□	□	□
(3)与孩子讨论他/她的学习	□	□	□	□	□
(4)陪孩子一起进行户外活动	□	□	□	□	□
(5)陪孩子参观室内活动场馆	□	□	□	□	□
(6)在家辅导孩子做功课	□	□	□	□	□

	0次	1次	2次	3次	3次以上
(7)陪孩子上课外辅导班	□	□	□	□	□
(8)到校参加家长会(每学期)	□	□	□	□	□
(9)到校参加家长开放日活动(每学期)	□	□	□	□	□
(10)参加家长委员会活动	□	□	□	□	□
(11)给老师打电话或发短信	□	□	□	□	□

第三部分

13.请在相应方框中勾画父亲每周利用下列新媒体与学校老师互动的频次

	0次	1次	2次	3次	3次以上
(1)给老师发电子邮件	□	□	□	□	□
(2)通过QQ与老师进行单独沟通	□	□	□	□	□
(3)通过QQ群多人进行沟通	□	□	□	□	□
(4)与老师通过微信单独沟通	□	□	□	□	□
(5)访问学校网站	□	□	□	□	□
(6)访问老师的博客	□	□	□	□	□
(7)访问老师的微博	□	□	□	□	□
(8)与老师通过飞信沟通	□	□	□	□	□
(9)运用校讯通、家校通等进行沟通	□	□	□	□	□
(10)给老师网络留言、语音留言	□	□	□	□	□

14.请在相应方框中勾画母亲每周利用下列新媒体与学校老师互动的频次

	0次	1次	2次	3次	3次以上
(1)给老师发电子邮件	□	□	□	□	□
(2)通过QQ与老师进行单独沟通	□	□	□	□	□
(3)通过QQ群多人进行沟通	□	□	□	□	□
(4)与老师通过微信单独沟通	□	□	□	□	□
(5)访问学校网站	□	□	□	□	□
(6)访问老师的博客	□	□	□	□	□
(7)访问老师的微博	□	□	□	□	□
(8)与老师通过飞信沟通	□	□	□	□	□
(9)运用校讯通、家校通等进行沟通	□	□	□	□	□
(10)给老师网络留言、语音留言	□	□	□	□	□

调查问卷2：家长对新媒体支持下中小学家校合作的认知调查

请结合自身实际在相应方框中勾画个人在新媒体支持下中小学家校合作活动中的具体情况。

	完全不符合	比较不符合	介于两者之间	比较符合	完全符合
1.我知道新媒体是什么。	□	□	□	□	□
2.我能说出新媒体的一些特征。	□	□	□	□	□
3.我能区分清楚新媒体和传统媒体之间的差异。	□	□	□	□	□
4.我能说出两种以上的新媒体设备。	□	□	□	□	□

	完全不符合	比较不符合	介于两者之间	比较符合	完全符合
5.新媒体帮助我及时了解孩子在学校发生的事情。	□	□	□	□	□
6.新媒体使学校管理信息更透明。	□	□	□	□	□
7.新媒体为我传递了更加丰富的关于学校教育的信息。	□	□	□	□	□
8.学校使用新媒体增加了孩子们学习和生活的便利性。	□	□	□	□	□
9.我想过用新媒体技术手段了解学校的课堂活动。	□	□	□	□	□
10.我考虑过如何使用新媒体促进与老师的沟通。	□	□	□	□	□
11.我关注如何使用新媒体了解学校政策。	□	□	□	□	□
12.我关注如何通过新媒体参与更多的学校活动。	□	□	□	□	□
13.我满意当前与学校及老师之间的沟通方式。	□	□	□	□	□
14.我满意当前我与学校或老师之间的沟通效果。	□	□	□	□	□
15.我满意新媒体在家校互动中的作用。	□	□	□	□	□
16.学校在新媒体使用途径方面实现了多样化。	□	□	□	□	□

调查问卷 3：家长家庭教育信心调查

请结合自身情况在相应方框中勾画个人对家庭教育的观点或态度。

	完全不符合	比较不符合	介于两者之间	比较符合	完全符合
1.如果我尽力去做的话，我能够成为一名好家长。	□	□	□	□	□
2.即使别人反对我，我仍有办法取得孩子的信任。	□	□	□	□	□
3.我对孩子的要求，孩子愿意接受。	□	□	□	□	□
4.对我来说，与孩子沟通是没有障碍的。	□	□	□	□	□
5.以我的才智，我定能应对孩子成长中意料之外的情况。	□	□	□	□	□
6.在家庭教育方面，我做得比其他很多家长更好。	□	□	□	□	□
7.我能够用多种新媒体技术手段与孩子交流。	□	□	□	□	□
8.我经常让孩子感到佩服。	□	□	□	□	□
9.孩子喜欢与我分享他/她对事情的看法。	□	□	□	□	□
10.孩子和他/她自己朋友的活动从来不对我隐瞒。	□	□	□	□	□
11.我很信任我的孩子。	□	□	□	□	□
12.我相信能够给孩子需要的关爱。	□	□	□	□	□

	完全不符合	比较不符合	介于两者之间	比较符合	完全符合
13. 孩子遇到困惑时很愿意告诉我。	□	□	□	□	□
14. 我能通过自学提高自己当父母的各方面能力。	□	□	□	□	□
15. 我能挤出时间来陪孩子一起学习、娱乐。	□	□	□	□	□
16. 我能想出办法与孩子一起互相沟通和承担。	□	□	□	□	□

调查问卷4：家校合作中家长参与新媒体应用的情况调查

请结合自身实际在相应方框中勾画个人在家校合作中参与新媒体应用的情况。

	完全不符合	比较不符合	介于两者之间	比较符合	完全符合
1. 我会帮助孩子运用新媒体搜集学习方面的信息。	□	□	□	□	□
2. 我会帮助孩子运用新媒体制订学习计划。	□	□	□	□	□
3. 我会帮助孩子提高使用网络的社会责任感。	□	□	□	□	□
4. 我会帮助孩子利用新媒体提高人际交往能力。	□	□	□	□	□
5. 我会利用新媒体促进孩子面对困难积极找方法的能力。	□	□	□	□	□

	完全不符合	比较不符合	介于两者之间	比较符合	完全符合
6.我会利用新媒体促进孩子心理健康发展。	□	□	□	□	□
7.我会通过新媒体来了解孩子学校近期发生的大事件。	□	□	□	□	□
8.我会通过新媒体了解孩子学校最近制定的决策。	□	□	□	□	□
9.我会通过新媒体参与学校关于某些决策的制定工作。	□	□	□	□	□
10.我会通过新媒体了解学校或老师对学生的评价。	□	□	□	□	□
11.我会通过新媒体向学校提出教学建议或意见。	□	□	□	□	□
12.我会通过新媒体向学校提出学校管理方面的建议。	□	□	□	□	□
13.我会通过新媒体向老师反映孩子在家的情况。	□	□	□	□	□
14.我会通过新媒体向老师征求孩子成长发展的意见。	□	□	□	□	□
15.我会通过新媒体向老师询问孩子在校表现。	□	□	□	□	□
16.我会通过新媒体来了解孩子在学校的品德和习惯养成情况。	□	□	□	□	□
17.我会通过新媒体来了解孩子在学校的身心健康情况。	□	□	□	□	□
18.我会通过新媒体来了解孩子在学校的兴趣爱好情况。	□	□	□	□	□